복 있는 사람

오직 여호와의 율법을 즐거워하여 그 율법을 주야로 묵상하는 자로다.
저는 시냇가에 심은 나무가 시절을 좇아 과실을 맺으며 그 잎사귀가 마르지 아니함 같으니
그 행사가 다 형통하리로다. (시편 1:2-3)

성서의 하나님은 땅에서부터 호소하는 아벨의 핏소리를 듣는 분이다. 그래서 기독교는 인간 사회의 폭력에 주목하고 피해자들을 기억하는 종교다. 아벨의 핏소리를 듣는 하나님의 아들이 마침내 십자가에 달렸다. 십자가 위의 외침은 하나님에게조차 버림받은 것 같은 희생자들의 소리를 대변한다. "나의 하나님, 나의 하나님, 어찌하여 나를 버리시나이까." 십자가 밑에서 인류는 자신의 모습을 돌아보며 인간의 생존 방식 속에 들어와 있는 폭력에 대해 반성할 줄 알게 되었다. 그러면서 무고하게 죽어가는 이들과 남은 자들의 슬픔에 대한 민감한 감수성을 갖게 되었다. 그들의 부르짖는 소리를 보편적 가치의 언어로 세상에 알려야 하는 사람들이 있다. 목사와 사제와 신학자들이다.

도로테 죌레는 그 일을 충실히 수행한 하나님의 종이다. 그녀는 자기가 겪은 시대의 폭력과 고난의 현장 속에서 아벨의 핏소리를 대변할 언어를 찾은 운동가요 신학자이다. 그녀의 언어는 세상에 대한 분노를 담고 있어서, 틀에 맞추어진 기존 신학과 다르고 반교회적으로 보인다. 그녀는 교회가 거북해하는 사람이었다. 그럼에도 그녀가 신학을 붙들고 있는 것은 성서만큼 고난받는 자들의 아픔을 대변하는 문서가 없고, 성서만큼 회개와 평화의 길로 이끄는 문서가 없기 때문이다. 그러므로 그녀는 희망의 관점에서 말한다. 좀 더 사랑하며 살자고 좀 더 정의로운 세상을 원하는 것이다. 그래서 그녀는 여전히 교회를 존중한다. 교회만큼 좋은 곳이 어디 있는가. 교회만큼 죄인들로 북적대는 곳이 없고, 때로는 교회만큼 회칠한 무덤 같은 곳이 없는 듯 보이지만, 그러나 그래도 죄인들이 받아들여져서 새로운 출발을 할 수 있는 곳으로 교회 만한 곳이 없기 때문이다. "나는 의인을 부르러 온 것이 아니요 죄인을 부르러 왔다"고 말한 그리스도의 교회이니 말이다.

도로테 죌레는 독일인이다. 유대인 600만 명을 학살한 광기와 살기의 현장을 경험한 사람이다. 우리가 어쩌다 그런 일을 저질렀는가? 인간은 어떤 존재인가? 독일인들이 히틀러 앞에서 보인 광기와 유대인들의 죽음에 대해 보인 침묵은 사람이 어떤 존재인지를 보여주었다. 그리고 전후에 그들이 보인 회개의 문화는 기독교가 어떤 종교인지를 보여주었다. 이 책은 회개의 인간학과 희망의 신학의 결합으로 이루어졌다. 온순하고 합리적으로 보이던 사람들이 언제든 차가운 증오와 광기에 찬 폭력 집단으로 변할 수 있다는 인간학적인 사유, 그리고 성서의 하나님은 그리스도를 배반하고 통곡하던 무기력한 베드로를 평화의 사도로 바꾸신다는 신학적 사유의 결합이다. 신학은 사람 때문이 아니라 하나님 때문에 희망을 말할 수밖에 없다.

거룩한 땅 지구를 피로 물들이는 전쟁과 그 속에서 죽어가는 어린아이들과 무고한 사람들, 전쟁을 어린아이들의 게임처럼 묘사하고 약자와 약소국을 조롱하는 미친 정치인들이 있다. 세상에서 지금 벌어지고 있는 일들을 어떻게 바라보고 어떻게 기도해야 하고 어떻게 말해야 하는지 『고난』을 읽으면서 큰 도움을 받을 수 있으리라 믿는다.

양명수, 이화여자대학교 명예교수

인간은 '몸'으로 살기에 고난을 당한다. 기독교는 고난당하는 인간의 '몸'으로 오신 예수를 하나님이라 고백하는 데에서 가장 기독교다워진다. 하지만 오늘날 너무나 많은 기독교인이 예수의 십자가를 특별하게 숭배할 뿐, 그의 고난에 자신과 이웃이 당하는 고난을 연결짓지 못한다. 죄가 없는 예수와 달리, 나머지 인간들이 당하는 고난은 그들의 죄로 인해 하나님이 내린 훈육이나 형벌이라고 믿기 때문이다. 도로테 죌레는 그러한 믿음 뒤에 숨겨진 신학적 사디즘을 고발하며 하나님은 인간을 고난으로 시험하는 존재가 아님을 강하게 주장한다. 그녀는 '저 위에서' 인간에게 고난을 주는 하나님을 숭배하는 비굴한 신앙에서 벗어나, '이 땅에서' 인간의 고난을 함께 나누며 위로하는 하나님으로 자신과 타자의 존재를 있는 그대로 긍정하는 신앙으로 인도한다. 무고한 자가 당하는 고난 앞에 무신론으로의 성급한 반항도 유신론으로의 독선적 무장도 모두 거부한 채, 죌레는 그저 무고한 자와 함께 손을 잡고 애통하며 그를 고통 속에 밀어 넣는 사회적인 악에 함께 저항한다. 함께 절망하며 함께 소망하는 것이다. 그것 외에 그리스도인이 자신을 용서하고 이웃을 사랑할 방법이 없기 때문이다. 고난의 클래식으로서 죌레의 『고난』이 이번에는 제대로 많이 읽혀서 우리의 기독교가 정말로 기독교다워지길 희망한다.

김혜령, 이화여자대학교 기독교학과 교수

제게 도로테 죌레의 『고난』은 전에 읽었던 책이 아니라, 처음 읽은 이후 지금까지—그리고 앞으로도—생각날 때마다, 필요할 때마다 꺼내 다시 읽는 책입니다. 유학 시절 유니온 신학대학원에서 흑인해방신학자 제임스 콘의 "하느님, 고통, 그리고 인간"이라는 세미나에 참여했을 때, 제가 선택해 발제했던 책이기도 합니다. 제1세계 그리스도인으로서 제3세계 사람들의 고통에 응답하며 연대하는 죌레의 이야기에 깊이 공감하며 뜨겁게 토론했던 기억이 아직도 생생합니다. 한국으로 돌아온 이듬해 봄, 세월호 참사가 일어났을 때도 저는 죌레의 『고난』을 부서진 가슴으로 읽었습니다. 죌레가 베트남을 또 하나의 아우슈비츠로 보았던 것처럼, 저 역시 세월호를 우리 시대의 아우슈비츠로 바라보았는지도 모르겠습니다. 비통하게도, 죌레가 고발했던 "애도 기간이 합리적으로 짧은 사회"가 바로 우리 사회였습니다. 더 부끄럽고 괴로웠던 것은, 한국교회가 죌레가 말한 타인의 고통에 대한 무감각을 노골적으로 드러냈다는 사실이었습니다. 교회는 그 고통의 봄이 채 지나가기도 전에 하나님의 뜻을 운운했고, 나중엔 희생자와 유가족을 모욕하는 혐오 발언까지 퍼트렸습니다. 너무 미안해서, 그해 가을에 「세월호 이후, 도로테 죌레의 『고난』을 읽다」라는 글을 쓰기도 했습니다. 이처럼 1973년 독일에서 처음 출간된 『고난』은 사십여 년이 지난 2014년 한국 사회에서도 여전히 예언적이고 현재적이었습니다. 그리고 오십여 년이 지난 지금도, 죌레가 베트남에서 보았던 아우슈비츠가 팔레스타인 가자에서, 이란 테헤란에서 계속되고 있습니다. 또한 그녀가 지난 세기에 경고하며 비판했던 기독교 파시즘도 오늘날 세계 곳곳에서 극우 기독교 민족주의로 나타나고 있습니다. 전쟁과 신자유주의와 기후위기와 혐오의 시대를 살아가는 우리가 죌레의 『고난』을 새롭게 다시 읽어야 하는 이유가 여기에 있습니다. 채수일 목사님과 복 있는 사람 출판사의 수고로 재출간된 이 책이, 우리에게 타자의 고통을 감각하는 법을, 함께 아파하는 법을, 그리고 무엇보다도 사랑하는 법을 일깨워주는 현대의 예언서가 되어 주리라 믿습니다.

정경일, 성공회대학교 신학연구원 연구교수

고난

LEIDEN

Dorothee Sölle

고난

도로테 죌레

고난

2026년 4월 10일 초판 1쇄 인쇄
2026년 4월 16일 초판 1쇄 발행

지은이   도로테 죌레
옮긴이   채수일
펴낸이   박종현

(주) 복 있는 사람
주소 서울특별시 마포구 연남동 246-21(성미산로23길 26-6)
전화 02-723-7183(편집), 7734(영업 · 마케팅)
팩스 02-723-7184
이메일 hismessage@naver.com
등록 1998년 1월 19일 제1-2280호

ISBN 979-11-7083-330-7 03230

Leiden
by Dorothee Sölle

차례

일러두기

1. 이 책의 성서 본문은 『새번역』을 따랐다.
2. 이 책의 핵심 용어 중 하나인 'Apathie'는 맥락에 따라 무관심(사회적 태도),
   무감정(심리적 · 존재론적 상태) 또는 무감각(고통에 대한 태도)으로 번역되었다.

지난 몇 년 동안 나에게 점점 더 분명해진 것은 우리에게 희망을 표현할 수 있는 언어가 필요하다는 것이다. 학문적 분석만으로는 충분하지 않다. 우리는 더 많은 것이 필요하다. 우리는 우리의 큰 희망에 이름을 붙일 수 있는 언어가 필요하다. 보다 정확하게 말하면, 우리에게 기도를 가르치는 언어가 필요하다. "기도는 희망, 다만 더 뜨거운 희망이다." 이는 장 파울Jean Paul의 말로, 독일 문학 작품에서 내가 가장 좋아하는 문장 중 하나다.

30년 전 출간된 이 책은 지금도 희망과 씨름하고 있다. 이 책은 68학생운동(1960년대 서독에서 권위주의 타파·나치 과거 청산·베트남 전쟁 반대 등을 축으로 전개된 대규모 학생운동으로, '서독 학생운동' 또는 '서독의 68운동'으로도 불린다―편집자)의 영향을 받아 생겨났지만, 약속과 위로를 가져다주고자 수천 년 전 옛 문헌들을 탐구하는 과정에서 비롯된 신학 고유의 거리두기도 함께 지니고 있다.

　가장 분명하게 시대적 제약을 받는 것은 베트남에 관한 부분인데, 베트남 전쟁은 우리 세대가 겪은 두 번째 트라우마다. 이는 포스트그리스도교^{세속적} 가정에서 태어난 나를 신학의 길로 이끌었던 가장 독일적인 트라우마^{제2차 세계대전}, 그 하나만으로는 충분하지 않았다는 듯 나에게 다가온 두 번째 트라우마다. 그 뒤로 이 작은 나라의 이미지는 철저하게 훼손되었는데, 부분적으로는 부당하게도 많은 유럽인들이 베트남과 석기시대식 공산주의(캄보디아의 공산주의 무장단체 크메르루주 정권¹⁹⁷⁵⁻¹⁹⁷⁹의 극단적이고 원시주의적 정책을 가리키는 표현이다. 이들은 도시를 비우고 화폐와 사유 재산을 폐지하며 모든 국민을 농촌으로 강제 이주시켜 원시적 농경 사회를 만들려 했다. 이 과정에서 인구의 약 4분의 1이 학살되거나 기아로 사망하는 '킬링필드'가 발생했다—편집자)를 가진 캄보디아를 구분하지 못했기 때문이다.

　나는 당시의 고통과 희망으로부터 거리를 두고 싶지 않다. 만약 무감각과 고통으로부터의 고립이라는 포스트모던 문화 속에서 또 한 번, 우리를 가난한 이들 및 창조 세계와 화해시키는 일종의 협의회가 결성된다면, 나는 고통과 희망이 여전히 인류에게 필수 불가결하다고 여길 것이다. 1983년 에큐메니컬 선언, 곧 그리스도인이 된다는 것은 정의·평화·창조 세계 보전을 옹호하는 것이라는 선언은 전혀 낡지 않았으며, 오히려 그 어느 때보다 더 현실성 있다.

이러한 맥락에서 일종의 좌파적 자기비판이 있을 수 있다면, 그것은 우리가 후에 종종 베트남·탄자니아·니카라과를 향한 '희망의 수출'이라고 이름 붙였던 사태에 가장 적합할 것이다.

그러나 여기 이 나라에서 희망을 만들거나 수입하거나 확장하는 것은 실제로 간단하지 않다! 이 (희망이라는) 식물의 가격은 지난 몇 년 동안 엄청나게 올랐다. 따라서 나는 여전히 우리의 고난과 타인의 고난을 옆으로 치워 버리지 않고, 개인적 안락함으로 도피하지도 않으며, 고난이 우리에게 제기하는 질문을 깊은 성서적 현실주의·두려움·지혜로 대답을 주려는 시도인 인류의 언어로 탐구하는 독자들이 있기를 희망한다. 인류의 언어는 우리가 잊어버린 종교의 언어인데, 이 책이 종교적으로 문맹인 이들을 일깨우는 데 조금이나마 기여하기를 바란다.

도로테 죌레

한 맺힌 탄식을 가눌 길이 없어서,
나는 분노에 떨고 있습니다.
저 원수들이 나에게 악담을 퍼붓고,
저 악인들이 나를 억누르기 때문입니다.
진실로, 그들은 나에게 재앙을 쏟으며,
나에게 원한 맺힌 마음으로 분노를 터뜨립니다.
내 마음은 진통하듯 뒤틀려 찢기고,
죽음의 공포가 나를 엄습합니다.
두려움과 떨림이 나에게 밀려오고,
몸서리치는 전율이 나를 덮습니다.

시편 55:2-5

서문: 두 가지 질문

앞의 시편에서 말하는 것과 같은 경험은 지금도 여전히 일어나고 있으며, 답변할 수도 없고 묵살해 버릴 수도 없는 질문들도 여전히 제기되고 있다. 우리는 왜 고난받아야 하는가? 고난에 의미를 부여하는 것이 가능한가? 고대 전통이나 유대-그리스도교 전통의 권고처럼, 우리는 고난으로부터 무언가 배울 수 있고 또 배워야 하는 것인가? 고난은 우리 문화에서 부정당하는 가치 중 하나인가? 고난을 피하는 것이 어떤 대가를 치르더라도 가치 있는 일인가? 우리는 자신과 다른 사람이 아무런 고통 없는 삶을 살기를 바라야 하는가? 그런 삶은 고난으로부터 해방된 죽음에서 조화롭게 끝나게 되는가? 다양한 형태의 고난을 평생에 걸친 배움의 과정에 통합하는 것이 가능한가? 우리를 눈멀고 귀먹게 하고 불구로 만드는 고난과, 우리를 생산적으로 만드는 고난을 어떻게 구별할 수 있는가?

나는 물질적 결핍과 권력의 지배로 인해 인간이 고난을 강요당하는 상황을 지양止揚하는 것만이 유일하게 인간적으로 생각 가능한 목표라는 전제에서 출발하고자 한다. "인간이 굴욕당하고, 노예화되며, 버림받고, 경멸받는 존재가 되게 하는 온갖 상황을 전복시켜야 한다는 정언 명령"[1]은 카를 마르크스Karl Marx 덕분에 더 이상 논의의 대상이 아니다. 이 책에서 '그리스도교 마조히즘에 대한 비판'이라는 제목 아래 전개되는 전통 그리스도교 고난신학과의 대화는 뒷북치는 격의 싸움일지라도, 여전히 꼭 필요한 과정이다. 이 싸움이 필요한 이유는 무엇보다도 그리스도교에서 사랑을 병적으로 왜곡한 흔적이 여전히 사회 곳곳에 남아 있기 때문이며, 또한 자신의 사도마조히즘Sadomasochismus(사디즘가학과 마조히즘피가학이 결합된 심리 상태. 철학적·신학적으로는 고난을 극복의 대상이 아닌 지배와 복종의 도구로 삼는 뒤틀린 태도를 가리킨다. 저자는 전통 신학이 고난을 인내해야 할 시험이나 구원의 수단으로 미화하는 것은, 지배와 복종의 권력 구조를 지속시키기 위함이라고 지적한다—편집자)을 분명하게 드러내지 않으면서도 빈번히 그런 도식적 사고에 사로잡혀 있는 비판신학을 해방시키기 위해서다. 고난에 관해 침묵하는 것 역시 인간을 멸시하는 신학적 사디즘에서 비롯된 것일 수 있다.

내가 보기에 지금 당장 물어야 할 것은 불행의 제거 가능성 또는 그 불가피성에 관한 물음이 아니라, 이러한 과정에서 누가 주체인지에 관한 물음이다. 누가 고난을 필연적으로 양산하는 사회적 상황을 지양하는 일에 힘쓰고 있는가? 고난을 겪어본 적 없는 사람은 당연히 아니다. 또한 고난을 감당할 능력이 없으며, 타인의 고난을 감지할 수조차 없게 되어 버린 이들도 분명 아니다. 그리고 지긋지긋하게 붙어 다니는 고난의 상황에 너무나 파괴된 나머지 그 상황으로부터 무력하고 악착같이 도망치는 것 외에는 아무 일도 할 수 없는 이들도 아님이 분명하다.

객관적으로 볼 때, 굶주림·억압·고문과 같은 무의미하고 쓸모없는 고난에 인간이 방치되는 상태를 지양하는 일에 뛰어들 이는 오직 고난받는 사람들 자신뿐이다. 우리는 그런 사람들의 편에 설 것인가, 아니면 그들과 우리를 갈라놓는 울타리 저편에 머물러 있을 것인가? 이 책은 이러한 질문에 대답하고자 한다.

나는 우리를 갈라놓는 울타리를 자연스럽게 존재하는 객관적 사실로 보지 않는다. 내가 백인이고, 먹을 것이 넉넉하며, 공업화된 국가의 중산층에 속한다고 해서 고난받을 것이 하나도 없다거나 투쟁할 이유가 없는 사람들 편에 속하는 것은 아니다. 내 삶의 환경은 벗어날 수 없는 운명이 아니며, 내가 태어난 계급도 바꿀 수 없는 숙명이 아니다. "인간의 커다란 과오는 그가 범하는 구체적인 죄들이 아니다. 유혹은 강하고 인간의 힘은 미약하므로! 인간의 커다란 과오는 바로 그가 매 순간 회개할 수 있음에도 불구하고 회개하지 않는다는 것이다."[2] 회개할 수 있다는 것은, 다시 말해, 고난받는 자들과 함께 고난받고 그들의 싸움을 지금 여기서 싸울 수 있다는 뜻이다.

나는 이 책을 베트남 전쟁이 끝나 가는 무렵에 쓰고 있다. 새로 시작된 미국의 폭격과 이에 항의하는 시위 와중에 다음과 같은 쓰라린 질문을 되씹는다. 왜 우리의 절규는 아무런 도움이 되지 못하는가? 우리의 항의는 무슨 소용이 있는가? 우리가 너무 작은 목소리로 외쳤는가? 스웨덴은 수상이, 호주는 노동조합이, 미국은 일부 교회가 동맹이 되어 주었는데, 왜 우리는 그들처럼 든든한 우군을 얻지 못했는가? 왜 우리는 소수의 사람들밖에 얻을 수 없었는가? 왜 나는 대량 학살에 대한 절망을 나의 형제자매에게, 그리고 나의 원고를 타자해주는—쾰른에서 폭격을 목격했던—직원에게도 설명할 수 없었는가? 왜 우리는 주일마다 교회에 가는 그리스도인들에게 오늘날 십자가가 어디에 서 있는지 보여줄 수 없는 것인가? 그리고 착취가 무엇인지 아는 독일 노동자들이, 수탈에 진저리 치는 농민들의 운명에 대해서는 어째서 그토록 무관심한가? 우리가 너무 낮은 목소리로 외쳤는가?

우리가 무기력한 원인 중 하나를 나는 이 책에서 '무감각'Aphathie이라는 제목 아래에서 다룰 것이다. 고난에서 해방된 삶이라는 이상,理想 곧 고통이 없는 상태라는 환상은 인간의 인지 기관마저 망가뜨린다. 변화의 주체에 관한 문제를 진지하게 생각하는 사람은, 변화시키는 자의 주체성 문제를 좀 더 형편이 좋아질 때까지 미뤄 두어야 할 부차적인 문제로 취급할 수 없다. 고난에 관한 물음은 고난의 원인과 그 원인의 제거라는 최근에 대두된 문제뿐만 아니라, 고난의 의미와 기능에 관한 전통적인 문제와도 연결될 수 있다.

마르크스는 포이어바흐Feuerbach를 비판하는 세 번째 테제에서, 상황의 변화와 교육에 관한 유물론적 교의가 한 가지 사실을 망각한다고 지적했는데, 곧 "상황은 인간에 의해 변화되어야 하며, 가르치는 자 그 자신도 가르침을 받아야 한다"는 점이다. 그는 '상황의 변화와 인간의 행위 또는 자기 변화의 일치'를 주장하며, 이 일치를 '혁명적 실천'[3]이라고 파악한다. 나는 이러한 생각을 고난에 관한 물음과 구체적으로 연결시켜 보고자 한다. 인간이 고난으로부터의 해방에 대한 기대에 의존하면 할수록, 실제로 고난에 대처할 수 있는 힘은 점차 약화된다. 개인의 고난을 이 사회에서 배운 대로 대수롭지 않게, 무관심하게 대하는 사람은 사회의 고난에 대해서도 똑같은 태도를 취할 것이다. 고난에 관한 전통적인 물음, 곧 개인적이고 내적인 물음물음II을 무가치한 것으로 취급하지 않을 때만, 고난에 관한 현대적인 물음, 곧 사회 비판적이고 외적인 현실과 관계된 물음물음I이 의미 있게 제기될 수 있다.

물음I은 "고난은 어떤 원인으로부터 발생하며, 고난이 발생하는 조건들은 어떻게 지양될 수 있는가?"라고 묻는다.

물음II는 "고난은 어떤 의미를 갖고 있으며, 어떤 조건하에서 우리를 보다 인간적으로 만들어 주는가?"라고 묻는다. 이 물음은 물음I과 관련된다.

오늘날 대다수 사람이 여전히 직면하고 있는 여러 특정 형태의 고난을 지양하는 일을 간과하는 자는, 인내라는 이데올로기를 내세워 현상태를 유리하게 보존하는 데 참여하는 셈이다. 즉, 그는 고난에 대한 자신의 내적 '해석'을 구체적으로 가학적인sadistisch 형태로 표현할 것이다. 고난이 지닌 의미를 모조리 부정하고, (이혼이나 암으로 인한 죽음과 같은 '사적 상처'를 받은) 개인을 사회경제적 척도로 환산해 버리는 사람은, 끝내 좌절하고 냉소적이 될 수밖에 없을 것이다.

앞의 두 상이한 물음이 안고 있는 문제는 방법론의 문제이기도 하다. 물음I의 관점에서 볼 때, 고난을 일반적인 문제로 논의하는 것은 적절하지 않다. 구체적인 사회적 원인들을 직시하지 않고 고통의 여러 형태를 연구하는 것이 무슨 의미가 있는가? 흉작과 전쟁, 가뭄과 역병, 환경 파괴와 조직적인 산림 훼손을 하나의 질문 관점 아래 억지로 묶어 세우는 그런 접근은, 바로 그 원인들을 부차적인 것으로 만들어 버리고, 질문을 사적으로 좁혀서 보편적 문제로 부풀리기 때문에 이미 그릇된 것이 아닌가? 이로써 고난이 탈역사화되고 따라서 형이상학적인 문제로 전락하고 마는 것이 아닌가? 이러한 주장은 논박할 여지가 없다. (그렇기 때문에 나는 구체적이고 현재 진행 중인 고난 상황들로부터 출발해서, 다양한 형태의 고난 증언들을 살펴보려 한다.) 그럼에도 내가 보기에는 이 주장이 일반적인 것을 배제하는 형식에서 과오를 범하고 있는 것 같다. 다시 말해, 이 주장은 우리가 과거의 역사적 경험에서 아무것도 배울 수 없다고 말한다. 이와 같은 입장은 고난을 "제거할 수 있다"라는 자기 나름의 비역사적인 관점에 따라 개별적이고 반복 불가능한 상황들을 기술화한다. 그것은 고난을 대하는 다양한 방식(그중에는 의미 부여와 '고난에서 배우기'도 포함된다)을 너무 사소한 것으로 간주하며, 또한 이전에 검증된 고난에 대한 태도들이 그 역사적 맥락을 인식하는 한 새롭게 현실화될 수 있다는 사실을 간과한다. 왜 우리는 다른 유사한 고난에 대한 다른 태도로부터 배워서는 안 되는가?

이러한 문제와 관련해 나는 연구에 사용되는 언어에 대해 방법상 이의를 제기하고자 한다. 고난이 물음 I 의 관점에서만 인식될 수 있다면, 먼저 모든 학문 외적 언어는 금지된다. 이전의 모든 언어적 가능성, 예를 들어 철학적·신학적·상징적 언어들은 경제적·심리학적·사회심리학적 분석으로 교체되어야 할 것이다. 이때 신학의 언어는 인식에 아무 도움이 되지 못하고, 언명된 것들의 진실은 신학 외적으로 입증될 수밖에 없을 것이다.

이러한 이의 제기는 나를 몹시 성가시게 한다. 고난에 대한 그리스도교의 이해는 그리스도교의 선입견이나 사회화의 전제

없이 명확히 표현되어야 한다. 이런 유의 책은 고난 가운데 있는 사람들에게 그들이 '복이 있으며' 위로받을 것이라고 말해 줄 수 있을 때만 의미가 있다. 고난받는 사람들이 받는 복은 그들이 자신을 그리스도인으로 여기는지 여부와는 무관하다. 우리가 산상수훈 말씀에서 배워야 하는 바는 이러한 복이 모든 이에게 가능해야 한다는 것이다.

그러나 전제가 없다고 하는 이 견해는 실제로 모든 신학의 언어, 곧 기존의 것과 그로부터 파생되는 모든 것을 능가하는 신학의 언어를 지양하게 하는가? 이러한 숙고로 인해 오히려 새로운 신학의 언어를 찾으려는 사람도 있지 않을까? 우리의 이야기를 학문의 언어에 국한시키면 우리는 점점 더 깊은 침묵에 빠지게 될 것이다. '분명하게 언급되지 않은 것'^{비트겐슈타인}은 다루어지지 않은 채로 있기 때문이다. 그 반대로 나는 신학의 과제가—형식적으로 규정할 때—우리 언어의 경계선을 확장하는 데 있다고 본다. 언어가 없는 죽음의 바다에서 육지를 찾아내는 것이 신학이라는 이름에 값하는 신학일 것이다. "형제자매여, 너희는 우리가 쓰러지기 전에 모든 것을 말해야 한다. 너희는 너희 두뇌라는 감옥 속에 무엇을 잡아 두고 있으며, 누구를 벽에 사슬로 묶어 두었는가? 너희는 삶의 진창과 폭풍을 피하기 위해 더 높은 곳에 섰는가? 너희는 오직 자신의 강함을 확인하기 위해 너희보다 밑에 있는 자를 짓밟은 적이 있는가? 내일이면 이미 너무 늦을지도 모른다. 무력한 노래를 신께 바치며 그가 너희 이름을 불러 주리라고 믿는 것은 얼마나 불손한 짓인가! 너희는 모든 것을 말해야 한다."[4]

이 책은 그리스도교 전통과의 대화를 통해 태어났다. 아니, 그 이상이다. 이는 경험을 신앙으로 성찰하려는 오늘날 한 그리스도인의 시도다. 여기서는 모든 진지한 현대 신학이 그러하듯 여러 언어들이 사용된다. 신학적·상징적으로 말하는 것을 방법론적으로 금지한다는 것이 내게는 일차원성을 요구하는 것으로밖에 생각되지 않으므로, 나는 이를 받아들일 수 없다. 고난에 관한 물음은, 예전에 겪었지만 지금은 제거할 수 있는 고난과 같은 물음까지도, 오늘날 다른 언어를 사용하지 않고서는 대답할 수 없기 때문이다.

나는 신학자로서 나의 과제를 방법상 다음과 같이 세 단계로 나누어 본다.

- 현재 학문의 언어로 번역할 수 있는 것은 무엇이든 번역한다.
- 사랑에 대한 믿음에 저항하는 것을 제거한다.
- 내가 번역할 수 없고 그렇다고 쓸데없는 것이라고 밀쳐 버릴 수도 없는 것에 이름 붙이는 일을 어리석게 반복한다.

여기서 '어리석게'라는 단어를 쓴 것은, 이 단어의 옛 뜻이 말하는 것처럼, 우리의 연약한 눈이 우리가 말하고 있는 바를 보지 못하는 상황에 놓여 있기 때문이다. 또한 오늘날 통용되는 뜻에서는, 이해되지도 않고 잘 소화하지도 못하는 구절들을 반복하는 것이 어리석음을 나타내는 표식이기 때문이다. 따라서 나는 성서에 쓰인 구절을 어리석게 반복한다. "보아라, 하나님의 집이 사람들 가운데 있다. 하나님이 그들과 함께 계실 것이요, 그들은 하나님의 백성이 될 것이다. 하나님이 친히 그들과 함께 계시고, 그들의 눈에서 모든 눈물을 닦아 주실 것이니, 다시는 죽음이 없고, 슬픔도 울부짖음도 고통도 없을 것이다. 이전 것들이 다 사라져 버렸기 때문이다". _{계 21:3-4}

[I]

그리스도교 마조히즘에 대한 비판

과연 그렇습니다, 주님. 우리는 이미 우리에게 내려진 형벌에서 당신이 진노하심이 정당하다는 것을 압니다. 당신은 정확하고 공의로우시므로, 당신의 사람들을 이유 없이 괴롭게 하지 않으십니다. 따라서 당신의 채찍에 맞을 때, 우리는 우리가 당신을 진노케 했음을 깨닫습니다. 지금도 우리에게 형벌을 내리기 위해 당신의 손이 들려진 것을 봅니다. 보복을 위해 당신이 사용하시는 칼이 여전히 뽑혀 있으며, 당신이 죄인과 행악자들에게 하시는 위협이 우리를 기다립니다.

좋습니다. 당신이 이전보다 훨씬 더 엄격한 형벌을 우리에게 내리시고 우리가 그 형벌을 수백 번 참아 내야 할지라도, 또 일찍이 당신이 당신의 백성 이스라엘의 죄악을 꾸짖으셨던 그 저주가 우리에게 미칠지라도, 우리는 그것이 지극히 정당하다고 고백할 것이며, 우리가 벌을 받아 마땅하다는 사실을 부인하지 않을 것입니다.

장 칼뱅Jean Calvin

1. 한 부부 이야기

내가 잘 아는 어느 부인은 바이에른 지방의 작은 시골에서 남편과 세 아이와 함께 살고 있다. 남편은 체구가 작달막하고 지식도 많지 않은 사람이다. 그는 수년 전부터 술을 마시기 시작했는데, 술을 마신 날은 대담해져서 소리를 지르며 집으로 돌아와 그의 인생에서 누리지 못한 모든 것을 두고 아내에게 화풀이를 하곤 한다. 그는 계획적으로 그녀를 괴롭힌다. 그는 그녀에게 창녀라고 욕하고, 창문을 열어 놓은 채 소리를 질러대는 통에 이웃 사람들이 들을 정도이며, 아이들마저 깨운다. 그리고 종종 아내를 때리기까지 한다. 부인에겐 자기 삶이란 없다. 스스로는 아무것도 계획할 수 없고, 시간이나 돈도 마음대로 사용하지 못한다. 남편은 그녀가 친정에 의지하는 것도 막으려 한다. 그는 그녀의 형제들 앞에서 그녀를 비방하거나, (그가 취했을 때뿐이기는 하지만) 그녀를 보러 온 어머니나 오빠들에게 욕을 퍼부으며 그들을 집에서 쫓아 버리기까지 한다.

부인은 이 지옥 같은 삶을 견디고 있다. 그녀는 냇물을 따라 걸어가다 빠져 죽고 싶은 충동을 느낀다. 자살을 생각하기도 하지만 아이들 때문에 차마 그러지는 못한다. 이혼을 생각하지도 못한다. 그녀는 고통받고 있다.

이 부부는 오직 죽음에 의해서만 관계가 끝날 수 있는 수많은 부부 중 하나다. 부인은 이혼이 드문 가톨릭 마을에서 살고 있다. 사람들이 이혼하지 못하는 것은 교회의 계명 때문만이 아니다. 그보다는 그런 변화를 예견하지 못하는 정체된 세계상世界像 때문이다. 부인 쪽에서 변화가 시작되어야 하는 이런 경우에는 더욱더 그러하다.

게다가 여기에는 경제적 위험, 보다 정확히 말하면 경제적 위험에 대한 막연한 불안—객관적으로 볼 때, 이 매우 유능한 부인은 아이들과 함께 잘 헤쳐 나갈 수 있을 것이기 때문이다—이 더해진다. 그러나 그녀는 아직 계몽되지 않은 사회에 살고 있다. 이 작은 마을에서는 엄청나게 중요한 그녀의 평판이 이혼에 의해 손상될 것이다. 그녀는 마을을 떠나지 않으면 안 되고, 그녀의 삶은 뿌리 뽑힐 것이다. 친정 식구들도 그녀에게 이혼을 권하지 않는다. 사람들은 그녀의 남편에 대해 분노할 것이다. 그러나 그들의 머릿속에는 여전히 세상만사는 하나님의 뜻에 달려 있다는 생각이 깊이 뿌리박고 있다. 그러니 부인은 더욱 고통당하게 되고, 형편이 나아지리라는 희망도 전혀 보이지 않는다.

문제는 자신으로부터 소외되는 것인데, 이는 사회학적으로 '무기력'과 '무의미성'[1]이라는 말로 특징지을 수 있다. 무기력이란 "자신이 어떤 행동을 하든, 바라는 결과에 영향을 미치지 못할 것이라는 느낌 또는 감정"을 말한다. 이 부인은 남편의 행동 변화를 이끌어 내는 것을 포기했다. 간청을 하거나 위협을 해봐도 소용없었고, 때마다 약속하고 새로 시작했음에도 아무 효과가 없음을 계속 경험한다. 무기력을 의식하는 것이 고난의 근본적인 특성이다. 고난을 인간답게 다루려면, 경험된 무기력에서 빠져나오는 것부터 시작되어야 한다. 그리고 자신이 무기력하다는 의식을 극복하는 힘을 활성화해야 한다. 그러나 바로 이 힘이 부인의 경우에는 사장되어 있는 듯 보인다.

이와 연관되면서 한 걸음 더 나아간 것이 '무의미성'이다. 이는 "결정 과정에서 자신이 나아가는 방향에 최소한의 명확성마저 상실한 상태"[2]를 말한다. 아무 결정도 내리지 않는 것, 곧 시작된 과정을 계속 진행시키는 것 또한 내려진 결정이다. 그러나 자기 자신으로부터의 소외라는 틀 안에서는 자기 방향의 결정조차 무의미해진다.

고난이 자연스러운 것으로 받아들여질수록 자신이 가치 있는 존재라는 감정도 점점 희박해진다. 예를 들어, 인간이 자신의 행위를 무의미한 것으로 여기거나 그것을 자연적으로 주어진 악으로 이해한다면, 이러한 생활 관련성Lebensbeziehung—예를 들어, 노동과의 관련성—의 파괴는 인간으로 하여금 그저 이한 부분에서만 관계를 상실하게 하지 않는다. 이 경우에 관계 상실이란 마치 죽음과 같은 많은 상실을 의미한다. 한번 경험된 무의미성은 대다수의 다른 관계에서도 작용한다.

역할 이론의 언어에 따르면, '소외'Entfremdung란 '역할 거리의 축소'가 기초를 이루는 사회적 형편을 가리킨다. 한 남편의 '부인'이라는 사회적 역할에 대한 거리, 곧 어느 정도의 자유는 여성에게 다른 역할의 가능성을 열어 주는 다른 사회화의 조건 아래서만 가능할 수 있을 것이다. 거리를 두지 않고 어떤 한 역할에만 전념하게 되면 고통을 예비하는 것과 같다. "자신으로부터의 소외는 역할 거리의 축소를 의미하며, 그 결과 역할 수행에서 필요한 자아 능력이 과도한 행동 규범의 압력에 의해 억압되는 상태를 뜻한다. 이러한 압력은 역할에 대해 꼼꼼함과 과도한 정확성을 기대하는 것으로 표현된다."[3] 그러므로 사회의 고난 또는 사회로 인한 고난에 대항하기 위해서는, 역할상의 거리와 역할의 다양성이 권고되어야 할 것이다. 고난받는 인간은 "더 이상 자기 역할 체계의 주인이 아니라 그 종이 된 사람이다."

사적인 운명으로 경험되고 사회적으로 중재된 그런 고난을 파악하는 데 역할 이론이 충분한지 여부는 물론 의심스럽다. 그러나 문제가 되는 것은—내적으로—역할에 거리를 취하는 것뿐 아니라—외적으로—그 역할을 그만두는 것이다. 희생만 하며 살아가는 부인의 역할이나 생계를 위해 죽어라 일해야 하는 월급쟁이의 역할은, 단순히 거리를 두고 생각한다고 해서 해결될 수 있는 문제가 아니다. 앞에서 언급한 부인의 문제는 역할에게 기대되는 꼼꼼함이나 과도한 정확성이 아니다. 예를 들어, 혼외정사가 용납된다고 해도, 망가진 부부 생활을 해야 한다거나 무의미한 행위를 억지로 따라야 하는 역할의 강제성이 무너지지 않는 한, 그녀의 문제는 해결되지 못할 것이다.

따라서 사회의 고난이라는 문제를 '역할 이론의 언어'로 분석하려는 시도는, 어떤 의미에서 고난에 대한 그리스도교의 대부분 해석과 비슷한 결과, 곧 마조히즘의 정당화를 초래한다.

2. 불행의 차원들

이 부인이 겪는 고난은 시몬 베유Simone Weil가 단순한 고통이나 고난과 구별해 '불행'이라고 칭한 것에 가깝다.[4] 베유는 고난을 육체적·정신적·사회적 고난이라는 세 가지 본질적 차원에서 분석한다. '불행'은 이 세 차원을 모두 가진다.

우리에게 고통이 여러 차원 중 단지 한 차원에서만 닿을 경우, 그 고통은 쉽게 극복될 뿐 아니라 무엇보다 쉽게 잊혀진다. 고통은 영혼에 '불행'이라 부를 만한 흔적을 남기지 않는다. 다시 말해, 노예의 낙인, "뿌리 뽑힌 삶, 다소 약화된 형태이지만 죽음과 유사한 그 무엇, 그리고 육체적 고통의 엄습이나 직접적 위협으로 인해 불가피하게 영혼에 닥치는 그 무엇"을 남기지 않는다. 모든 실질적 고난은 이 세 차원에서 발견될 수 있다. 육체적 고통만은 아무 흔적을 남기지 않는다. 그런 고통은 제거되고 나면, 마치 앓던 이를 뽑고 난 뒤처럼 금세 없었던 일처럼 되기 때문이다. 그러나 순수하게 정신적인 고통 역시 불행의 차원에 도달하지 못한다. "마치 동물이 죽음을 피하듯이, 그만큼 즉시, 그만큼 저항할 수 없이" 불행을 피하는 본성을 가진 정신은, 항상 그 본성을 따를 가능성이 충분하기 때문이다. 육체적 고통을 면한 고난은 "인공적, 곧 상상적"이다. 다시 말해, 순수하게 정신적인 고통은 "온 힘을 다해 감당할 수 없는 그러한 핵심[문제] 주위로 모든 가닥가닥이 뭉쳐 있는 것이 아니기 때문에, 단순한 낭만이며 단순한 문학"이다.

반면 실질적 불행은, 앞서 언급한 부인의 사례처럼, 지속적인 두통과 같이 정신적이면서도 육체적으로 나타난다. "사랑하는 사람이 부재하거나 죽었을 때 느껴지는 슬픔 중 지울 수 없는 일부는, 마치 육체적 고통과도 같다. 숨이 막히고, 가슴이 죄이며, 채워지지 않는 욕구나 배고픔처럼 느껴지고, 더 나아가 억눌려 있던 힘이 갑자기 풀려나 통제를 잃을 때 찾아오는 생물학적인 교란과도 같다."

고난의 세 번째 본질적 요인은 사회적 요인이다. "어떤 형태로든 사회적 몰락 또는 그런 몰락에 대한 공포가 존재하는 곳에만 진정한 불행이 있다." 몰락은 불행을 동반하는 고립 상태에서 나타난다. 부인은 언젠가 사회적 경멸을 받을지 모른다는 불안 가운데 살고 있지만, 실제로는 이미 그 마을 공동체에서 온전한 구성원으로 기능하지 못하고 있다. 시몬 베유가 관찰한 바와 같이 "불행은 웃음거리다"라는 고난의 사회적 효과가 그녀에게 일어나고 있다.

따라서 불행한 사람과의 연대가 결여되는 것은 세상에서 가장 자연스러운 일이다. "닭들은 상처 입은 닭을 부리로 쪼며 달려든다. 이것은 중력과 같이 기계적인 현상이다." 우리가 불행한 사람을 (정도의 차이는 있지만) 경멸하는 것은, 거의 아무도 그 사실을 의식하지 못할지라도 자연스러운 일이다.

이러한 관찰은 부인의 경우에서도 확인된다. 그녀가 당하는 고난은 화석과 같이 과거로부터 우리 시대로 유입된, 지양될 수 있는 고난이다. 이는 계몽되지 못한 사회적 상황에서 비롯된 것이다. 그러나 바로 이러한 생각, 곧 '반드시 그러할 필요는 없으며, 우리가 그것을 바꿀 수 있다'는 생각은 우리가 당면한 현실로부터 벗어나는 데 사용되는 방어 기제다.

어떤 의미에서는 모든 불행이 시대착오적 성격을 갖는다. 마치 결핵에 걸린 아르헨티나 원주민이나 달의 표면같이 황폐해진 베트남의 풍경처럼 말이다. 이러한 불행의 시대는 우리의 시대가 아니다. 이는 사실일 리가 없다. "우리의 지각 능력은 모든 경멸, 모든 혐오 그리고 우리의 이성이 범죄와 연결시키는 모든 증오를 불행과 관련짓는다." 불행한 사람과의 대가 없는 연대는 이 현상을 조금도 변화시키지 못한다. 고난을 어떻게 지양할지 정확히 아는 데서 우리의 방어 태세가 나타난다. 우리는 우리 스스로가 신체적으로 경험하고 사회적으로 무기력한 상태와 위협을 몸소 겪고 났을 때, 비로소 "불행이 존재하고 있음을 인식"하게 된다. 시대착오적이며 객관적으로 더 이상 불가피한 것이 아닌 고난에 대한 경험은, 시대에 대한 우리의 이해 또한 변화시킨다. 그것은 우리가 진보했다는 우월감을 빼앗아 가며, 우리를 시대착오적으로 고난받는 이들과 같은 시간대에 서게 만든다. 고난받는 자를 돕는 모든 노력은 이런 동기화, 또는 동시화를 필요로 한다. 그렇지 않을 경우, 그 도움은 위로부터 아래로 기우는 우월한 자선에 그치고 만다.

문제를 계속 파고들기 위해서는 고난의 세 차원—육체적·정신적·사회적 차원—을 인식해야 한다. 이 세 차원의 통일성은 많은 문헌과 증언들을 통해 입증될 수 있다. 그 대표적인 예가 이른바 개인 탄식시 장르에 포함되는 시편들이다.^{시 16, 22, 73, 88,} ^{116편 등} 여기서 탄식의 요소들은 다음과 같이 반복적이다: 인간을 압박하고 바짝 말리는 병과 육체적 고통, 종종 '심중을 털어놓다, 토로하다'와 같은 이미지로 재현되는 신체적 또는 정신적 붕괴 현상, 친구·이웃·친척으로부터 버림받음, 백성 중에서 그리고 백성과 함께 구원을 경험할 만한 시간과 장소가 더 이상 없을 정도로 고통에 갇힌 상태, 죽음의 국면에 처함 등. 탄식에서 나타나는 것과 같은 고난은 삶의 모든 차원, 곧 약속을 대망하는 시간, 자유롭게 움직이고 성장할 기회, 타인과의 활발한 교제, 영양과 건강, 약속의 땅에서의 생활 공간을 위협한다.[5] 사회적 차원—소외, 버림받음, 추방—은 육체적 차원과 마찬가지로 이 고난에 속한다.

고난이 가진 이러한 구조적 연관성 덕분에, 우리는 단순히 과학적으로 측정 가능한 '고통'을 넘어 '고난'이라는 더 깊은 개념을 말할 수 있다. 고난이라는 이 단어에는 한편으로 고난의 지속성과 깊이가, 다른 한편으로 고난이 인간의 육체적·사회적 몸에 뿌리내린 다차원성이 표현되어 있다.

이와 같은 의미에서 예수의 수난은 하나의 고난사다. 교회사나 예술사의 여러 시기에 사행되었던 것처럼, 이 고난사는 그것의 차원중 하나만 취할 경우 변조되고 만다. 그것은 자신의 목표가 산산조각이 난 한 인간의 이야기다. 그러나 자신의 일에 대한 이러한 절망은—다른 인간적 고난에 비추어 볼 때도—이를 반영해주는 육체적·사회적 경험이 없이는 불완전할 것이다. 땀과 피와 눈물 없이는, 위협과 고문의 경험 없이는, 고난은 순전히 영적인 것에 그치고 말 것이다. 관계를 맺는 집단이 와해되는 것도 이 고난 경험에 속한다. 예수는 그의 친구들로부터 부인당하고 배반당하고 버림받았다.

3. 무조건적 복종

　　그리스도교 문헌들은 고난의 세 차원—특히 사회적 차원—을 대체로 간과해왔다. 고난을 주제로 하는 종교적인 전단지[6]는 다음의 몇 가지 공통되는 기본 사고에서 출발한다.

　　고난은 하나님의 손으로부터 온다. 죄와 질병 사이에는 거의 알려지지 않은 관련성이 있다. 질병의 가장 깊고 고유한 근원은 죄다. 병자는 질병의 이러한 본질적인 원인을 잘못 알고, '외적 상황, 자연적 원인'에 자신이 당하는 고난의 원인을 돌린다. 완전한 건강은 도래할 하나님 나라에만 존재한다. 질병은 우리가 내적으로 자라나고 성숙해질 수 있는 위대한 기회를 준다. 당신은 당신이 병을 앓는 동안 하나님이 당신과 어떻게 함께하시는지 느끼지 못하는가? 고난의 은총은 육체의 치유보다 더 가치 있다. 고난은 하나님의 치유하시는 사랑의 교육 수단이다.

연구 자료들을 요약해보면, 두 가지 경향을 읽어 낼 수 있다. 첫째는, 인간의 무능을 통해 하나님의 권능을 정당화하는 것이다. 고난은 인간의 연약함으로 평가되며, 하나님의 권능을 드러내는 데 이용된다. 질병과 고난은 종교적 목적으로 사용되고, 하나님은 '어느 궁극적인 은밀한 자리에서' 인간의 삶 속으로 잠입하신다.[7]

이는 인간 편에 보편적으로 요구되는, 그리스도인의 태도로서 널리 퍼진 '고난을 감내하려는 의지'에 해당한다. 인간에게는 저항하거나 괴테가 '들장미'에서 말한 것처럼 "나는 그런 고난을 당하지 않겠다"라는 가장 단순한 권리마저 거부된다. 하나님은 왜 고난을 보내시는가 하는 질문은 더 이상 제기되지 않는다. 고난을 야기하는 분이 하나님이라는 점은 충분히 알려져 있다. 그 때문에 다른 모든 원인, 특히 고난의 사회적 원인이 배척되고 구체적 원인은 '비이성화된다.'

이성적으로 인식할 수 있는 고난의 이유와 원인이 비이성화되는 이러한 현상은 비단—신학적으로 거의 숙고되지 않고, 언어적으로도 도움이 되지 않는—종교적 전단지 문학^{Traktatlitera-tur}(Traktat는 일반적인 전단지를 뜻했고 이미 8세기부터 사용되었지만, 19세기에 들어서는 특히 그리스도교 전단지를 의미하게 되었다. 주로 선교 목적으로 사용되었고, 내용을 짧고 직관적으로 담아내려 했기 때문에 엄밀한 논리 전개나 신학적 성찰에 중점을 두지 않았다—편집자)에서만 발견할 수 있는 것이 아니다. 『신학 소사전』은 다음과 같이 말한다.

인간에게 부여된 임무는, 고난 가운데 자신에게 닥친 상황을 전적으로 그리고 남김없이 받아들이고, 계속 변화시키며 수용해 자신의 자아 완성의 한 순간(고난받으면서 행동하고 행동하면서 고난받는)으로 변형시키는 것이다. (이는 수동적으로 받는 고난과 반대며) 그 결과 그는 그 상황 속에서 하나님을 선택하게 된다.…
이러한 의미에서 고난은 비로소 '하나님이 원하시는 것'으로 입
증된다.[8]

여기에는 전형적인 개신교의 '무능-전능' 도식이 덜 강조되는
데, 이는 고난받는 인간의 노력이 크게 두드러지기 때문이다.
'받아들이다, 축적하다, 변화시키다, 수집하다, 변형시키다' 등
의 단어는 하나님이 인간에게 행하시는 일이 아닌 인간의 강함
을 지칭한다. 그럼에도 고난에 대항해 싸우거나 그것의 원인을
제거하겠다는 사고는 이 생각의 지평에 나타나지 않는다. 이러
한 (진보) 신학을 배운 고해신부는 앞서 언급된 부인에게 여기
서 독려하는 것처럼, 고난의 상황을 받아들이고 변형시키라고
권고할 것이며, 그녀가 '철저하게 고난당하고 인격적으로 변화
하는' 능력을 강화하도록 돕고자 할 것이다.

그러나 이처럼 순전히 개인주의적 관점은 사건에 함께 참
여하는 이들을 간과하기 때문에 종종 현실에서 벗어난다. 우리
가 "악한 사람에게 맞서지 말아라"[마 5:39] 하는 예수의 말씀을 아
무리 새겨 본들, 그것은 타인을 파괴하는 악과 관련될 수 없다.
예수는 타인의 고난을 초래하고 '악한 자'를 유혹하는 자들을
가차 없이 비판했다. 그는 그들의 목에 연자 맷돌이 달려야 한
다고 했다. 자신의 고난을 '자아 완성의 한 순간으로 변형시키
는 것'으로는 충분하지 않다. 앞에서 묘사된 결혼 생활은, 최소

한 한쪽 배우자에게는 지옥이며, 그 안에서 자라나는 아이들에게는 삶에 대한 경멸을 배우게 하는 체계적인 안내서다. 그것이 하나님의 뜻이라는 이유만으로, 그리고 아이들이 느끼는 불안이 결국 아버지를 향한 반대와 증오와 경멸로 바뀔 때까지 그런 부부 관계를 유지해야 할 이유는 없다. 무죄한 사람에게 닥치는 이러한 피할 수 있는 고난을 정당화할 수 있는 것은 없다. 그러나 거의 모든 그리스도교 해석은 우리가 종결지을 수 있는 고난과 종결지을 수 없는 고난의 구별을 부정한다. 그것은 또한 —인간은 모두 죄인이라는 관점에서—이 부부 관계에서처럼 죄의 역사에 능동적으로 빠져든 사람과 죄 없이 거기에 휩쓸린 사람의 구별을 부정한다.

이 경우, 여기서 개괄한 고난에 대한 그리스도교 해석은 마조히즘을 권유하는 결과를 빚는다. 고난은 우리의 자존심을 상하게 하고, 우리의 무능을 입증하며, 우리의 종속성을 충분히 드러내기 위해 존재한다. 고난의 의미는, 우리를 왜소하게 만들었기 때문에 비로소 위대해지는 하나님에게로 우리를 돌아가게 하는 데 있다. 이때 고난은 깨어진 결혼 생활을 하는 부인의 사례처럼 피할 수 없는 것으로 간주되며, 나아가 고난을 통한 어떤 변화도 불가능하게 만드는 운명으로 대상화된다. 따라서 고난은 하나님이 우리에게 보내셨으며 우리가 치러야 하는 시험으로 파악된다. 또는 과거의 죄에 뒤따르는—죄에 비해 턱없이 부족한—형벌이나, 우리가 이를 거쳐 깨끗해져야 하는 정화 과정으로 여겨진다. 차라리 침묵이 더 적절할 때, 해석하고 말하려는 신학자들의 집착은 견디기 어렵다. 독일 작가이자 번역가인 아르노 슈미트Arno Schmidt는 이러한 집착을 명백한 혐오를 담아 묘사한다.

> 한 어린이의 몸이 완전히 두 동강 났다. 시체는 목과 몸으로 나뉘었다. 어머니는 떨어져 나온 아이의 머리를 감싸 안은 채, 믿을 수 없다는 듯한 눈빛으로 홍건한 피바다를 내려다보고 있었다.…신부는 울고 있는 어머니를 위로했다. 그는 "주신 분도 하나님이요 가져가신 분도 하나님입니다"라고 말했다. 그때 젠장, 그 겁쟁이 같은 위선자놈이 이렇게 덧붙였다. "주님의 이름을 찬양할지어다!"…도대체 이 사람들은 하나님이 죄인가해자일지 모른다는 생각을 해본 적이 없을까?

하나님은 "자신의 악을 향유하려는 리워야단(고대 우가리트 신화에도 등장하는 바다 괴물로 혼돈을 나타낸다. 시 74:14, 욥 41장에서도 언급된다—편집자)이다."[9] 신학자들은 그에게 '아첨하는 신하'의 역할을 한다. 고난을 해석하려는 종교적 시도는 무수하다. 문제는 사람들이 자신의 아픔에 부여하는 실존적 의미 해석에 있기보다는, 아직 명명과 분류를 거치지도 않은 고난 앞에서 존중 없이 행해지는 사후적인 신학적 체계화에 있다. 따라서, 예를 들어 구약에서는 "형벌과 교육, 시험을 위한 고난과 도움이 되는 고난"이 구별된다.[10] 야훼가 직접 상처 입히고 위태롭게 하고 병들게 하셨다는 표현이, 모든 고통은 하나님으로부터 온다는 명제로 체계화된다. 후기 유대교에서는 고난에 속죄의 힘이 덧붙여지는데, 사람들은 이 힘을 빌려 자신의 죄에 대한 용서를 바랄 수 있었다. 여기서 제물·성전 참배·피와 같은 제의적 속죄 수단과, 회심·고난·죽음과 같은 비제의적 속죄 수단은 구별된다. 주로 질병·가난·무자녀를 포함하는 고난이 가진 속죄의 힘은 희생제물의 힘보다 높이 평가되는데, 이는 이러한 고통이 인간의 재산과 소유가 아니라 바로 그 자신에게 직접적인 영향을 미치기 때문이다. 고난은 경건한 자에게 그의 죄가 고난을 통해 사함받았고, 미래 세계에서 자신의 선행에 대한 보상을 받게 되리라는 확실한 희망을 준다. 반면에, 얼마 안 되는 선행에 대해 이 땅에서 이미 보상을 받은 하나님을 모르는 자는, 저세상에서 오직 형벌만을 기대해야 한다. 이로써 오래된 응보 교의─죄를 지으면 고난이 뒤따른다─는 전복된다. 즉, 고난에는 속죄가 뒤따른다. 물론 계산 가능한 보상 구조는 여전히 유지되며, 오히려 더욱 엄격해진다.[11]

그러나 다른 경우와 마찬가지로 이렇게 구분 짓고 해석하는 일은 구체적인 경험에서 와해된다. 고통은 경건한 자에게도 닥친다. 그렇다면 어떻게 고통이 형벌일 수 있는가? 고난의 교육적 효과는 미미하며, 실제 또는 추정되는 원인 제공자에 대한 방어적 태도는 구약에서 분노나 불쾌함으로 묘사된다. 저주·

욕설·복수 기도는 개선이나 통찰이라기보다 오히려 고난의 열매다. 고난은 인간에게 무력감과 두려움을 불러일으키며, 실로 커다란 고통은 모든 저항력을 마비시키고 종종 절망에 이르게 한다. 고난을 보내는 하나님이라는 생각에서 출발하는 그러한 신학적 이론 구성의 시도들을 반복해서 수정하는 것은 다름 아닌 구약 성서 자신이다. "재앙이 흙에서 일어나는 법도 없고, 고난이 땅에서 솟아나는 법도 없다. 인간이 고난을 타고 태어나는 것은, 불티가 위로 나는 것과 같은 이치이다."[욥 5:6-7] 그러나 이러한 냉정한 인식은 신학적 해석의 시도에 거의 영향을 끼치지 못한다. 프로이트[Freud]에 의하면, 종교가 고난으로부터의 보호를 제공하는 기술은 "삶의 가치를 억누르고 현실 세계의 모습을 망상적으로 왜곡하는 것에 있으며, 이는 지성의 위축을 전제로 한다.…신자가 마침내 하나님의 '헤아릴 수 없는 섭리'에 관해 말할 수밖에 없게 될 때, 그는 고난 속에서 최후의 위로와 쾌락의 원천이 오직 무조건적인 복종뿐이라는 사실을 고백한다."[12] 복종을 쾌락의 원천으로 삼는 것, 이것이 바로 그리스도교 마조히즘이다.

4. 신학적 사디즘

그리스도교 마조히즘을 비판하기란 어렵지 않다. 인간의 힘을 경시하는 태도, 선하거나 의미 있기 때문이 아니라 단지 압도적으로 강력하다는 이유만으로 어떤 존재를 숭배하는 태도, 고난을 오직 인내의 문제로만 배타적으로 간주하는 태도, 그리고 거기서 비롯되는 타인의 고난에 대해 무감각해지는 태도—이러한 모든 것이 우리의 비판을 불러일으키는 특징이다.

그럼에도 불구하고 경건한 자들의 이러한 마조히즘이 최악인 것은 아니다. 왜냐하면 고난을 줄일 수 있는 가능성이 거의 발전하지 않았던 시대에, 그것은 실존적 태도로서 사람들에게 일종의 도움을 주었기 때문이다. 이 태도의 본능적^{리비도적} 특성은 전도되기는 했지만 파괴되지 않았다.

하지만 신학자들이 마조히즘적 실마리에서 끄집어낸 다소 지나친 결론으로 사디즘적 하나님을 구상하자마자, 이러한 상황은 달라진다. 고난받는 경건한 자의 본능적이고 유연한 특성은 이제, 하나님의 진노를 그들의 주요 모티브로 삼는 신학자들에 의해 사디즘적으로 고정된다. 고난을 만들고 고난을 초래하는 하나님을 변형된 테마로 삼는 신학은, 자기 헌신은 못하면서 불가능한 것을 요구하고 괴롭히는 하나님에게 시선을 고정한다. 종교개혁이 신학의 가학적 측면을 더 키웠다는 사실은 의심할 여지가 없다. 하나님이 고난받는 자와 함께하신다는 신비주의에서 발전된 실존적 경험은, 최후 심판에 초점을 맞춘 신학적 체계로 대체된다. 이제 더 이상 "악인들이 지금 누리고 있는 복 때문에 그들을 부러워할" 이유가 없다. "이러한 복은 곧 끔찍한 종말을 맞을 것이기 때문이다."[13] 초점은 더 이상 고난받는 인간에게 있지 않고, 오히려 하나님의 입장, 그리고 무엇보다도 하나님의 관점에서 판단해야 한다는 데 있다.

악인들이 왜 그렇게 잘 사는지에 대한 질문에, 칼뱅은 이처럼 신랄한 대답을 내놓을 수 있다. "왜냐하면 주님이 그들을 돼지처럼 도살할 날을 위해 살찌우시기 때문이다."[14] 악인들에게 영광스러운 부활은 오히려 그들을 괴롭히고 당황스럽게 하는 역할을 한다.[15] 벌을 받아 마땅한 악인들에 대한 이러한 증오는 깊은 자기혐오에 뿌리를 두고 있다. 하나님께 바치는 칼뱅의 기도는 인간의 자기 겸양, 낮춤, 인간에 대한 모욕으로 가득 차 있다. 우리는 "죄와 타락 가운데 잉태되고 태어난 불쌍한 죄인이며, 항상 악을 행하려 하고, 모든 선한 일에는 전혀 쓸모없는 자들이다." 우리는 "부족함으로 인해 끝없이 그리고 쉬지 않고 주님의 거룩한 계명을" 위반한다. 우리는 하나님께 "하나님의 진노를 우리에게 불러일으킬 정도로 헤아릴 수 없이 무가치한 우리의 많은 죄와 허물을 우리에게 돌리지 말아 달라고" 간구해야 한다. 인간이 하나님에게 가장 가까이 다가가는 행위인 기도조차 여기서는 제한되고 굴욕당하며 통제되고 하찮은 것으로 여겨진다. 우리는 "사실이 그렇듯, 하늘을 향해 눈을 들고 당신 앞에 나아갈 만한 자격이 없으며, 우리 안에 있는 것을 당신이 보실 때 우리의 기도가 당신께 반드시 응답받아야 한다고 생각해서는 안 된다는 것"을 고백한다.[16] 가톨릭 전례는 무가치함이라는 동일한 주제에 대해 다음과 같이 말한다. "주여, 저는 당신이 제 집에 들어오실 만큼 가치 있는 자가 아닙니다. 그러나 다만 한 말씀만 해주십시오. 그러면 제 영혼이 온전해질 것입니다." 바로 이 '그러나'가 주는 힘과 해방감이 칼뱅의 기도에는 빠져 있다.

이와 유사하게, 타인을 위한 중보기도도 진심 어린 감정이나 연민 없이, 그냥 순종적이게 되어 버린다.

> 비록 우리가 우리 자신을 위해 입을 열고 곤경 속에서 당신께 간구할 가치가 없을지라도, 당신께서 우리에게 서로를 위해 기도하라 하셨으니, 당신의 채찍과 징계로 고난당하는 우리의 불쌍한 형제와 지체들을 위해 간구합니다.…그들을 적절히 위로하시고, 그 벌이 오히려 그들에게 도움이 되게 하소서.[17]

칼뱅은 하나님의 거룩한 위엄과 인간의 끝없는 타락이라는 큰 틀 안에서 고난을 이해했다. "성서가 우리에게 보여주듯이, 전염병, 전쟁 그리고 다른 곤궁들은 하나님의 징벌로, 우리의 죄를 벌하시려는 것이다."[18] 모든 고난은 하나님의 징계에서 비롯되었다. "지금 당신이 징계하신 백성, 그리고 질병이나 감금, 가난을 통해 당신의 채찍을 맞은 사람들"[19]은 틀림없이 죄를 지었을 것이다.

고난에 대한 이러한 사디즘적 이해의 논리는 반박하기 어렵다. 이는 모든 사디즘적 신학에서 반복적으로 나타나는 세 가지 명제로 이루어져 있다.

1. 하나님은 전능하신 세상의 주님이며, 모든 고난을 내리신다.
2. 하나님의 행위는 이유가 없지 않고 공의롭다.
3. 모든 고난은 죄에 대한 형벌이다.

전능하신 분의 공의로움에서 나오는 결론은, 그는 오직 '근거가 있을 때만' 고통을 주신다는 것이다. 심지어 그가 내리신 재앙이 저질러진 잘못과 아무런 관계가 없을 때조차도 그렇다.본서 26쪽 참조 하나님의 전능과 공의에 관한 두 전제는 모든 고난이 죄에 대한 형벌임이 분명하다는 결론에 이르게 한다. 앞서 언급된 그런 신학 체계와는 달리, 종교 문헌 같은 곳에서 나타나는 그리스도교 마조히즘은 하나님을 공의로우신 분일 뿐 아니라 사랑의 하나님으로도 이해한다. 하나님의 전능에 관한 전제명제 1와 하나님의 사랑과 공의에 관한 전제명제 2에 의해 마조히즘이 이르게 되는 결론은, 모든 고난은 형벌이요 시험 또는 교육이며, 우리에게 다가와 우리의 영혼을 얻으시려는 하나님의 시도라는 것이다.

두 형태의 고난신학이 비판받을 여지가 있는 것은, 하늘에서 고난을 내리시는 분의 전능을 확정하는 첫 번째 명제 때문이다. 전능을 완벽주의적으로 이해된, 정의상 결코 충족될 수 없는 절대적이고 완벽한 정의와 연결짓는 건 쉽다. 반면 사랑은 종교 문헌에서 단지 완화하는 역할로만, 근본적인 역할로 생각되지 않아 전능과 결부되지 않는다. 이러한 하나님에 대한 현대적 이의가 아직도 권리를 주장할 수 있는 것은 무죄한 자들의 고난 때문이다. 여기서 덧붙여야 할 것은, 인간이 당하는 고난의 규모로 볼 때 모든 인간이 '무고'하다는 것이다. 어떤 고통은 모든 죄의 형태를 무한히 능가하는데, 그 고통은 모든 이에게 '지나친 것이다.'

하나님을 '불행을 정당화하는 하나님'으로 생각하거나, 하나님과 불행을 화해시키려는 모든 시도를 울리히 헤딩어Ulrich Hedinger는 철저하게 비판한다.[20] 그리스도교 유신론은 '초월의 하나님'과 '교육의 하나님'을 섬겨 왔으며, 그리스도교의 "하나님은 불행과 분리되어 있으면서도 불행을 허가한다."[21] 신비주의자들은 이처럼 하나님과 고난을 분리하는 사고를 제거하고 고난받는 하나님을 선포하려고 했다. 이는 결핍에 시달리고, 폭력에 억눌리며, 자연적 고난에 거의 완전히 노출되어 있던 세상에서 가능한 최선 선택이었다. 그러나 "비탄을 자아내게 하는 고난으로서의 고난, 투쟁의 대상이 될 수 있는 불의로서의 불의는 사실상 존재하지 않는다."²² 따라서 이 태도를 단순히 반복해서는 안 된다.

물론 초월의 하나님, 교육의 하나님에 대한 비판은 칼뱅주의처럼 극단적으로 치닫는 경우에만 국한되지 않고, 신학적 사디즘 입장에 훨씬 더 가혹하게 영향을 미친다. 신학적 사디즘 입장에서 하나님은 고난받는 인간에게 오직 교육의 관계로만 다가간다. "그 안에서 치료가 더 두드러질 수도 있고, 징계가 더 강화될 수도 있으며, 순화가 더 강조될 수도 있고, 처벌이 더 앞설 수도 있다." 이러한 그리스도교 유신론의 실제 역사적 영향은 '인간의 불행에 대한 냉혹함'과 그로 인한 '인간에 대한 경멸'로 특징지어진다. "하나님 앞에 있는 건 오직 죄와 불의뿐이다." 잔학함과 구원이 짝을 이루고, 고난이 순종을 배우는 수단이 되면서 '억압적 유신론과 억압적 사회 간의 동맹'이 완벽해진다.

이러한 하나님은 전능과 유일성이 전제되는데, 이로써 그는 "고난과 결핍에 대한 책임에서 면제되고, 그에 상응하는 책임은 개인이나 인류 전체가 떠안게 된다."²³

하나님이 직접적으로든 간접적으로든 고난을 일으킨다고 보려는 모든 시도는, 하나님을 사디즘적으로 생각하게 될 위험을 안고 있다. 따라서 내가 보기에 "사로잡히고 박해받고 죽임 당한 이스라엘과 함께 고난받는 하나님은 어떤 고난을 받았는가?" 혹은 "그리스도가 오직 인간의 불의와 악함 때문에 고난받

있는가?”라고 묻는 것 역시 문제적이다.[24] 위르겐 몰트만Jürgen Molt-mann(20세기 후반 가장 영향력 있던 독일 신학자 중 한 명. 튀빙엔 대학교에서 재직했으며, 그의 저서 『희망의 신학』이 특히 큰 반향을 일으켰다—편집자)이 반복한 시도는, 예수가 ‘하나님 때문에’ 고난받았다는 것, 다시 말해 하나님이—어쨌든 한 사람에게—고난을 주고 십자가를 지게 했다는 것을 밝히는 것이다. 몰트만은 한편으로 ‘십자가에 달리신 하나님’, 곧 ‘고난받고, 가련하며, 무방비 상태에 놓인 그리스도’를 부각시키면서, 무관심한 하나님이라는 고대 이념을 비판했다. 그리고 ‘가난한 자와 농부와 노예의 하나님’을 ‘우리 안에서, 곧 사랑이 고난받는 그 자리에서’ 고난받으시는 하나님으로 규정한다. 그러나 이러한 의도, 곧 고난의 격정Pathos은 이를 중재하는 신학 체계에 의해 약화되고 잠잠해진다. 하나님은 단지 사랑하고 고난받는 그리스도로만 이해되는 데 머물지 않고, 동시에 통치하는 전능하신 아버지로서의 지위도 유지해야 한다. 몰트만은 ‘십자가 신학’theologia crucis을 고난의 초래자, 곧 고난을 만든 자로부터 전개시키려고 했다. 그는 고난을 삼위일체 내부에서 일어나는 과정으로 보았는데, 이 과정에서 비록 ‘삼위 가운데 한 위격’이 고난을 당하지만, 다른 위격은 바로 그 고난을 야기하는 분으로 이해된다. 이러한 유형의 신학 사례는 많은 것을 가르쳐 준다.

십자가에서는 아브라함이 이삭에게 할 필요가 없었던 일이 일어났다.^{참고. 롬 8:32} 그리스도는 아버지에 의해 완전히 의도적으로 죽음이라는 운명에 내맡겨졌다. 하나님은 그를 멸망의 세력—그것이 인간이든 죽음이든—속으로 던져버리셨다. 이러한 생각은, 고대 교회의 교리론에 나오는 다음 구절로 가장 날카롭게 표현할 수 있을 것이다. 즉, 삼위 가운데 제1위격이 제2위격을 밀어내고 멸절시킨다.…여기서 그 무엇보다도 급진적인 십자가 신학이 언급된다.[25]

여기서 저자는 자신이 믿는 하나님의 잔학성에 매료되어 있다. 아브라함 이야기는 이 정도의 잔혹함에 이르지 못했다. 오직 예수 그리스도의 아버지만이 의식적으로, 곧 '완전히 의도적으로' 멸절 행위를 하신다. 여기서 '인간과 죽음'을 대담하게 하나의 공통분모로 묶는 것은 일관된 신화화의 산물일 뿐이다. 하나님의 행동은 '내맡기다, 내던지다, 버리다, 멸절시키다' 같은 단어들로 묘사된다.

수십 가지 비슷한 예가 더 있는 이러한 진술들은 신학계에서 여전히 정상으로 간주된다. 우리는 이 진술들을 하인리히 힘러^{Himmler}가 나치 친위대 지휘관들 앞에서 했던 연설과 나란히 놓고 보아야 한다.

너희들 대다수는 100구, 500구 또는 1,000구의 시체가 쌓여 있는 것이 무엇을 의미하는지 잘 알 것이다. 이를 견뎌 내고—인간적

약함이라는 예외적 경우를 제외하고는—품위를 지켜 낸 것이 우리를 단련시켰다. 이는 우리 역사에 결코 기록되지도, 기록되어서는 안 되는 영광스러운 페이지다.[26]

신학적 사디즘에 행동 지침이 포함되어 있는 것은 아니다. 그러나 그것은 사람들에게 사디즘적 행동을 당연하게 여기게 만드는 사고방식을 주입한다. 그 안에서 예배와 숭배와 사랑을 받는 대상은, 그가 가진 '과격성', '완전한 의도', '극도의 가혹함'이 다름 아닌 멸절 그 자체인 존재다. 신학적 사디즘의 극단적인 결론은 바로 사형 집행인을 신처럼 받드는 것이다.

5. 이삭의 희생

이것이 무엇을 의미하는지는 아브라함이 이삭을 제물로 바치려 했던 이야기^{창 22장}의 다양한 해석을 살펴보면 된다.[27] 첫 번째 가능한 해석은 하나님에게서 출발한다. 하나님은 절대적으로 우월한 자이자 절대자이다. 그는 어떤 형상도 취하지 않고, 소리^{부름}로 나타난다. 부름과 명령이 그의 표현 형태다. 그런 명령을 하는 이가 신인지 악마인지에 대한 질문은 제기되지 않는다. 하나님은 그 누구에게도 해명할 의무가 없는 주님이다. 그분은 [아브라함에게] 외아들을 주신 분이기에, 그를 다시 돌려받을 권리도 가지고 계신다. 이러한 해석의 틀에서, 그 요구가 갖는 불합리성이 오히려 그 신성함을 증명한다.

이 해석을 예수 이야기에 적용하면—비록 성서가 직접적으로 그렇게 하지는 않지만, 이미 초기부터 구약의 알레고리적 해석을 통해 시도된 바 있음—강조점은 사랑하는 외아들을 제물로 바치는 아버지께 맞춰진다. 그가 그렇게 할 수밖에 없었던 불가피성은 아브라함에 대한 첫 번째 명령의 불가피성만큼이나 거의 고려되지 않고 있다. 다시 말해, 고려될 길이 없다. 그러나 예수의 경우, 희생이 피를 흘림으로 완성되었고, 이를 원했던 바로 그 하나님이 최후의 순간에도 저지하지 않았기 때문에 하나님의 멸절 성향이 뚜렷이 드러난다. 이와 같은 해석은 하나님을 사디스트처럼 보는 관점을 담고 있다. 여기서 나온 고난신학은 결국 사형 집행인을 숭배하라고 요구하게 된다.

두 번째 가능한 해석은 마찬가지로 명령과 순종, 주와 종이라는 동일한 도식에 머무르고는 있으나, 하나님의 불합리성보다 아브라함의 위대성을 더 강조한다. 이제 아브라함은 모든 종교적 실존의 표본, 믿음의 아버지, 절대적으로 순종하는 자로 나타난다. 이것이 무엇을 의미하는지 분명히 알기 위해, 나치 시절의 한 물리학자 이야기를 떠올려 보자. 그의 아들은 저항운동을 하다 체포되었다. 나치 측은 그 물리학자가 정권에 대한 충성을 맹세하는 성명을 발표하는 즉시 아들을 풀어 주겠다고 했다. 그러나 아버지는 아브라함처럼 행동했다.[28]

쇠렌 키르케고르Sören Kierkegaard는 아브라함 이야기에서 '윤리적인 것의 이념적 정지'를 발견한다.[29] 윤리적 가치관이 힘을 잃는 상황이 존재하며, 그 상황에서 사람들은 종교적 이유로 윤리적 정지를 실행하는데, 이는—일반적인 윤리와는 달리—보편적 행동 기준이 될 수 없다.

에디트 슈타인Edith Stein은 자신에게 탈출 기회가 있었고 자신의 죽음이 당장 그 누구에게도 실질적인 도움이 되지 않았음에도 불구하고, 다른 유대인들과 함께 가스실로 향했다. 숄Scholl 남매(한스와 소피. '하얀장미'라는 단체를 결성해 나치 정권에 비폭력적으로 저항했다. 체포 후 법정에서 사형이 선고된 당일 처형되었다—편집자)의 사례노 이와 비슷하게 볼 수 있다. 이들의 행위가 지닌 순수한 맹목성은, 결과나 미래 가치를 따지는 일반 윤리 잣대로는 정당하게 평가될 수 없다. 베트남 불교 승려들의 소신공양이나 1968년 프라하에서 얀 팔라흐Jan Palach가 분신한 것도 이와 같이 이해될 수 있다. 그들은 아브라함의 제사를 자기 몸으로 드렸다. 바로 이러한 예들이 아브라함을 순전히 불합리한 의미로 이해하는 것이 불가능함을 분명히 보여준다. 하나님의 뜻이 불합리하다는 논리만으로는 [이러한 희생을] 다 설명할 수 없다. 진정한 하나님의 뜻이 이해될 수 없고 구속력을 갖지도 못하는 상황이 있기는 하다. 그러나 그런 상황에도 하나님과 우리의 관계가 권위에 의해 구속된 관계로 여겨져서는 안 된다. 하나님은 그런 희생을 원하시거나 명령하시는 분이 아니다. 설령 특정 상황에서 그러한 희생이 윤리를 초월한 하나님의 진리를 순수하게 드러낸다고 해도 그렇다. 이러한 해석은 인간을 마조히스트처럼 보는 시각을 담고 있다. 더 정확하게는, 자기 포기에까지 이를 수 있는 인간의 헌신에 대한 이해라는 말이 더 옳을 것이다. 이러한 해석으로부터 발전된 고난 이론은 모든 고난 속에서 의식적으로 실행된 희생을 찾을 것이다.

아직 세 번째 해석 가능성이 남아 있는데, 곧 서술자의 관점에서 접근하는 것이다. 여기서 서술자는 하나님이 인간을 제물로 받는 것을 기뻐한다는 식의 태고적 하나님 관념을 극복하려고 시도한다. 하나님은 아무리 그렇게 보인다 할지라도, 불합리한 명령을 내리시는 분이 아니다. 인간은 윤리 원칙을 저버리라고 강요당하지 않는다. 아브라함 이야기는 과거를 회상하게 하지만, 어디까지나 그것을 지양하기 위해서다. 하나님과 인간의 관계를 부조리한 명령이나 절대적 복종의 형태로 이해하는 것은 잘못된 생각이다. 이러한 맥락에서 서술자의 첫 문장은 특별히 의미를 지닌다. "이런 일이 있은 지 얼마 뒤에, 하나님이 아브라함을 시험해보시려고 그를 부르셨다."[창 22:1] 이 문장은 서술자와 청중을 같은 관점에 서게 만든다. 우리는 아브라함이 알 수 있었던 것 이상을 안다.

고대 신화에도 아브라함 이야기와 유사한, 아버지가 자식을 제물로 바치는 이야기가 있다. 아가멤논이 아울리스에서 자신의 딸 이피게니아를 제물로 바치는데, 이는 트로이를 향해 가는 그리스 함대들이 바람을 잘 타고 갈 수 있게 해달라고 아르테미스에게 자비를 청하기 위함이었다. 아가멤논에게 이는 비극적인 갈등이었다. 어떤 선택을 해도 그는 죄를 짓게 된다. 동맹국에 대한 신의를 지키려면, 사랑하는 아이를 죽여야 한다. 그러나 국가를 위하고 가족에 반하는 결정을 내림으로써 그는 부인 클리타임네스트라로부터 화해할 길 없는 증오를 사게 된다. 결국 그는 트로이에서 귀환한 후, 딸을 살해한 대가로 자신의 목숨을 지불하는 비극적 결말을 맞이하게 된다.

아브라함 이야기는 비극적이지 않다. 천사가 아브라함에게 말한다. "네가 하나님 두려워하는 줄을 내가 이제 알았다."^창 [22:12] 이 일은 두 가지 중 하나를 선택하는 문제가 아니었다. 고대식으로 말하자면, 두 신 중 하나를 선택하는 일도 아니었다. 오직 '하나님을 경외하느냐 아니면 불순종하느냐'의 문제였다. 시험이 끝난 뒤에는, 자식을 제물로 바치려 했던 내용 자체에 대한 관심이 사라져 버린다. 이 이야기는 이후 아브라함의 삶에 영향을 주지 않으며, 어떤 결과도 남기지 않는다. 따라서 하나님이 왜 그런 말도 안 되는 명령을 하셨는지에 대해서도 이제, 사디즘적 해석에서와는 달리, 더 깊이 고민할 필요가 없어진다. 그러나 순종의 마조히즘도 변화하여, 갱신되고 강화된 축복 아래에서 섬김으로 변모한다. 마치 인간 제물이 짐승 제물로 대체되고, 후대에 향과 숫양이 '나의 기도와 찬송'^{파울 게르하르트}에 의해 대체되는 것과 같다. 이 이야기 안에 담긴 계몽의 과정을 유쾌하게 묘사한 사례가 하나 있다. 트리어Trier의 예수회 약국에 걸려 있는 그림에서 찾아볼 수 있는데, 그림 속에서 이삭은 제단 위에 묶여 있고, 아브라함은 몇 걸음 떨어진 곳에서 무릎을 꿇은 채 손에 부싯돌을 들고 이삭을 바라보고 있다. 그런데 작은 천사 하나가 부싯돌 위로 오줌을 쏘면서 말한다. "아브라함아! 네가 불을 붙여도 소용없다. 천사가 그 자리에 물을 뿌리고 있단다."

이제 아브라함 이야기가 가진 계몽적 경향의 관점에서, 그 이야기를 그리스도론적으로 복원하려는 신학적 시도를 평가해 보아야 한다. 창세기 22장이 보여주는 인도주의적 진보는 '급진적 십자가 신학'에 의해 부정되며, 이로써 이야기의 경향은 거꾸로 뒤집힌다. 아브라함 이야기는 아직 '완전한 가혹함'에 이르지 못한 신학의 전 단계로 간주된다. 모리아산에서의 이야기는 골고다에 이르러서야 완전히 성취되며, 이제야 하나님이 비로소 철저히 내리치신다. 하나님이 자기 아들을 아끼지 않고 내주었다는 바울의 비교적 온화한 표현은, 이제 체계적으로 '멸절'이라는 개념으로 정립된다.

과연 누가 그와 같은 하나님을 원하는가? 누가 그로부터 이득을 보는가? 자신이 믿는 하나님의 영예가 죄 하나당 백 배의 보복을 가하는 데 있다고 믿는 사람들은 도대체 어떤 사람들인가? 왜 그러한 신학에서는 예수가 '하나님 때문에' 고난을 받아야 하는 건가?

아우슈비츠의 사람들이 과연 하나님 때문에 죽은 것인가? 아니면 대기업IG-Farben이 값싸게 만들어 공급한 독가스Zyklon Beta 때문에 죽은 것인가? 하나님은 사형 집행인들의 편이었는가, 아니면 죽어 가는 자들의 편이었는가? 인간의 고난을 구체적으로 지각하게 되면, 모든 무죄, 모든 중립성, 모든 '나는 아니다. 나는 아무것도 할 수 없었고 그런 일에 관해 알지도 못했다'라는 입장은 더 이상 설 자리가 없게 된다. 고난 앞에서는 희생자도 가해자도 아닌 중립적 제3의 입장이란 없다. 그렇기 때문에 희생자들을 도외시하고 고난 뒤에는 정의로운 뜻이 숨어 있을 거라는 모든 고난에 대한 해석은, 하나님을 고통을 주는 분으로 이해하려는 신학적 사디즘으로 나아가는 첫걸음이다.

[Ⅱ]

포스트그리스도교 시대의 무관심에 대한 비판

이집트에서 이스라엘이 겪은 진정한 유배는,
그들이 그것을 견디는 법을 배워 버렸다는 것이었다.

랍비 하노크 Rabbi Chanoch

1. "수감자들에게 최소한
   동물보호법이라도 적용해 달라"

　　　브라질 북동부에 위치한 올린다^{Olinda}와 헤시피^{Recife} 지
방의 대주교인 돔 에우데르 카마라^{Dom Helder Camara}는 1972년 5월
11일, 교구 내 모든 교회 강단에서 다음과 같은 내용의 사목 편
지를 낭독하게 했다.

우리 도시에서 학생과 노동자들을 겨냥한 유괴, 체포, 압송이 점
점 더 빈번하게 일어나고 있습니다. 이것이 우리가 목자로서 목
소리를 내고 개입하는 동기입니다. 국가보안법은 물론 제5차 제
도법 시기의 법령들조자 지켜지지 않습니다. 체포를 집행하는 자
들이 적법하게 자신의 신분을 밝히는 경우는 매우 드물며, 체포
날짜나 사유, 담당 기관의 서명이 제대로 기입된 체포영장이 제
시된 경우 또한 단 한 번도 없었습니다. 체포는 주로 주거지에서
일어나거나, 노동자의 경우에는 일터에서 공개적으로 단행되는
데, 이때 끌려가는 노동자들이 위험한 테러리스트나 선동가라는

인상을 남깁니다. 체포 방식 자체도 꼭 필요하지 않은 극단적 폭력을 사용한다는 점에서 특기할 만합니다. 특히 가정집에서 체포할 때는 강제로 문을 부수고 침입하는 경우도 허다합니다.

사랑하는 가족이 어디로 끌려가는지 아무런 통보도 받지 못한 채, 그저 멍하니 서 있을 가족의 모습을 상상해보십시오. 정부가 스스로 만든 규정을 이렇게 경시하는 까닭은 무엇입니까? 왜 정해진 기간 안에 관할 군 당국에 보고조차 하지 않는 것입니까? 가족이나 보호자들에게 연락이라도 해줘야 하는 것 아닙니까? 입고 있던 차림 그대로, 아무것도 가지고 갈 권리도 없이 끌려간 이들에게 최소한 갈아입을 옷가지라도 보낼 수 있게 해줘야 하는 것 아닙니까?

하나님과 우리 자신 그리고 우리를 신뢰하는 이들 앞에서 책임을 다해야 하는 목자로서, 우리는 차마 믿기 힘들 정도의 육체적·정신적 고문이 자행되고 있다고 단언합니다.

다시 한번 밝히는데, 교회가 왜 [정권의] 의심의 눈초리를 사고 탄압을 받는지는 명확합니다. 우리가 이른바 '사회질서'라는 이름으로 하나님의 자녀들을 비인간적인 상황으로 몰아넣는 억압적인 체제에 더 이상 동조할 수 없기 때문입니다.

불의에 대한 외침이 이미 하늘에까지 이르렀는데, 불의를 유지하기 위한 빌미로 사용되는 반공주의를 얼마나 더 감수해야 합니까? 언제까지 '테러리스트 척결'이라는 핑계 아래, 경찰과 군 당국이 저지르는 국가 폭력이 계속될 것입니까?

이와 같은 처사가 가장 기본적인 인권을 침해한다는 사실은 차치하더라도, 이런 행태는—바르가스Vargas(1930년대 브라질의 독재자로, 강력한 국가 통제와 반대파 탄압을 자행함—편집자) 독재 정권하에서 변호사 에라클리투 소브라우 핀투Heráclito Sobral Pinto(브라질의 법률가이자 인권 운동가—편집자)가 그랬던 것처럼—희생자들에게 최소한의 동물보호법이라도 적용되기를 간청하게 만듭니다.

우리는 이 편지를 의도적으로 5월 1일에 씁니다. 이는 단순히 박해받는 이들 대부분이 노동자이고 교회가 그들을 염려하기 때문만은 아닙니다. 그보다는 우리나라에서 적용되는 발전 모델이 가난하고 소외된 자들, 자기 목수리를 내지 못하는 이들의 가혹한 희생을 바탕으로 유지되고 있다는 데에 목자로서 우려를 표명하고자 함입니다. 이들이 정당한 항의를 하면 이들은 공산주의자나 체제 전복자처럼 취급되며, 이는 다시 공산주의와 체제 전복에 반대하는 선전으로 변질됩니다.[1]

이 편지가 말하려는 정치 상황은, 무엇보다도 브라질 국민 대다수가 처한 사회 상황이 점점 더 악화되고 있다는 데서 잘 드러난다. 소위 '저개발의 개발로' 이어지는 모든 경제적·구조적 조치들은 국민들에게 부담을 지우는 방식으로 집행되고 있다. 외국 자본과 극소수의 상류층만이 시도되는 개혁으로부터 이익을 얻고 있다. 둘째로, 정치범들을 제멋대로 체포하고 고문하는 일이 끊임없이 증가하고 있다. 상황의 악화와 압제의 심화가 나란히 진행되고 있다. 1972년 초, 에우데르 카마라 대주교는 남부 지역 주교들의 뜻을 하나로 모아 브라질리아 정권을 강력히 비판하는 결의안을 통과시켰는데, 이때 채택된 결의안은 사실상 이 사목 편지의 내용과 일치한다. 1973년 3월, 모두의 예상대로 카마라가 추기경에 지명되지 않은 것은 이러한 그의 행보에 따른 결과라고 볼 수 있다.[2] 여기서는 "가난하고 소외된 자들, 자기 목소리를 내지 못하는 이들"이 겪는 고난을 마조히즘적으로 시험이라거나 사디즘적으로 형벌이라고 해석하지 않는다. 이 고난은 교회 지도자들의 덕목인 '인내'로써 침묵되거나, 상투적이고 뻔한 문구들을 늘어놓은 그저 듣기 좋은 전례식문典禮式文으로 포장되지도 않는다. 고난은 말로 표현되며 고발로 전환된다. 이 편지는 '알리다, 중재하다, 주장하다, 정리하다, 합법적 항의' 같은 단어들을 사용한다. 이제 고난을 해석만하는 단계는 지났다. 고난의 원인들이 열거된다. '이른바' 사회질서, 억압적인 체제, 테러주의의 구실인 반공주의이다.

비참한 현실을 정당화하는 초월적 하나님이나 교육적 하나님은 이제 여기서 더 이상 설 자리가 없다. 하나님은 압제당하는 자, 노동자, '약자' 편에 서 계신다.

하지만 그 외에 누가 있겠는가? 나는 이러한 결의안이 라틴 아메리카에서 일으킨 반응에 대해 말하려는 것이 아니다. 오히려 제3세계에서 나온 이러한 텍스트들이 우리 유럽인들에게 어떤 반응을 일으켰는지에 대해 말한다. 그 반응은 거의 미미하다. 타인의 고난에 무감각해지는 것은 변화가 일어나지 않는다는 경험과 직접적으로 연결되어 있으며, 이는 '제1세계' 사람들이 겪는 경험이다.

착취·압제·불의를 문제 삼지 않고 받아들이는 태도는 무관심, 곧 고난받을 능력을 잃은 냉담함과 비참여라는 사회 전반의 상태를 보여준다.

2. 사회의 무관심

무관심^{A-pathie}은 글자 그대로 고난받지 않는 것, 고난이 없는 것, 어떤 존재가 고난받을 능력이 없음을 말한다. 사전에 의하면 이 개념은 특정 질병의 징후를 가리키며 '불감증'으로 표현되기도 한다. 의학적으로 볼 때, 무관심은 "심한 정신적 또는 육체적 고갈로 나타나는 결과"^{브록하우스 대백과사전}라고 정의할 수 있다. 여기서 언급된 넓은 의미의 무관심은 고난받을 능력이 없는 상태를 뜻한다. 이는 고난을 피하려는 욕구가 사람들을 완전히 지배하여, 결국 타인과 관계를 맺거나 접촉하는 것 자체를 아예 피하는 것이 목표가 되어 버리는 사회 상태를 가리킨다. 고난 경험, 곧 삶의 '격정'^{pathai}이 억눌리면, 삶의 감격과 거기서 얻어지는 기쁨의 강도와 강렬함도 사라진다. 의문의 여지없이 이 이상^{가치관}에는 중산층 의식이 짙게 각인되어 있다. 그러나 이러한 의식은 이제 산업사회의 프롤레타리아 깊숙이까지 스며들어 있다.

기성세대 노동자들은 아직도 육체적·사회적 고난을 분명한 언어로 표현할 수 있다. 그러나 요즘 세대에게는 고난을 표현하는 일이 더 어려워졌다. 부르주아적 목적의식에 동화되는 것과 아울러 무관심이 증가했기 때문이다. 이 말은 무관심한 인간이 산업사회에서 고난받지 않는다는 의미가 아니며, 더욱이 행복하다는 의미도 아니다. 무관심한 인간에게 결여된 것은 자기 고난을 자각하는 능력과 타인의 고난에 대한 감수성이다. 그들은 고난을 경험하지만, '거기에 만족한다.' 고난이 그들을 움직이지 않는다. 그들은 고난과 마주할 언어도, 몸짓도 갖고 있지 않다. 고난은 아무것도 변화시키지 않는다. 그들은 고난으로부터 아무것도 배우지 못한다.

프란츠 크뢰츠^{Franz Xaver Kroetz}(1970년대 초 사실주의 희곡으로 주목받은 독일 극작가·배우·영화감독. 하층민의 고난을 다룬 작품으로 유명하다—편집자)의 작품들은 주로 하류층, 특히 농촌 프롤레타리아트들의 갈등과 고난의 현실을 다룬다. 이들의 갈등이 아무리 극단적이고 그 고난이 아무리 하늘에 사무칠 정도로 처절할지라도, 당사자들은 그 앞에서 멀리 떨어진 사람처럼 말도 못하고 아무것도 할 수 없는 채로 서 있을 뿐이다. 일어난 일에 대한 어떠한 이해나 의사소통도 없으며, 변화의 가능성도 없다.

크뢰츠의 문학적 기교—기나긴 침묵, 최소한의 대화, 모든 해석적 진술의 포기—는 다음 세대에게도 희망이 없다는 점을 분명히 보여준다. 파괴된 자들은 다음 세대에 물려줄 만한 그 어떠한 깨달음도 얻지 못했다.

"내 [작품 속] 인물들의 가장 두드러진 특징은 침묵이다. 그들의 언어가 기능하지 않기 때문이다. 그들에게는 선한 의지가 없다. 그들의 문제는 이미 너무 오래전부터 존재해왔고 너무 뿌리 깊게 박혀 있어서, 더 이상 말로 표현할 수 있는 단계를 넘어섰다."[3] 그들은 무관심 속에 갇혀 있다.

심지어 육체적 고통을 드러내는 것조차 억압된다. 육체적 고통은 실로 살아 있다는 표시이며, 상실이나 기능 상실을 그저 감수하기를 거부하는 신호이다. 고통이 없기를 원하는 것은 죽음을 원하는 것을 의미한다. 이러한 의미에서 사회의 무관심을 에리히 프롬이 말한 바, 죽음을 사랑하는 태도로 이해할 수 있다. 죽음을 사랑하는 것_{Nekrophilie}은 죽은 것, 경직된 것, 움직임이 없는 것을 사랑하는 것이며, '질서'를 통해 "유기적인 것을 무기적인 것으로 변화시키려는 바람"이다.[4] 무기적인 것은 무감각한 상태_{무관심}다. 인간이 공장이나 관료 체제 속 숫자 중 하나로 바뀌면 무관심한 구조가 생겨나고, 그 구조 속에서는 모든 형태의 고난이 기피된다.

우리는 이런 사회가 어떤 모습이 될지 생각해봐야 한다. 특정 형태의 고난이 중산층 이상에 부합하듯 비용 없이 회피되는 사회, 견디기 힘든 결혼 생활이 급격하고도 원활하게 정리되는 사회, 이혼 후에 어떤 상처도 남지 않는 사회, 세대 간의 관계가 갈등 없이 순식간에 끊어져 서로에게 흔적조차 남기지 않는 사회, 애도 기간이 합리적으로 짧은 사회, 장애인이나 병자가 재빨리 집에서 쫓겨나고 죽은 사람이 기억에서 금방 잊혀지는 그런 사회 말이다. 헌 차를 팔고 새 차를 사들이듯 배우자를 바꾼다면, 실패한 관계에서 얻은 경험은 비생산적인 것이 된다. 고난으로부터 아무것도 배우지 못하고 배울 것도 없다.

이러한 눈먼 사회는 진부한 낙관론이 지배하고 고난받지 않는 것이 자명한 것으로 여겨지는 사회다. 노동자들의 고난이 공론화되지 않고, 노동 세계의 문제들이 그 통계적 중요성에 비해 문화적으로 소외되는 것도 바로 이런 자명한 사회의 무관심 때문이다. 그로 인해 고난을 인지하는 능력이 점차 없어지는데, 자기 자신의 고난은 물론, 타인의 고난에 대해서도 더욱 무감각해진다. 제3세계에 대한 무관심은 대중매체의 조작 때문만은 아니다. 그 이면에는 공산주의에 대한 해묵은 두려움과, 이른바 '게으른' 나라들을 착취하는 것을 묵인하는 암묵적 합의가 깔려 있다. 그것은 자신의 고통조차 지각하지 못하는 부르주아적 무관심의 일부다.

사람들은 지각 능력도 감수성도 완전히 상실한 채로 색맹처럼 고난과 마주 서 있다. 고난 없는 안락함의 결과는 삶의 경직이다. 더 위협받는 것도 없고, 모든 성장에 필연적으로 따르는 본래적 고통도 없으니, 삶에는 어떤 변화도 일어나지 않는다. 그저 욕구들이 고통 없이 충족되면서 평온한 정체 상태만 이어질 뿐이다. 충족된 희망이 더 새롭고 더 큰 희망으로 이어지지 않으면, 권태가 생겨난다. 더 이상 추구할 유토피아가 없는 실용적 성격의 사회 체제인 스웨덴의 사회주의는 고난이 계획적으로 배제된 상태를 보여주지만, 정작 세계 최고의 자살률을 낳고 있다.

고난이 없는 상태가 계속되면 삶의 곡선은 완전히 평평해지고, 그 결과 기쁨과 행복을 더 이상 강렬하게 체험할 수 없게 된다. 그러나 무관심의 이러한 결과보다 더 심각한 것은 고난이 없는 상태가 가져오는 둔감화, 곧 현실을 제대로 인지하지 못하는 무감각함이다. 고난 없는 상태란 고난을 인지하지 못하는 눈먼 상태이며, 자신이 고난에 대해 무감각하다는 사실을 더 이상 알지 못하는 상태이다. 이런 상태에서 인간과 그의 상황은 자연스러운 것으로·받아들여진다. 이는 기술이 발전한 오늘날에도 있는 그대로를 맹목적으로 숭배하는 태도와 다르지 않다. 거기에는 어떠한 개입도 조치도 노동도 존재하지 않는다.

그렇게 해서 경험하는 주체와 현실 사이에는 벽이 세워진다. 사람들은 타인의 고난을 TV 화면 속 굶주리는 아이들을 볼 때처럼 그저 간접적으로만 경험하게 된다. 타인의 고난을 대하는 이러한 태도는 우리 인식 전반에 스며 있는 특징이다. 친구와 친척의 고난과 죽음조차 감각적으로 그리고 직접적으로 겪는 일이 드물다. 우리는 더 이상 가쁜 숨소리와 신음 소리를 듣지 못하고, 병든 몸의 온기나 냉기를 만져 보지도 않는다. 이렇게 고난에서 벗어난 상태를 추구하는 인간은 검역소, 곧 병원체가 없는 곳에 있는 셈이다. 그곳에서는 오물이나 박테리아가 그를 감염시키지 못하며, 그는 자기 자신과만 있다. 설령 이 '자기 자신과만 있음'에 작은 가족이 포함된다 할지라도 마찬가지다. 고난에서 벗어나 있으려 하는 것, 곧 무관심으로 돌아가는 것은 일종의 접촉 공포증일 수 있다. 사람들은 어디에 닿거나 전염되거나 더럽혀지거나 끌려들어 가기를 원치 않는다. 인간은 가능한 한 이렇게 행동하며 자기 일만을 걱정하고 무감각해질 정도로 자신을 개인화한다. 의심의 여지없이 무관심이 증가하는 데는 분명한 사회학적 원인이 있다. 그 원인으로 우선 들 수 있는 것은, 직접적으로 생활에 필요한 재화의 결핍이 해결되었다는 점이다. 결핍의 기본 형태인 배고픔과 추위는 산업사회에서 사라졌고, 욕구는 충족되었다. 이러한 개인의 풍요는 구조적이고도 공적인 빈곤을 가리며, 인간의 고난을 은폐하는 데 일조한다. 무관심은 포화된 의식에서 성장한다.

고난이 이미 기피되었거나 기피할 만한 것이 되어 버린 또 다른 원인은 사람들이 점차 계몽되고 교육 수준이 높아졌기 때문이다. 기본적인 관계^{가족·친구}가 더욱 유동적이고 활발히 해체되는 것 역시 고난에 대한 태도를 변화시킨다. 앞으로 이혼이 초래하는 고통과 문제들이 더 경미해질 것이며, 육체적 고통과 마찬가지로 정신적·사회적 고통도 점점 억제될 것이다. 이는 단지 마비시키고 잊게 만드는 약이나 다른 수단 때문만이 아니라, 정신적 고통을 느낄 만한 객관적 동기가 줄어들었기 때문이기도 하다. 육체적 고통을 면하게 되듯 사회적 고통도 면하게 된다. 언제든 새로운 관계를 맺을 수 있는 사회에서는 배우자를 잃는 아픔도 예전만큼 크지 않다. 지역적·사회적 이동성이 커진 것이 여기에 큰 몫을 한다. 사람들은 반복되는 이사와 이직을 통해 이별에 익숙해진다. 평생 지속되는 관계가 점점 줄어들기 때문에, 관계가 끊어져도 이전처럼 고통받지 않는다. 관계를 맺을 수 있는 기회가 많아졌고, 관계를 맺은 사람들을 바꾸는 일도 훨씬 쉬워졌다 우리는 친구나 배우자를 잃는 일에 덜 민감해졌고, 교체는 그러한 상실들이 의미하는 고통에 어느 정도의 둔감함을 수반한다. 그러나 고통을 느끼는 능력이 저하되면서, 인간관계는 이전 문화에서 보였던 본래의 깊이를 잃어버린다. 새로운 깊이는 오직 이차적이고 매개된 관계들, 예를 들어 제3세계의 일들에 대한 관계들이 배양되고 새로운 감수성을 불러일으킬 때에야 생겨날 수 있다.

3. 그리스도인의 무감정한 하나님

포스트그리스도교 무감정을 비판하려면, 그리스도교가 오랫동안 길들여 놓고 신학적으로 정당화한 무감정을 반드시 짚어야 한다. 그리스도교에 대한 통상적 비난은 대개 그 마조히즘, 곧 지양할 수 없는 고난의 미화에 향해 있다. 그러나 무감정, 곧 '고난과는 거리가 먼 그리스도교'라는 비난이 현재 상황에 훨씬 더 적합할 수 있다.

"오늘날 그리스도교가 보여주는 커다란 약점, 민감성, 예민함은 바로 여기에서 비롯된다: 고통을 지배하지 못하는 자는 무기력하다. 그리고 고통에 참여하지 않는 자는 인간이 이 세상에서 소유한 가장 강력한 무기를 포기하는 것이다.…우리 시대는 새로운 고통, 곧 미분화되고 숨겨져 있으며 알려지지 않은 고통의 시대이다. 이 고통은 새로 발견된 현실이라는 들판에서 거대하게 피어나고 있다. 그럼에도 우리는 그것을 보지 못하고, 감히 보려고도 하지 않으며, 애써 우리 의식 밖으로 밀어내고 있을 뿐이다."[5]

고통을 억누르는 이런 태도는 "하나님은 고난받으실 수 있는가?"[6]라는 질문에 대한 초기 그리스도교의 논쟁 이래 오랜 전통을 갖고 있다. 고난받는 그리스도에 대한 복음서의 묘사는 고대로부터 전해 내려오는 하나님 표상과 철저하게 모순된다. 하나님은 육체적인 것이 아니라 영적인 존재로, 가시적인 것이 아니라 비가시적인 존재로, 태어나는 것이 아니라 기원이 없는 존재로, 죽을 것이 아니라 불멸하는 존재로, 유한한 것이 아니라 무한한 존재로, 그리고 무엇보다 고난받지 않는 존재로 생각되었다.

하나님의 무감정은 고대 사상에 뿌리박고 있다.

고난, 곧 격정pathai은 지상의 영역에 속한다. 좁은 의미로는 고난과 고통을, 넓은 의미로는 감정·충동·열정을 의미한다. 하나님은 이런 것들에 동요되시지 않는 분이다. 충동이나 거기서 비롯되는 억압도 하나님에게 영향을 미칠 수 없다. 하나님은 물리적으로는 외부의 영향이 닿을 수 없고, 정신적으로는 죽은 물체처럼 무감정한 이상적理想的 존재다. 윤리적으로 이해한다면, 하나님의 무감정은 내적 욕구와 외적 침해로부터의 자유를 의미한다. 아리스토텔레스에 의하면, 친구를 필요로 하지 않는다는 것이 하나님의 완전성에 속한다.[7] 이 무감정한 하나님은 비록 성서의 하나님, 그의 열심, 그의 고난에 모순됨에도 그리스도인들의 하나님이 되었다. 하나님은 결코 고난받을 수 없다는 원칙이 점차 관철되었다. 이 과정에서 가장 큰 저항을 보인 것은 복음서였다. 복음서는 그리스도가 배고픔과 목마름·피로와 형벌·고통·하나님에게 버림받음·죽음을 겪었으며, 사랑과 분노를 느꼈다는 사실을 증언하고 있다. 이에 반해 교부들은 그리스도가 고난받을 수 없다는 원칙을 최대한 지키려고 애썼다(예를 들어, 알렉산드리아의 클레멘스는 그리스도가 음식을 실제로 소화시키고 배설한 사실까지 부정했다!). 사람들은 그리스도의 불안과 그가 스스로 고백한 무지를 진지하게 받아들이지 않았다. 오히려 그리스도의 영혼이라도 무감정하게 보고 부동성^{不動性}을 부여하려고 했다. "사람들은 그리스도의 인간성에마저 무감정을 부여하는 경향이 있었는데, 이는 하나님의 로고스의 무감각을 지키려는 의도였다. 고난받는 하나님은 참 하나님일 수 없기 때문이다."[8] 이러한 입장에서 도출된 결론은 매우 다양하다. "어떤 이들은 [그리스도의] 고난을 인정하는 대신 [그리스도의] 신성을 포기했고, 다른 이들은 신성을 지키기 위해 고난을 외면했다. 이단의 좌파 계열에게는 그리스도가 고난받은 것은 주지의 사실이며…바로 그렇기 때문에 그리스도는 그의 아버지처럼 참된 하나님일 수 없다.^{에비온주의, 양자설, 아리안주의 등} 무감정 원칙이 손상될 것에 대한 두려움이 복음서의 그리스도상^像이 파괴될 것에 대한 두려움보다 더 컸다."[9]

"하나님은 고난받으실 수 있는가?"라는 신학적 난제는 오늘날까지도 명확한 결론이 나지 않았다. 대개 이 질문은 '삼위 중 한 분'이 고난받았고, 다른 두 위격은 그[예수] 안에서[간접적으로 동참하셨다]라는 식으로 해결된다. 그러나 교리적·형식적 해결책보다 더 중요한 것은 고난을 이해하는 데서 드러나는 경향이다. 하나님을 전능자·주님·왕·재판관으로 생각하는 경우, 그리스도의 고난은 고대의 고난론처럼 더 큰 선을 위한 일시적 악으로만 이해된다. 이러한 사고 체계 안에서 그리스도는 잠시 동안만 고난받는 인간의 형상을 취했을 뿐이며, 따라서 '하나님의 고통'은 이러한 신학에서 주제가 되지 않는다. 여기서는—고대 교회의 그리스도론에서처럼—무감정한 하나님이 고난받는 하나님을 이긴다. 윤리적으로 이는 스토아학파의 고난관이 그리스도교의 고난관을 이겼다는 것을 의미한다. 고난을 벗어난 존재가 하나님으로 숭배된다면, 우리가 할 수 있는 일이란 인내하고 고난을 감수하며 꿋꿋하게 고난으로부터 거리두기를 연습하는 것이다. 인간이 물러나면 물러날수록 또 작아지면 작아질수록, 고난에서 벗어날 수 있는 기회는 더 커진다!

일본 신학자 기타모리 가조Kitamori Kazoh(일본 루터파 신학자로 '하나님 아픔의 신학'을 전개했다. 제2차 세계대전에 대한 성찰에서 나온 신학으로 위르겐 몰트만을 비롯한 여러 신학자들에게 영향을 주었다—편집자)는 이러한 무감정한 하나님에 단호히 반대하며, 하나님을 '아픔'으로 생각하고자 했다.[10] 즉, 하나님은 죄 때문에 고난받으시지만 진노에 머무르지 않고, 오히려 진노의 대상마저 사랑하시기에 아픔 속에서 진노와 사랑을 중재하시는 분이시다. 이것이 바로 '고난'의 의미다. 기타모리는 고통을 외면해 온 기존 신학을 비판하며, "자신의 아픔으로 하나님의 아픔에 동참하는" 제자도를 제시한다. 이러한 신학적 진술은 무엇을 의미할 수 있는가? 그것은 우리 사회의 구체적 고난에 대한 해석을 포함할 경우에만 의미를 지닌다. 자신의 아픔으로 하나님의 아픔, 곧 하나님의 고통스러운 사랑에 '동참하는' 사람이 도대체 어디에 있는가? 나는 이 진술에서 모든 무감정과, 그로 인한 인내와 복종에 대한 거부의 목소리를 듣는다.

우리 사회는 아픔을 자신이나 타인에게 닥친 운명으로 받아들인다. 그러나 그리스도교가 고난을 이해하는 핵심은, 인간이 무력하게 운명에 굴복해야 한다는 모든 생각을 거부하는 데 있다. "우리가 아픔을 외부로부터 우리에게 닥친 저항할 수 없는 악으로 본다면, 우리는 아픔에 굴복하고 그것을 두려워하게 된다. 그렇기 때문에 우리가 아픔에서 달아나려고 하는 한 우리는 결코 아픔을 해결할 수 없다."[11] 아픔을 피해 무감정 속으로 도망치는 이런 태도는, 아마도 고도로 산업화된 우리 사회에서처럼 널리 퍼진 적이 없었을 것이다. 고난은 피할 수 없는 운명처럼 굳어져서, 우리는 그것을 개인적으로 회피하는 수밖에 없다. 운명과 무감정은, 운명과 그에 예속된 이들이 그러하듯 서로 맞물려 있다. "우리가 아픔을 우리 내면의 본질적인 것으로 사랑하며 받아들이는 법을 배울 때에야, 아픔을 통해 강해질 수 있다."[12] 수동적이고 도망치기만 하던 태도에서 벗어나 고난을 인정하고 아픔을 변화시키려는 사람은 아픔 가운데서 발견되는 이러한 '강함'을 경험할 수 있을 것이다. 그러나 이러한 신학적 사고는 정치적 실천으로 구체화될 때만 진리가 될 수 있다.[13]

우리는 어떻게 스스로를 '강하게' 만들 수 있는가? 과연 우리는 기타모리가 말하듯, 아픔을 "찾고 바라기를 배워야 한다"
고 진심으로 말할 수 있을까? 모든 아픔을 말인가? 그것이 의
미를 가지려면, 그 아픔이—하나님께서 그러하듯—이 현실에
대한 분노와 그에 대한 무조건적 사랑에서 비롯된 아픔이어야
한다. 오직 그 지양 과정이 계속 추진되는 아픔만이 좋은 아픔
이다. 기타모리는 인간이 자기 형제자매 가운데 지극히 보잘 것
없는 사람에게 무엇을 했느냐에 따라 심판받게 되는 최후의 심
판 비유를 해석하면서 이렇게 말한다.^{마 25:31 이하}

> 이 본문에서 우리는 다음과 같은 것을 배운다. 하나님은 우리에
> 게 하나님으로 사랑받기를 원치 않으시고, 오히려 세계의 실재
> 뒤에 자신을 숨기신다. 그는 우리가 세계의 실재를 사랑하는 것
> 안에서 사랑받기를 원하시기 때문이다. 말하자면 하나님은 세계
> 의 실재 속에 내재해 계신다.…따라서 하나님의 아픔도 세계의
> 실재 아픔 속에 내재해 있다. 그러므로 하나님의 아픔에 동참하
> 는 것은 전혀 가능하지 않고, 오직 세계의 실재하는 아픔에 동참
> 하는 것만 가능하다.[14]

받아들여진 우리 자신의 아픔은 비로소 우리와 함께 살아가는
사람들의 아픔과 연결된다. 우리는 외부로부터 오는 구원을 더
이상 기대하지 않게 된다. 그런 식의 구원은 여전히 실재와 그
아픔으로부터의 도피일 뿐이기 때문이다. "나의 아픔으로 하

나님의 아픔에 동참한다"는 것은, [나만의 골방에 갇혀 있던] 사적 고난이 [광장의] 공적 연대로 나아가는 행위다. 고난으로부터의 도피는 모든 인간의 자연스러운 반사 작용이다. 그러나 도피에 성공한다 한들, 그것은 보편적 고난을 영구화할 뿐이다. 반면에 아픔을 통해 '강해진다'는 것은 연대하게 된 자들의 강함으로 이해되어야 한다.

나는 '아픔을 통해 강해지는 것'을 아시아에서, 그것도 전 세계적으로 고난과 저항의 상징이 된 민족인 베트남인들에게서 처음으로 보았다.

4. 정치적 무관심: 베트남의 예

가장 나쁜 형태의 무관심은 가능한 한 아픔 없이 살아가려는 개인적 바람이 아니라, 정치적 무관심이다. 이는 놀라울 정도의 망각과 맞닿아 있다. 앞선 세대의 삶이나 그들이 겪은 경험이 아무 가치도 없었던 것처럼 말이다. 그렇게 퀼른 사람들은 과거 자신들이 겪었던 폭격전을 '잊어버렸다.' 적어도 하노이와 하이퐁이 폭격당할 때에는 그랬다.

요한네스 보브롭스키Johannes Bobrowski는 「딱총나무 꽃」Holunderblüte 이라는 제목의 시를 썼다. 작은 꽃들이 별처럼 모여 피는 딱총나무는 풍요와 행복을 상징한다. 하지만 이 시는 차르 시대 러시아에서 있었던 유대인 박해를 다루며, 이사크 바벨Isaak Babel키 어린 시절 겪은 일을 상기시킨다. 새로운 세대의 젊은이들이 언급될 때에야 비로소 딱총나무 모티프가 다시 등장한다.

> 사람들이여, 당신들은 말한다. 잊어버리자—
> 젊은이들이 온다.
> 그들의 웃음은 마치 딱총나무 덤불 같다.
> 사람들이여, 딱총나무가 죽고 싶어 한다.
> 당신들의 망각 때문에.[15]

무관심은 과거를 캐묻지 않는다. 그것이 무관심의 '자연스러운' 본능이기 때문이다. 그러나 무관심한 세상에서는 자연이 주는 행복조차 시들어 버릴 수 있다.

나치 역사에 대한 무관심은 고난 수용 불능의 일반적인 정도를 나타내는 전주곡에 불과했으며, 이는 베트남 사례에서 명백해졌다. 정치적으로 볼 때, 나치의 범죄를 밝히고 분석하는 데 청춘을 보냈던 우리 세대에게, 베트남에서 일어난 일을 뒤늦게 깨닫는 과정은 커다란 충격이었다. 우리에게 베트남은, 아우슈비츠 이후에도 그 비극이 여전히 끝나지 않았음을 깨닫게 하는 단어였다. 우선 한편으로는 매우 직접적인 의미에서 그렇다. 집단 학살, 생태 파괴, 공중 폭격—수백만 명의 벼농사를 짓는 농민들을 말살하기 위해 동원된 최첨단 기술; 건물은 손상시키지 않고 오직 사람을 죽이도록 설계된 '대인 폭탄'; 파편이 엑스레이에 보이지 않아 수술이나 치료를 받을 수 없게 만드는 플라스틱 폭탄.

그러나 또 다른 의미에서 베트남은 아우슈비츠의 역사를 이어간다. 우리가 당시와 마찬가지로 눈을 뜨고 있어도 보지 않고, 귀가 열려 있어도 듣지 않았다는 점에서 그렇다.

남베트남군에 의해 호송되어 온 '베트콩' 포로를 고문할 때, 미군이 녹음기를 갖고 참석했다는 사실을 처음 알게 된 그날을 아직도 기억한다. 그들은 전쟁을 계속하기 위해 정보가 필요했다. 그때가 1963년이었는데, 주변에 이야기했더니 아무도 내 이야기를 믿지 않았다. 나는 세부 내용을 추적했으며, 얼마 지나지 않아 네이팜(대상에 달라붙어 고온으로 타오르는 살상용 연소제—편집자)이 한 방울이라도 피부에 닿으면 어떤 일이 일어나는지, 전략적·심리적 목적으로 난민을 '생산'해 내는 법이 무엇인지, 민간인을 포함해 사망자 수가 많을수록 미군이 어떤 특혜를 받는지에 대해 얼마간 알게 되었다. 나는 후에 Huế에서 의사로 활동하던 한 오랜 친구에게 도대체 베트콩이 무엇이냐고 물어보았다. 그의 대답이 아직도 귀에 선하다. "죽은 베트남인이 베트콩이야."

이후 나는 미국 TV에서 세 개의 칸으로 나누어진 주간 사망자 명단을 보았다. 미국인, 남베트남인과 그 동맹, 베트콩으로 나뉘어 있었고, 사망자의 대다수를 차지했던 노인이나 아이,

여성을 위한 칸은 없었다. 군인 한 명이 죽을 때마나 민간인은 열 명씩 죽어 나가는 전쟁이었는데도 말이다. 1972년 9월 말 발표된 이 명단에는 또 다른 주목할 만한 것이 있었다. 첫째 칸이 비어 있었다는 것이다. "사망자의 피부색을 바꿔야 한다"던 어느 미군 장군의 말처럼, '베트남화' 정책이 성공했다. 곧이어 닉슨은 재선에 성공해 폭격을 계속 이어갔다. 베트남 현지에서 나는 포스터로 묘사된 닉슨을 보았는데, 수많은 해골로 이루어진 그림자를 거느린 거대한 녹색 괴물의 모습이었다.

지난 십 년간 내가 베트남과 그곳의 사람들 그리고 그들의 투쟁을 생각하지 않은 날은 거의 없었다. 철조망 뒤에 서 있는 한 남베트남의 소녀의 사진이 내 책상 유리판 밑에 놓여 있다. 네이팜, 호랑이 우리(베트남전 중 정치범·포로를 가두고 고문한 시설—편집자), 미라이 학살^{My Lai}(1968년 미군이 미라이 마을 민간인 수백 명을 학살한 사건—편집자), '불사조 작전'(베트남전 중 미 CIA와 남베트남 군·정보 기관이 공동 주도한 비밀 반^反게릴라 작전—편집자)과 같은 단어들이 점차 아우슈비츠와 베르겐벨젠^{유대인 수용소}의 자리를 대신하는 이름이 되었다. 우파들은 '피할 수 없는 베트남'이란 수식어를 사용함으로써 베트남이 겪은 비극을 그저 단순한 상징으로 소비해 버렸다. 그러나 그들은 자신들이 무엇을 말하는지 알지 못한다. 우리가 베트남에 대해 말하게 된 것은, 실제로 피할 수 없는 일이었다. 베트남은 우리 세대에게 결정적인 정치적 학습의 장을 의미했다.

사건의 실체를 더 명확히 알게 될수록, 내가 마주한 것은 피할 수 없는 무관심이었다. 베트남은 관심 밖 일이었다. 미국의 범죄를 폭로하면, 사람들은 "그러면 베트콩은?" 하며 반발했다. 정작 구체적으로 할 말은 없으면서 말이다.

오죽하면 사람들이 믿어 주기를 바라는 마음에 오히려 수위가 낮은 참상들만 골라서 말해야 했을 정도다. 가장 힘들었던 건 도움을 얻기 위해 간 교회에서 겪은 반응이었다. 언젠가 북베트남에 있는 소아병원을 위해 모금할 때 나는 이런 말을 들었다. "공산주의자들에게 돈을 준다니요? 그런 돈은 없어요!" 내가 "세 살도 안 된 많은 아이들이 벌써 두 다리를 잃었어요!"라고 소리치자, 어느 한 부인이 나에게 이렇게 쏘아붙였다. "헌금은 교회에서 하는 거지, 길거리에서 하는 게 아니잖아요!"

이런 경험 속에서 무관심과 반공주의는 거의 완벽하게 하나가 되었고, 때로는 사회주의자들만이 고난을 감당할 수 있는 사람들처럼 느껴지곤 했다. 어쨌든 고난과의 접촉에 대한 방어 기제를 만드는 일이 반공주의적 이데올로기의 객관적 기능 중 하나로 보인다. 그렇게 제3세계에서 착취당한 자의 아픔은 축소되고 경시되며 약화된다. 혹은 세속화된 신학 범주 안에서 (게으름과 어리석음에 대한) 형벌이나 시험(일단 입증해보라!)으로 분류된다.

5. 증오를 힘으로 바꾸기

1972년 11월, 나는 초대를 받아 하노이에 갔다. 파괴된 주거 단지, 지하로 간 병원, 폐허, 폭격당한 교회, 도시 외곽의 진흙집, 상처를 입고 불구가 된 사람들, 하룻밤 사이에 고아가 되어 이마에 하얀 띠를 두른 아이들. 이 모든 형태의 고난들은 달랐는데, 그것들의 사회적 맥락이 다르고 평가 기준도 달랐기 때문이다. 이 다른 삶의 모습들은 아직도 내 안에 생생하다.

밀짚모자를 쓴 사람들과 자전거들 사이로 둘러싸인 신문 판매원 앞에서, 아홉 살쯤 되어 보이는 남자아이 하나가 길바닥에 쪼그리고 앉아 집중해서 신문을 읽고 있었다. 여느 큰 아이들이 그러하듯 낮 내내 업고 다녔을 한 살 반 된 남동생은 그 곁에서 참을성 있게 형을 기다린다. 또 다른 첫인상으로는 맨발에, 이미 기워 입은 자리가 다시 찢어진 바지와 단추 없는 셔츠를 입은 한 어린 소년의 모습이 기억난다. 소년은 팔 밑에 학교 용품을 끼고, 손에는 세상에서 가장 소중한 것이라도 되는 양 조심스럽게 잉크병 하나를 들고 있었다. 이것이 가난한 이들이 누릴 수 있는 부이다.

우리를 밝고 호기심 어린 눈으로 따라오지만, 구걸은 하지 않는 아이들 무리 속에는 늘 안경 낀 아이가 한 명쯤 있었다. 비록 인구의 80퍼센트가 농부인 저개발 농업 국가의 아이들이라 옷차림은 허름했지만, 영양 상태는 나쁘지 않았다. 아이들은 안과 질환을 진단하고 고쳐 주는 후생 시설을 누릴 수 있었는데, 생긴 지 몇 년도 안 된 이 시설은 전쟁·봉쇄·폭격 때문에 생긴 결핵·한센병·트라코마·소아마비 같은 주요 '사회적 질병들'을 치료하거나 크게 줄였다.

가난은 도처에 있었다. 옷감은 부족하고, 홍강(베트남 북부를 흐르는 강—편집자) 기슭의 진흙집들은 브라질의 파벨라Favellas(브라질 도시 외곽의 빈민가로, 열악한 인프라와 범죄 문제를 안고 있다—편집자)를 연상시켰다. 종이는 잿빛에 얼룩이 지고 귀하며, 라디오는 사치품이다. 그럼에도 이 가난에는 다른 대다수 나라들과 같은 가난의 특징이 보이지 않았다. 즉, 가난이 인간의 존엄성까지 파괴하지는 않았다. 베트남인들이 즐겨 쓰는 표현처럼, 가난은 인간의 존엄을 해치지 않는다.

여기에는 두 가지 이유가 있다. 첫째로, 가장 기본적인 욕구가 충족되고 있기 때문이다. 모두가 먹을 쌀이 있고, 단백질을 보충해주는 생선 소스도 있으며, 무상 의료와 질병 예방 체계가 갖춰져 있다.

이 나라에서 가난이 인간의 존엄을 손상시키지 않고 비교적 견딜 만하게 여겨졌던 또 다른 이유는, 모두가 평등하게 가난하기 때문이다. 장관들은 구겨진 바지를 입었고, 고위 관리들도 15년은 된 것 같은 정장을 입었다. 이는 흔히 볼 수 있는 일이었다. 봉급 차이도 적었다. 우리는 이에 관해 보건부 차관과 이야기를 나누었다. 그는 우리 질문에 다음과 같은 인용으로 답변을 시작했다. "호치민Ho Chi Minh은 어머니와 아버지 같은 태도로 환자를 대하라고 가르쳤습니다. 따라서 우리에게 돈은 그리 중요하지 않습니다." 간호사의 초봉은 40에서 50동 사이, 보조 의사는 50동, 정식 의사는 60동이다. 보조 의사의 최종 임금은 80동, 간호사의 경우 70동이며, 의사는 160동까지 받을 수 있다. 보건부 차관이 약간 비꼬는 투로 '특수층'이라고 부르는 세계적으로 유명한 전문의는 190동을 번다. 보통 1동은 1마르크에 해당하는데, 실제로는 비교하기가 어렵다. 집세, 전기, 쌀 등의 기본 수요가 거의 공짜이기 때문이다. 호치민이 250동, 팜 반 동Pham van Dong이 240동을 받았다는 사실은 잘 알려져 있다. 사람들은 어디서나 이에 대해 공개적으로 말할 수 있다.

학식 있고 정보 전달에 신중한 차관이 인용으로 말을 시작하는 모습은 인상적이었다. 우리는 이러한 태도의 범례를 베트남 곳곳에서 발견했다. 우리가 성서를 인용하듯, 이곳 사람들은 일상 속에서 슬로건이나 '호 아저씨' 어록, 도덕적 가르침을 낭송한다. "이렇게 우리는 우리 호 주석님의 유언에 담긴 말씀을 실천한다." 말씀은 실천되어야 하고, 유산은 계승되어야 하며, 문장은 낭독되어야 한다. '인간의 존엄'과 '격려'라는 단어를 여기서만큼 자주 들은 적이 없다. 고난은 언제나 현존하지만, 그것은 스스로 하나의 도덕적 범주가 되었다. "폭탄이 더 많이 떨어질수록 우리의 사기는 더 높아지고 승리는 더욱 확실해진다." 하이퐁 시장은 1972년 4월 전략 폭격이 재개된 이후 생겨난 100명의 고아에 관해 이야기했다. 그는 살짝 비꼬는 투로 우리가 고아원을 방문할 수 없다고 말했다. 아이들이 모두 가정에 수용되어 있었기 때문이다. "호는 우리에게 아이들을 사랑하라고 가르쳤습니다." 이 인용을 시작으로 교육 이야기가 전개되는데, 혁명 이후 가장 시급했던 건 문맹자들을 읽는 자들로 만드는 일이었다. 시의회는 상태가 좋은 건물들을 모두 학교로 만들기로 결정했다. 오늘날에도 시의회의 주요 관심사는 30만 명의 의무 교육 대상 아동들이다. 교육, 도덕, 훈계, 격려—베트남인들은 도덕적 지지가 무엇인지 안다. 호 아저씨를 기리는 어느 노래 가사는 이렇게 시작한다.

"베트남 민족은 호치민의 말씀을 명심한다. 그는 우리에게 격려이다. 그는 우리가 모든 어려움을 극복하고 아름다운 조국을 해방하도록 고무한다."

이 말들을 성서의 언어로 옮기는 것은 그리 어려운 일이 아니다: 하나님의 백성, 말씀, 위로하고 새롭게 하시는 성령, 말씀의 성취. 사람들은 이러한 문화를 모방적이고 후기형성적이라고 평가 절하하는 경향이 있다. 그렇다면 이와 같은 범례들은 비교할 수 없고 기술적으로 규정된 상황에서 무엇을 의미할 수 있는가?

혹자는 이렇게 물을지도 모른다. 우리에게 필요한 것은 예시적[선행적] 교육 아닌가? 하늘색 배경 앞에서 인자하면서도 엄숙한 표정을 짓는, 호 주석 같은 아버지상[像] 없이도 살아가는 법을 배워야 하지 않는가? 그러나 여기 해방된 베트남에서 마주하는 공기는, 서구적 색채가 덧씌워져 비판받아 온 전통주의와는 전혀 다른 결을 지니고 있다. 여기서는 정확하고 고정된 행동 양식과 규칙을 강요하지 않는다. 호 주석은 (예수처럼) 행동의 방향만 제시했을 뿐, 그 말씀을 어떻게 실천할지는 각자의 창의적 적용에 맡겼다. 이러한 이유로 고난에 대한 태도가 달라지고, 배우려는 의지와 창의력이 촉구된다.

정밀하게 성문화된 모든 규정은, 얼마 지나지 않아 무가치해지거나 해로위진다. 그럼에도 불구하고 말은 늘 다시 정형화되어야 하고, 표어들은 반복해서 외쳐져야 한다. 비록 그것들이 거듭 인용되는 호치민의 말처럼 아주 단순하게 들릴지라도 말이다. "자유와 독립만큼 값진 것은 없다."

이런 인용 문장들은 쌀만큼 필수적이다. 오늘날 호 주석은, 제3세계 신부들에게 혁명적 예수가 그러했듯, 하나의 생산적 신화가 되었다. 어쩌면 우리 사회의 냉소주의는 기성세대에 대한 신뢰가 완전히 무너진 결과일지도 모른다. 그리고 내가 베트남에서 느낀 경쾌함과 행복에는 냉소주의가 완전히 부재했었다는 점이 큰 이유였다.

이 나라에서 예술과 언어를 얼마나 소중히 여기는지, 삶 속에서 예술을 어떻게 녹여내는지 보고 있노라면 유럽인인 내가 마치 야만인처럼 느껴진다. 하이퐁의 한 금속 처리 공장에서 우리는 남녀 노동자들이 음악을 연주하는 소리를 들었다. 누군가는 대나무 피리를, 누군가는 기타를 연주한다. 소녀들은 노래를 부르며 오래된 그리고 새로운 음악의 리듬에 맞춰 움직인다. 그들은 기쁨과 고통을 그렇게 표현한다. 창밖에서 시끄러운 망치 소리가 들려오는 와중에도, 스무 살의 열쇠공 빈 민^{'여명'을 뜻함}은 지금껏 들어 보지 못한 아름다운 목소리로 '행진하는 베트남'을 노래한다. 우리는 말을 잃었다. 어느 순간 그는 자신의 목소리를 훈련해야겠다는 생각에 이르지만, 그에게 노래는 평가되거나 팔 수 있는 것이 아니다. 그가 고개를 가로젓자 동료 하나가 호치민의 말을 인용한다. "우리는 우리 노래로 폭탄 소리를 압도하기를 원합니다." 병원장은 병원마다 합창단이 있다고 말하면서 이렇게 덧붙였다. "그들의 노래가 환자를 치료합니다. 노래는 치료의 일부입니다."

프랑스군 철수 이후 남겨진 여성 성노동자들에 대한 치료 방법 또한 인상적이었다. 그들을 시설에서 제도적으로 보살폈고, 원하는 것을 들어주었으며, 놀게 해주었다. 오랜 퇴행 기간이 지나고 나서야 사상 주입과 교육이 시작되었다. 상황 분석을 통해 그들은 자신들이 성노동자가 된 것이 본인의 잘못이 아니라, 인간을 상품처럼 만든 식민주의의 폐해였음을 깨닫게 되었다. "인간은 인간의 존엄을 되찾아야 한다." 이런 의식이 확립되고 나서야 여성들은 [사회로 복귀해] 일하기 시작한다.

정치 의식이 전반적으로 높아지면서, 사회의 다른 여성들도 과거에 성노동자였던 이들을 존중할 수 있게 되었다. 오직 변화된 환경에서만 개인의 변화가 지속될 수 있다. 그리고 마지막 성노동자의 존엄까지 되찾으려는 진지한 노력이 있는 곳에서만 사회주의를 말할 수 있다. 미국 연구에 의하면 남베트남의 가족 구조는 전체적으로, 그리고 그들의 표현을 빌리면 돌이킬 수 없이 붕괴되었다. 국가에 의해 파악된 성노동자의 수만 2만2천 명이지만, 그것도 아마 극히 일부에 지나지 않을 것이다. 고등학교 전체 학급이 집단적으로 성매매를 하고, 가격은 학급·반에 따라 매겨진다. 이들의 고난은 어떤 의미를 갖게 될까? 이들이 인간의 존엄을 되찾을 기회를 얻을 수 있을까?

하노이 박물관에는 웅크린 자세로 들어가게 만들어진 특이한 북 모양의 관이 있다. 뚜껑 위에는 작은 손가락만 한 길이의 금속이 붙어 있는데, 사랑을 나누는 연인들의 모습이다. 그것은 마치 현 상황의 상징처럼 보였다. 삶을 이어가는 사람들은 얼마나 보잘것없고 무기력하며, 죽은 자들의 연합국 대통령은 얼마나 강력한가? 그러나 외과 의사들을 방공호로, 아이들을 방벽 밑으로 몰아넣는 이러한 죽음조차도 결국은 이길 수 없는 것은 아니다. 팜 반 동 수상이 훗날 대화에서 말했듯, "태양은 멈출 수 없다." 파괴된 학교에는 "증오를 힘으로 바꾸자"라는 구호가 적혀 있다. 포스터들은 어느 곳보다도 부서진 벽, 파괴된 학교, 병원 옆, 붐비는 광장에 걸려 있는데, 보통 두 가지 양식으로 표현된다. 하나는 장중하고 영웅적인 양식으로, 좋게 표현하면 페르낭 레제Fernand Léger(20세기 초 프랑스 화가로, 입체주의 운동에 참여해 현대 추상화의 길을 연 인물—편집자)를 떠올리게 하지만, 대개는 매우 단조롭고 거대한 사회주의적 리얼리즘에 가깝다. 또 다른 하나는 재치 있는 양식인데, 베트남 민족 예술의 전통과 뚜렷하게 닮아 있다. 과거 농부들에게 '쥐의 결혼식'—쥐들이 닭과 생선, 노래와 현악기 연주로 고양이를 달래고 교묘하게 만족시키는 이야기—을 의미하던 것이, 오늘날 라오스·캄보디아·베트남 사이의 정글에 끼어 있는 코끼리 신세인 닉슨에 대한 묘사에서 반복된다. "그는 거기에 끼어 버렸다." 피 묻은 새까만 손을 내밀며 "미국은 여러 나라에게 평화의 손을 내밀고 싶어 한다"라고 말하는 닉슨의 그림이 있는가 하면, 닉슨의 군화를 핥으며 "저는 지난 18년간 늘 남베트남의 독립을 위해 싸워 왔습니다"라고 말하는 남베트남 대통령 티에우Thieu의 그림도 보인다. 주민들이 손수 그린 이런 그림들은 작은 마을 구석구석에서도 쉽게 발견된다. 호치민의 말에 의하면 베트남인은 누구나 그림을 그리고 칠할 수 있어야 하며, 외국어를 배우고 음악을 할 수 있어야 한다.

　이 나라에서 실천되고 있는 사회주의는 동유럽의 사회주의와는 현저히 다르다. 평등의 체험은 오래된 바람을 충족시킨다. 평등은 단지 급여의 수준에만 적용되는 것이 아니라, 무엇보다 특권의 부재에 관련된다. 장관들도 해외 출국 시 다른 사람과 다름없이 줄을 서서 여권·세관 검사를 받는다. 그리고 다른 사람들처럼 플라스틱 샌들을 신는다. 지금도 지도적인 위치에 있는 옛 혁명가들은 현명하고 비관료적이며 비판적인 인물들이다. 그들 거의 모두가 수년 동안 저항운동을 했으며 프랑스 식민지 정부의 감옥에서 고초를 겪었다. 그 세대는 얼굴만 보아도 알아볼 수 있다. 궁핍과 명료한 사고가 새겨진 얼굴이다.

베트남인들은 전통과 단절되지 않은 독특한 관계를 유지하고 있다. 이 민족의 역사는 하나의 반복되는 패턴 아래에서 묘사되고 거듭 이야기된다. 평화로운 민족을 침략한 외세에 맞서 저항이 일어났고, 여성과 소녀들이 앞장서서 저항을 주도했다. 지유외 독립을 위한 투쟁은 민족의 전쟁이었다. 이 투쟁은 북방의 적들—봉건 시대의 중국을 달리 부르는 말—뿐만 아니라 몽골인·일본인·프랑스인·미제국주의자들에게 맞서 계속되었다. 작지만 용감한 이 민족의 역사적 연속성은 그렇게 지속되고 있다. 고난을 다르게 바라보는 안목은, 모든 사람에게 현재적이고 의식적으로 공유되는 역사 이해의 틀 안에서만 형성될 수 있다.

민족의식은 자기 역사·과거의 가치·민족 문화를 부정적으로 바라볼 여지가 없다. 이 나라에서는 역사를 연구하는 것이 폭로의 의미가 아니라 격려의 의미를 갖는다. 박물관에서 우리는 천 개의 뻗은 팔을 가진 유명한 불상을 보았는데, 펼쳐진 손바닥마다 눈이 하나씩 새겨져 있었다. 모든 것을 살피고 보호하는 이 신, 곧 '깨달은 자'는 불교도가 아닌 사람들, 예를 들어 박해받는 공산주의자에게도 매우 중요하다고 한다. 이러한 전통과의 연관은 현재의 고난 속에서 과거의 고난을, 현재의 투쟁 속에서 과거의 투쟁을 보존한다. 혁명 이후 이 민족의 유산은 문화재로 격상되었을 뿐 아니라, 민족의 역사 자체도 압제에 대한 저항과 낯선 침입자들로부터의 독립이라는 새로운 시각에서 평가되었다. 고난은 사람들을 변화로 이끌었다. 이 민족은 식민 지배를 겪으며 민족 전체가 모욕당하고 비천해졌다고 인식한다. 따라서 계급 투쟁은 민족 내부보다는 식민 세력에 대한 항쟁에서 치열하게 이루어졌다. 팜 반 동은 자신의 관저 공원을 산책하며 우리에게 프랑스 식민지 시절 베트남인들은 이 공원에 발을 들일 수조차 없었다고 했다. 한 개신교 목사는 술과 아편을 피하라고 목회적으로 권고한 것만으로도 프랑스 식민 당국의 재판을 받았던 때가 있었다고 들려주었다.

중앙집권제를 폐지하려는 시도 역시 다른 사회주의 국가들과의 차이점이다. 이는 숙의를 거쳐 시행된 측면도 있지만, 한편으로는 불가피하게 이루어진 면도 있다. 이곳에서는 각 지방의 독자성이 강조된다. 지자체들은 그들의 교육 및 의료 인력을 조직하고 보수도 스스로 지급한다. 가능한 한 많은 결정을 하부 조직으로 이양하려고 노력하는 것이다. 의료 서비스는 병원들의 대피와 중앙집중적으로 운영되던 시설들의 이전을 통해 개선되었다. 부상자들은 신속히 치료받아야 하기에, 하부 조직의 책임과 수준이 더 커지고 있다. 학술 연구도 전쟁 상황으로 인해 성과가 있었다. 베트남인들은 상황에 적응해 발전하는 놀라운 능력을 가지고 있다. 냉장 시설이 없는 외떨어진 곳에서도 사용할 수 있는 백신과, 저장된 혈액 없어도 사용할 수 있는 주사가 개발되었다. 또한 시골 주민을 위한 이중 화장실도 큰 호응을 얻었다. 그 덕분에 기생충성 질병이 퇴치되고 비료도 자연적으로 얻을 수 있었다. 여기서 우리는 선전 활동을 듣거나 본 적이 거의 없다. 반면에 가르침, [전통] 유산, 구호에 대해서는 많이 접한다. 이는 단순하고 명확한 사고를 통해 실천으로 이끌어 내려는 시도다.

우리가 마지막 베트남 황제 바오다이Bao Dai가 살던 아름다운 궁전에서 보낸 시간은, 전통을 이어받으면서도 그것을 현재의 투쟁과 고난 속에서 새롭게 적용해 나가는 베트남의 모습을 가장 잘 보여준다. 우리는 베트남 작가협회의 초대를 받아 방문했다. 몇몇 작곡가, 건축가, 작가들이 우리를 따뜻하고 재치 있는 대화로 맞아 주었다. "저기가 바로 바오다이의 집입니다. 하지만 그는 더 이상 그 집을 사랑하지 않고, 그 집도 더 이상 그를 사랑하지 않지요." 우리는 문학에 관해 이야기하고 서로에게 시를 읽어 주었다. 비록 번역이라는 것이 베트남 속담에 따르면 "새의 날개를 자르는 것"과 같다는 것을 알면서도 말이다. 브레히트Bertolt Brecht와 하이네Heinrich Heine의 작품을 번역한 테 한Te Hanh은 다음 시를 낭독했다.

둥글지도 모나지도 않은 돌,

다른 돌과 마찬가지인 돌.

브레히트의 무덤.

꽃들은 그들의 향기를

정중하게 전해 준다.

네가 내 영혼에 써 준 시처럼

단순하고 생각에 잠긴 돌.

불멸의 이름을 간직한 채

삶의 얼굴을 한 돌:

베르톨트 브레히트.

우리는 북베트남 마을을 순회하는 극단들이 사용하는 소외 효과에 관해 이야기했다. 슬픈 연인이 달을 보며 비탄에 잠겨 있을 때, 익살꾼 하나가 그 사이로 달려 나와 농담을 던지며 관객을 웃게 만드는 식이다. 누군가가 나짐 히크메트[Nasim Hikmet 1902-1963](터키의 혁명적 시인이자 망명·투옥을 겪은 대표적 현대 문학가—편집자)와 브레히트를 사랑한 서정시인 토 후[To Hu]의 이야기를 꺼냈다. 토 후는 히크메트에 관해 이렇게 말했다고 한다. "그의 심장은 최후까지 불타올랐고, 거기서 사상이 생겨났다. 브레히트의 경우는 사상이 불타올랐고, 거기서 심장이 생겨났다." 다수의 저항가요를 만든 작곡가 코엇[Nghuen Xuan Khoat]은 마을을 비틀

대며 돌아다니는 늙은 취객을 노래하며 연필로 박자를 맞추었다. 코엇은 서독의 아이들에게 안부를 전하며, 열심히 공부하고 시를 쓰라고 당부했다. 이어서 코란을 통째로 외울 수 있는 지식인이자 자신의 시가 거의 항상 횔더린^{Friedrich Hölderlin}의 것만큼 긴 것을 사과하는, 천부적 서정시인 체 란 비엔^{Che Lan Vien}이 짤막한 연설을 하는데, 이 연설은 다음 대목에서 절정에 이른다. "베트남이 더 이상 존재하지 않는다면, 아름다운 시가 다 무슨 소용이겠습니까? 우리가 지키려 한 것은 아름다운 문화였습니까 아니면 독립이었습니까? 우리의 후손이 우리를 두고 뭐라고 말하겠습니까?" 그는 우리가 가져온, 찻잔과 오렌지 사이에 놓인 호소문과 결의문들을 '위대한 시'라고 불렀다! 그에게 이러한 것들은 인간 존엄에 속했다. "우리가 독립을 얻으면, 우리는 모든 것을 갖게 될 것입니다"라는 그의 말은, 거의 이렇게 들린다. "너희는 먼저 하나님의 나라와 하나님의 의를 구하여라. 그리하면 이 모든 것을 너희에게 더하여 주실 것이다."^{마 6:33} 비엔은 그의 긴 시 중 한 편을 낭독했다.

간단치가 않다,
베트남에서 엄마되기란.
다른 나라에선 아이에게
꽃 꺾는 방법을 가르친다.
여기서는 엄마가 아이에게

방공호로 가는 법을 가르친다.

다른 나라에선 새소리와 소음을

구별하는 법을 가르치지만,

여기선 엄마가 B7, A7, F4 폭격기의 폭음을

구별하는 법을 가르친다.

사랑하는 마리아여,

당신은 지난 1969년 동안

아이를 품에 안고 있다.

하지만 당신은 아는가?

베트남 엄마들이

나날이 늙고 불행해진다는 것을.

비엔이 나를 보며 말했다. "당신은 하나님을 노래하는 시를 하나님만큼 사랑하지는 않을 것입니다. 시가 하나님을 창조한 것이 아니라, 하나님이 시를 창조했기 때문이지요." 그러고 나서 그는 미국인들이 존슨 시대 말기에 베트남 어부들에게 보낸 400개의 트랜지스터 라디오에 관한 이야기를 했다. 거기에 존슨 대통령의 편지 한 통이 동봉되어 있었는데, 친절하게 항복을 촉구하는 내용이었다. 어부들은 미국의 목소리만 수신하는 그 라디오들을 집어던지고 부숴 버렸다. 이로써 그들은 호치민의 가르침을 몸소 실천했다. "자유와 독립만큼 값진 것은 없다."

　베트남 사람들은 우리가 그들을 격려해주었다며 자주 감

사를 표했다. 그러나 실제로는 우리가 격려를 받았다. 우리는 우리가 항상 꿈꾸었던 사회주의의 한 면을 보았다. 우리는 마들렌 리포^{Madeleine Riffaud}(프랑스 레지스탕스 투사·시인·전쟁특파원. 나치에 맞선 저항 활동과 알제리·베트남 전쟁 보도로 알려졌다―편집자)가 '인간 존엄의 수도'라고 부른 하노이를 보았다. 우리는 불행을 보았지만, 가장 끔찍한 형태로는 아니었다. 불행의 세 차원 중 사회적 굴종이 여기서는 없었기 때문이다. 민족 전체가 상상조차 하기 힘든 고난을 겪으면서도 결코 고립되거나 분열되지 않았다. 그들 공동의 역사는 해방으로 나아가는 하나의 과정으로 이해된다. 고난은 무관심이나 복종으로 이어지는 대신 생산적인 힘이 되었다. 증오와 아픔이 변화되었다.

[Ⅲ]

고난과 언어

자살은 많은 경우 믿기 힘들 정도로 질서정연하게 이루어
진다. 일상적, 따라서 정상적으로 간주되는 행동에서 벗어
나지 않고 준비되는 자살은 일상생활과 똑같이 질서를 존
중하는 가운데 이루어진다. 즉, 자살을 야기한 삶과 똑같이
깨끗하고 건실하게, 침묵 가운데 암담하게 이루어진다.
이러한 사실은 우리 중 일부의 삶에 대해, 그들의 충족되지
못한 기대, 가망 없는 희망, 자그마한 꿈에 대해 많은 것을
말해줄 수 있다. 또한 생산 체제의 노예 상태로부터 스스
로 벗어나지 못하는 그들의 무력함을 표명한다. 또한 그들
의 삶이, 그저 흘려 보내는 나날이 마치 부리는 짐승의 삶
과 다를 바 없음을 보여준다.
짐승처럼 이들은 자신이 처한 곤궁한 상황을 자신의 태도
나 침묵에 투사하는데, 그 침묵에는 과도한 질서, 인내, '묻
지도 따지지도 않는 순응', 탈진과 붕괴에 이르기까지의 착
취와 금지가 포함되어 있다.

프란츠 크뢰츠 「희망의 음악회」

1. 어떤 노동자의 삶

　　아래는 55세 주조공이 쓴 보고서다. 뒤셀도르프의 한 금속 공장에서 원심기를 다루는 작업 과정과 그곳의 노동 환경을 묘사하고 있다.

아, 이 공기! 전혀 깨끗하지 않다. 먼지와 매연으로 가득하고, 건강에 해로운 납과 아연 증기가 공기 중에 떠다닌다는 주장이 있다. 이런 일은 우리가 바라는 것보다 훨씬 자주 일어나는데, 특히 노인네[사장]가 어디선가 고철을 싸게 구해 와서 녹일 때면, 공기가 너무 탁해져 작업장을 떠날 수밖에 없을 정도다. 그렇게 날린 시간은 메우려면 더 서둘러야 한다. 도급제는 정말 장난이 아니기 때문이다.

동료들의 얼굴을 보고 있으면—전에는 그게 좀 낯설었지만—내 얼굴이 어떤 모습일지도 보인다. 먼지에 먼지로 덮인 얼굴이. 곳곳에 땀이 흘러내려 선명한 자국을 남기고, 그 자국은 이내 매연으로 다시 덮인다. 작업이 길어질수록 땀방울은 점점 더 많이 떨어지고, 얼굴을 타고 흐르는 걸 넘어 온몸이 땀으로 축축해지고 미끌미끌해지며, 구리 산화물 때문에 녹색이 된다. 피부는 참을 수 없이 가려워진다. 땀은 가슴과 등에서도 흘러내리고, 엉덩이를 따라 흘러내리거나 다리에서 구두까지 흘러내린다. 발에 땀이 잘 안 나는 사람도 여기서 일하면 최소한 간접적으로는 이를 경험하게 된다. 양말과 속옷은 사물함 속에서 마르고 나면—마르기를 바라지만—염분 때문에 딱딱해져 여기저기에 구멍이 나고 녹색과 흰색의 줄이나 반점이 생긴다. 속옷을 마음껏 갈아입을 수도 없는 노릇이다. 두 번만 빨아도 옷감이 다 삭아서 너덜너덜해지기 때문이다. 게다가 우리에겐 길바닥에 버릴 만큼 돈이 남아도는 사람도 없다.

내 말을 믿어 주오, 그대들이여! 금속이 튀는 걸 항상 피할 수 있는 것은 아니다. 자그마한 금속 방울들이 용접 불빛 주위를 나방처럼 맴돈다. 장갑을 끼고 있어도 내 손에는 항상 노동의 흔적으로 가득하다. 빨간 굳은살, 수포, 동전만한 3도 화상까지. 이제 그런 상처들엔 눈길도 주지 않는다. 누가 그깟 작은 상처로 곧장 보건소나 의사에게 달려가겠는가! 그랬다간 자칫 일자리를 잃게 될 수도 있다.

아무도 일자리를 잃는 걸 원하지 않는다. 믿어 주오! 원래 우리는 발에 화상을 입는 것을 방지하기 위해 각반을 착용하게 되어 있다. 그런데 그게 너무 뻣뻣해서 불편하고, 공기도 잘 통하지 않는다. 한마디로, 차라리 각반 착용을 포기하는 게 낫다. 제발 청하건대 내 말을 믿어 주오, 그대들이여! 발에 입는 화상은 다른 어느 곳보다 더 불편하다. 우리가 다루는 금속은 주로 청동인데, 여기에는 인燐이 미량 섞여 있다.

정확히는 모르겠지만, 빌어먹을, 인이 피부에 해로운 것 같다. 작은 화상들이 좀처럼 낫지 않기 때문이다. 상처는 피부 속으로 점점 깊이 파고 들고, 특히 팔목과 무릎처럼 움직임이 많은 부위에서 더 넓어진다. 며칠 후 점차 통증을 일으키다가 약 6주가 지나면 마침내 사라지는데, 처음에는 어둡다가 점차 밝은 색을 띠는 반점을 피부에 남긴다.

일이 끝난 후 벌거벗고 샤워실에 있을 때, 나는 동료들의 반점으로 누구인지 알아본다. 얼굴 볼 필요도 없다. 이런 사소한 것, 진물이 나는 열린 상처 때문에 병가를 낸다? 반창고 하나면 충분하다. 믿어 주오, 그대들이여!

나는 불구가 된 내 손 때문에 불평하고 싶지 않다. 살다 보면 익숙해진다. 어차피 받지도 못할 연금을 산정하는 문제에서 산재 보험 의사들이 그렇게 말하는 데에는 일리가 있다. 다만 내 다리 쪽에 문제가 좀 있는데, 원인이 뭔지 도무지 모르겠다. 내 생각에 일 때문인 것 같은데, 내가 겨우 55세이니 나이 탓은 아닐 테고. 벌써 몇 년째—이 빌어먹을 것이 도무지 사라지려 하지 않는다—다리에 이상한 느낌이 든다. 혈전증 같은 거라고 의사들은 말하는데, 과연 그 말이 맞을까? 영 의심스럽다.

어쨌든 내 다리는 부어 있고, 딱딱하게 느껴지며, 빨갛고, 피부는 천천히 벗겨지고 있다. 두 개의 상처는 결코 화상이 아닌 게 확실하다. 거의 5마르크짜리 동전만 한 크기로 점차 곪아가고 있다. 이것 때문에 나는 다른 동료들처럼 일을 마치고 난 후 매번 샤워를 할 수가 없다. 그래도 나는 할 수 있는 대로 그 상처를 관리한다. 더 이상 의사에게 가지 않는다. 처음에 의사는 바로 병가를 내줬다. 나는 이를 되풀이하고 싶지 않다. 어쩌면 의사가 나를 설득해 장애 연금을 신청하게 할지도 모른다. 나에게는 대체 인력이 없다. 새로 사람을 뽑아 가르치려면 시간이 너무 오래 걸린다. 그로 인한 생산 차질은 말할 것도 없다.

아니. 회사에 그럴 순 없다. 무엇보다 내겐 돈이 필요하다. 정말이다! 아, 상처! 다리에 자꾸 통증이 생겨서 종종 소리를 지르고 싶다. 동료들 앞에서 부끄러울 따름이다. 어떤 동료는 내가 패혈증에 걸리기 전에 의사를 찾아가라고 충고하지만, 또 다른 동료는 내가 다리의 통증 때문에 샌들을 신은 채 이 발 저 발로 껑충거린다고 나를 비웃는다. 발이 부을 때의 통증 때문에, 안전화는 신어본지 이미 오래 되었기 때문이다. 내 말을 믿어 주오!

공기가 조금이라도 더 깨끗했더라면—15년 전에 우리는 완벽한 배기 장치를 약속받았다. 열기라도 좀 덜했어도—건물을 확장하고 기계를 분리시키겠다고 약속받았다. 하지만 그 약속들은 지켜지지 않았고, 오히려 새로운 기계들이 들어찼다. 이 다리만 좀 더 버텨 준다면, 일은 견뎌 낼 만할 것이다.

그럼에도 여름철 더위는 견디기 힘든 수준이다. 가끔 피부가 터질 것 같고, 큰 소리로 소리 지르며 작업장을 도망치고 싶을 정도다. 공기는 악취로 가득하고, 목은 타들어 가며, 담배도 맛없고, 목구멍에서는 묘사할 수 없는 달착지근한 맛이 나서 시원한 마실 것을 찾게 된다. 경험상 이런 경우에는 맥주가 최고다. 사장조차 우리가 맥주 마시는 걸 뭐라 하지 않는다. 오히려 진짜 주물공이라면 근무 중에 맥주 두 병쯤은 기본으로 비우는 것이라고 말한다. 맥주로 술기운이 올라오면 감각도 무뎌진다. 도급제 노동이 견딜 만해지고, 알코올이 지친 몸에서 마지막 에너지를 쥐어짜낸다.

최근 들어 암울한 생각이 자주 든다. 힘이 점점 줄어들고, 당장이라도 다 때려치우고 싶다는 마음뿐이다. 좀 더 쉬운 일을 배정해 달라고 했더니 공장장은 작업장 청소를 해보라고 말한다. 그렇게까지 비참해지고 싶지는 않다. 게다가 시간당 3마르크나 덜 받는다. 나는 돈이 필요하다. 이를 악물고 버티는 것밖엔 방법이 없다. 인디언은 고통을 모른다고 한다. 내 말을 믿어 주오! 사람들이 나를 마치 더 이상 사용할 수 없는 낡은 구두닦이 헝겊처럼 던져 버릴 것 같은 느낌이 자주 든다. 곧 아무도 나를 알아보지 않을 거 같아 겁이 난다. 공장장도, 내 아이들도. 그대들이여, 대체 나는 무엇을 믿고 살아야 하는가?

등 뒤에 보이지 않는 어떤 힘이 느껴진다. 이게 두려움인 걸까? 그래도 앞으로 10년만 어떻게든 더 버티고, 그다음에 연금을 누

리며 즐겁게 보내고 싶다.[1]

이 기록은 오늘날 흔히 겪는 고난의 한 기록이다. 이는 지극히 평범한 사례일 뿐이다. 노동 환경의 객관적 조건이나 이 노동자의 정신적·신체적 상황은 어떤 의미에서도 예외적이거나 극단적이지 않다. 노동 현장을 다룬 다른 기록과 비교해보거나 장애 관련 통계를 살펴보면, 이러한 점이 분명해질 것이다.

이 기록에서는 신체적 고통이 큰 비중을 차지한다. 찰과상·화상·물집 같은 경미한 부상이 중요하게 다뤄지는 까닭은, 그것이 노동 실적 또는 도급 건수를 감소시키기 때문이다. 하지만 더 심각한 문제는 하루 동안 점점 커지는 피로인데, 이는 특정 신체 부위만을 반복적이고 집중적으로 사용하다 보니 생기는 현상이다. 한 젊은 용접공 여성은 이렇게 썼다. "퇴근 시간이 가까워지는 걸 눈과 팔로 느낀다. 눈이 아프고, 팔은 더 이상 움직일 수 없을 지경이다."[2] 이런 식의 노동을 수년간 반복하면 신체에는 소모 증상이 나타난다. 하지만 대다수는 병가를 내지 않는데, 일자리를 잃을지도 모른다는 두려움 때문이다.

젊은 노동자들에게 정신적 고난은 우선 노동의 단조로움에서 비롯된다. 일을 하면서 틈틈이 뭔가를 배우거나 자기 계발을 할 수 있는 거라는 희망이 사라진다. 무의미한 일에 점차 적응하게 되는데, 직업학교 학생 같은 젊은이들만이 이런 종류의 노동에 대한 저항을 지속한다. 한 열일곱 살 주조공 소녀는 이렇게 썼다.

> "사람이 과연 이걸 견딜 수 있을까?…우리는 일주일에 5일, 매일
> 9시간씩 공장에 삼켜진다.…젊은 사람, 나이든 사람 할 것 없이
> 하루 종일 똑같은 일을 하기 위해 기꺼이 공장에 간다는 말, 나로
> 서는 도저히 믿기 힘들다."[3]

거의 모든 보고서가 소음·먼지·나쁜 공기·활동 공간에 대한
제약 등에 익숙해져 버린 노동자들의 무뎌진 감각을 지적한다.
갈수록 정교해지는 시간 계산 때문에, 도급제 노동자뿐 아니
라 모든 노동자가 일을 이렇게 혹은 저렇게 해볼 수 있는 여지
를 점점 더 잃어간다. 이런 상황에서 "업무 수행에 정서적 보람
이 있다"고 말하는 것 자체가 이미 조롱이다. '억압적인 역할 규
정'은 노동자가 발휘할 수 있었던 자아 성취의 남은 부분들마
저 밀어내고 억압한다.[4] 노동자가 스스로를 기계의 한 부품으
로 느낀다는 것은 빈말이 아니라, 자아실현이 요구되지 않는 현
실을 정확히 표현한 것이다. 나이든 노동자들의 심리적 압박감
('암담한 생각, 내 뒤에 있는 보이지 않는 힘, 두려움')은 젊은 노동자
들의 전반적인 절망감에 상응한다.

여기서 묘사되는 불행의 세 번째 특징은 사회적 몰락('그렇
게 형편없어지고 싶지 않다')과 소외에 대한 두려움이다. 이 두려
움은 젊은 노동자들에게서, 서로 이야기하는 것조차 무서워하

는 모습으로 드러난다. 고난이 가중되는 이유 중 하나는 "사람들이 서로 이야기하지 않는 것"이다. 장애인 동료를 비웃거나 신입에게 아무것도 설명해주지 않는 일, 휴식 시간에 대화가 더 이상 오가지 않고 관계가 형성되지 않는 일은 흔히 관찰되는 사실이다. "사람들이 나를 마치 더 이상 사용할 수 없는 낡은 구두닦이 헝겊처럼 던져 버릴 것 같은" 느낌은 고난의 이러한 사회적 차원을 적나라하게 보여준다. 이 기록은 고난의 기록인 동시에 예속의 기록이기도 하다. 착취당하는 자가 소모된 노동자가 교체되어야 할 때 고용주에게 발생하는 생산 손실에 대해서까지 염려한다! 심지어 초과 근무마저 '책임감'으로 치부하지만, 이 모든 문장 뒤에는 직장을 잃을지도 모른다는 불안이 짙게 깔려 있다.

그러나 여전히 그의 언어는 공공연하고 내면화된 착취에 저항하고 있다. "믿어 주오, 그대들이여!" 반복해서 나오는 이 호소는 바로 그가 앞에서 열거한 현실에 대한 반발이다. 이 간청은 마지막에 "그대들이여, 대체 나는 무엇을 믿고 살아야 하는가?"라는 물음으로 뒤집히는데, 이는 공장에 의해 '삼켜진' 자가 이해·공감·연대를 갈구하면서 지르는 비명과도 같다. 그리고 그 안에서는 화자조차 거의 의식하지 못하는, 변화에 대한 외침이 담겨 있다. 이러한 실태는 이미 잘 알려져 있고, 수없이 묘사·분석되어 왔다. "때로는 정말 견디기 힘들다." 열일곱 살 소녀의 말이다. "그래도 그냥 버텨야 한다. 바꿀 수 없으니까."[5]

이러한 절망감은 매우 전형적이다. 이 열일곱 살의 도급제 노동 소녀는 자신이 공장에서 평생을 보낼 거라고 생각하지 않는다. 유리한 결혼으로 벗어날 수 있다는 희망, 내년에는 더 이상 일하지 않아도 된다는 환상, 이런저런 횡재에 대한 백일몽—이 모든 것이 여성 노동자들이 자신의 계급적 현실을 직시하는 것을 젊은 남성 노동자들보다 더 강하게 가로막는다.[6] 여성으로서 받아 온 교육은 이들이 평생 컨베이어 벨트 앞에서 일해야 하는 현실에 적응하도록 돕기는커녕, 사회적 무기력만 미리 심어 주었다. 자본주의는 알려진 바와 같이 노동자의 이러한 사회적 고난을 해소할 방법으로 오직 개인의 성공만을 제시한다. 이는 결국 모두에게 유익한 변화에 대해 무관심하게 만든다. 특히 여성에게는 직업상에서가 아니라 성을 매개로 하는 신분 상승이라는 선택지가 있는데, 둘 다 허황된 환상일 뿐이다. 모든 관심사와 욕구, 나아가 모든 어려움과 고난마저 극단적으로 개인화된다. '나'는 견뎌 내야만 하고 '사람들'은 어차피 그것을 변화시킬 수 없다. '우리'라는 건 존재하지 않는다. 이러한 사회 상황에서는 고난을 통해 어떤 것도 배울 수 없으며, 어떤 새로운 변화도 경험할 수 없다. '만족'한다는 많은 노동자들의 진술은, 변화를 생각하는 것조차 더 이상 불가능한 이 상태와 일치한다. 특히 "예민하고 정확하게 관찰하지만, 결코 변화를 경험하지 못했거나 그 시도에서 실패한 사람들"이야말로 더 이상 변화를 꿈꾸지 않게 된다. 이러한 경험은 거의 공격적으로 방어되거나,

체념으로 바뀐다."[7]

2. 침묵하는 고난

사람을 침묵하게 만들고, 더 이상 어떤 대화도 가능하지 않게 하며, 인간이 인간적 주체로서 반응하기를 그치게 만드는 형태의 고난이 있다. 기아 상태와 같은 극단적인 외적 조건이나 파괴적인 이상 심리는 그러한 무의미한 고난의 예시들이다. 그것이 무의미한 까닭은 그런 고난을 당하는 자가 더 이상 이러저러하게 행동하거나 경험하거나 조치를 취할 가능성을 전혀 갖고 있지 않기 때문이다. 독일 강제수용소에서는, 그저 넋 놓은 채 지내며 자기 음식을 빼앗아 가도 가만히 있는 이들을 은어로 '무슬림 남자들'이라고 불렀는데, 이는 아마도 운명에 순응해 버린 이들의 모습 때문이었을 것이다. 이들은 자기 포기와 임상적 의미에서의 무관심으로 이어지는 그러한 극단적 고난의 한 예시이다.

인간의 눈과 귀를 멀게 만드는 고통이 있다. 타인을 향한 감각을 마비시킨다. 고난은 인간을 고립시켜 오직 자기 자신만 돌아보게 만든다. 이런 상황에서는 죽음의 매력이 커진다—그저 모든 것이 끝나기를 바라는 것 외에는 더 이상 아무것도 바라지 못한다. 치통이 생기면 신체의 다른 모든 기관이 중요하지 않게 되고 무감각해져서 오직 치아만 있는 것처럼 여겨지듯, 기아 상태와 같이 지속적이고 생명을 위협하는 고난 속에서는 그런 현상이 더욱 극명해진다. 주변의 모든 것은 부차적인 문제로 밀려 나고, 인간은 쾌락을 느낄 때처럼 고난에만 집중하게 된다. 그 하나 외에는 더 이상 아무것도 중요하지 않게 된다. 이처럼 극단적인 고난은 인간을 철저히 고립시키고, 그의 의사소통 능력을 파괴한다. 이 고통의 밤—광기나 불치병 속에 있는—에 대해서는 아무 말도 할 수 없다.

고통 속에서 죽지 못해 사는 사람들은, 아무리 그들에게 다가가려는 노력을 멈출 수 없다 해도, 타인으로서는 결국 닿을 수 없는 존재이다. 그런 고난의 신학을 발전시키는 것은 노골적인 냉소주의일텐데, 신학은 최소한의 공동 경험을 전제하기 때문이다. 이를 무시하는 신학은 단지 잡담에 불과하고, 최악의 경우 다른 이들을 복종시키기 위한 공식을 생산하는 셈이다. 물론 우리는 극한의 고난을 기록한 수많은 보고서 속에서 의미 부여나 인간성으로 나타나는 것들에 주목함으로써 언어가 표현할 수 있는 한계를 조금이나마 넓혀 볼 수는 있다. 그러나 죽음의 한계처럼, 그 근본적 경계를 없애 버릴 수는 없다. 극한의 고난 속에 있는 이들을 진정으로 존중한다면, 우리는 그저 침묵해야 한다.

따라서 신학적 성찰은 극한의 고난에서가 아니라 그보다 훨씬 이전 단계에서 이루어져야 한다. 지나치게 큰 고난은 변화와 학습을 배제한다. 지나치게 큰 아픔은 오직 맹목적이고 근시안적 행동만 생산한다. 그러나 언제 고통이 지나치다고 할 수 있는가? 우리는 불행을 겪을 때 처음에는 이걸 견딜 수 없다고 생각하지만, 나중에는 인간이 얼마나 많은 것을 견뎌 낼 수 있는지, 적어도 고통에 경악한 순간에 짐작했던 것보다 훨씬 많이 견뎌 낼 수 있다는 사실에 놀란다. 우리가 거듭 겪게 되는 고통의 원초적 국면제1단계은 우리를 멍하고 말문 막힌 상태로 내버려둔다. 지나치게 큰 고난의 무게는 우리를 완전한 무기력 속으로 몰아넣고, 우리가 사고하고 말하고 행동할 수 있는 자율성마저 앗아간다. 우리는 상황에 완전히 지배당하며, 우리의 형언할 수 없는 탄식은 짐승의 울부짖음에 가깝다.

부분적으로 계몽된 사회에서는 이러한 고난이 언어로 표현되지 못하는 다양한 형태로 나타난다. 멍하니 곱씹는 상태와 갑작스런 폭발 사이에는 다른 어떤 표현의 형태도 존재하지 않는다. 조직과 의식儀式이 더 이상 개인을 보호하지 못하고 그에게 초개인적 언어도 제공하지 못하기 때문에, 또한 침묵으로부터 벗어나는 학습 기회도 없기 때문에, 이러한 원초적 고난은 신경증을 유발하거나 범죄로 이어지곤 한다. 고난을 풀어갈 구체적인 목표를 세우지 못하니 행동은 순전히 반사적 반응에 머무르고, 소망마저 일그러진다. 인간이 오래 견디지 못하는 고난이 있다. [그러한 고난이 닥치면 인간은] 고통을 억누르며 외적으로 무뎌져 이전처럼 침묵하거나 병들지만, 때로는 그 고난을 직면해 [변화를 위한] 작업을 시작한다.

이러한 작업의 전제 조건은 '변화 가능한 세상에 산다'는 인식이다. 불행한 결혼 생활을 하는 부인의 경우처럼, 정적인 세계관 속에서 사는 사람, 곧 모방과 반복에 치중하는 문화 속에서 사는 사람은 변화를 삶의 핵심 가치로 받아들이지 못한다. 이들의 고난에 대한 태도는 받아들이기와 참는 데 그칠 뿐이다. 변화 자체가 중요한 인간 가치로 인식되고 사회적으로 인정되는 사회에서야, 고난에 대한 수동적 태도가 비로소 바뀔 수 있다.

3. 고난의 단계들

그렇다면 고난을 극복하기 위한 첫 번째 단계는, 도저히 이해할 수 없어 우리를 침묵하게 만든 그 고난에서 벗어나게 해줄 언어를 찾는 일이다. 그것은 탄식하고 외치며 아픔을 드러내는, 적어도 지금 무엇이 일어나고 있는지 말할 수 있는 언어^{단계Ⅱ}다.

"믿어 주오, 그대들이여!" 이 노동자의 호소는 의사소통을 회복하고 자신이 처한 상황을 최소한이라도 분석해보려는 시도이며, 침묵하게 만드는 단계I에 머물러 있는 크뢰츠의 작품 속 인물들과는 다르다. 이것은 경험을 정리하려는 시도다. 노동

과정에서 억압되었던 감정들이 고통이나 불안의 표현으로 분출된다. 이처럼 이성과 감정이 혼합되어 나타나는 것이 이러한 언어의 특징이다. 대중을 상대로 한 과학적 상황 분석과 같은 순수하게 이성적인 언어만으로는 이 언어가 하는 일을 대신할 수 없다. 그런 분석은 사람들에게 옳은 것을 가르칠 수는 있겠지만, 침묵하는 고통의 단계[단계1]에 있는 이들에게는 그런 이성적 인식이 충분하지도 않고, 제대로 소화되기도 어렵다. 그보다 먼저, 사람은 자기 스스로를 표현하는 법부터 배워야 한다.

무딘 고통의 단계가 우리 사회에서도 정상적인 것으로 간주된다면, 표현의 단계는 건너뛸 수 없으며 고난은 행동을 통해 즉각적으로 해결될 수 없다. 그렇게 하면 고난을 겪는 이들의 욕구 자체도 동시에 간과되고 말 것이다. 성취된 공동 결정권이나 자기 결정권 같은 도움은 그들에게 강제로 부과된 것이 되고, 스스로 찾아내고 쟁취한 게 아니게 된다. 새로운 고난, 곧 조건은 달라졌으나 여전히 해소되지 않은 소외에 대한 그들의 무력감은 그대로 남아 있을 것이다. 문화 혁명을 생산 도구의 혁명과 동시에 추진하지 않았던 사회주의 국가들의 경험이 이를 입증한다. "내 말을 믿어 주오, 그대들이여!"라는 외침은 이 시대의 시편과도 같다. 아직 목적이 조직될 수는 없기에, 그들의 목소리는—기도처럼—이상적인 소망으로만 보일 뿐이다. 묘사되는 것은 수난이지만, 더 이상 복종의 단계에 머물러 있지는 않다. '시편의 언어'라는 표현은 여기서 문학 장르라기보다는 비탄, 간청, 희망의 표현과 같은 특정 언어 요소를 가리킨다. 자신의 의로움과 자신의 무죄를 강조하는 점도 특징이다. 반복되는 "내 말을 믿어 주오, 그대들이여!"라는 외침은 옛 시편에서 "주님, 나의 기도에 귀를 기울이시고, 나의 애원하는 소리를 들어 주십시오"시 86:6 등가 차지했던 바로 그 자리를 차지한다. 이는 일찍이 제의 의식문Liturgie에서 사용했던 표현 방식이다.

제의 의식문의 의미는 인간을 불안·고통·복락 가운데 표현한다는 데 있다. 이러한 의미에서 노동자·도제·병자가 교회에서 고통 중에 자신을 표현할 수 있게 된다면, 교회 예배에 대해 다시 이야기할 수 있을 것이다. 그 과정에서 드러나는 것은, 하부 계층의 언어가 '제한된 코드'(영국 사회학자 베른스타인이 제시한 개념으로, 주로 노동 계급이 사용하는 맥락 의존적이고 암시적이며 단순한 언어 양식―편집자)에 머물러 있다고 해서 그들의 표현 능력이 약화되는 건 아니라는 점이다. 오히려 그 반대이다. 표현 능력은 '정교화된 코드'(주로 중산층이 사용하는 보다 명시적이고 구조화된 언어 양식―편집자)에 의존하지 않으며, 이러한 사실은 오늘날 노동 문학에서도 찾아볼 수 있다.

그러나 단계 Ⅱ의 언어는 여기서 그치지 않고, 변화를 향해 나아간다. 따라서 이 언어는 단순히 무엇이 일어났는지를 묘사하는 데만 머무르지 않고 새로운 갈등을 만들어 낸다. 계급 간의 소통을 회복시키는 자기표현은, 단순한 자기표현 그 자체를 가리키는 것이 아니다. 고난의 내용은 이제 논의될 수 있고, 해방은 조직될 수 있다.^{단계III} 이 과정은 그 자체로 매우 고통스럽다. 처음에는 고난을 가중시키고 고난을 은폐시키는 모든 것을 벗겨 내기 때문이다. 더 이상 겸손이라는 몸짓이나 인간 본성에 대한 비관론 뒤에 숨어 고난을 늘 존재하는 보편적 현상이라 치부하며 그 무게를 약화시킬 수 없다. 이제 고난은 지각되고 인지된 고난이 되었고, 오직 이러한 조건 아래서만 새로운 질문이 대두될 수 있다. "나는 어떻게 고난을 조직적으로 극복할 것인가?" 이 단계에서 고난의 표현은 사람들을 고립시키는 대신 연대하게 한다. 능동적 태도가 단순히 반응적 태도를 대체하고, 무력감의 극복은—설령 그것이 우선은 사회적으로 만들어진 고난이 싸워서 극복될 수 있다는 경험 속에서만 이루어진다 할지라도—구조의 변화로 이어진다.

단계 I	단계 II	단계 III
침묵하는	탄식하는	변화시키는
무감각한, 폭발적인		
언어가 상실된	의식하는, 말할 수 있는	조직하는
신음	시편의 언어	이성적 언어
동물적 탄식	합리성과 정서가 조화된	
고립	**자기표현 / 의사소통**	**연대**
고난의 압박은 사유화된다	고난의 압박은 민감하게 만든다	고난의 압박은 연대를 유발한다
사고, 진술, 행동의 자율성 상실	경험의 자율성(분류 가능)	변화시키는 행동의 자율성
목적이 조직화될 수 없음	유토피아적 목적 (기도 속에서)	목적이 조직 가능함
수동적 태도		능동적 태도
상황의 지배를 받음	상황 속에서 고난받으며 상황을 분석함	상황을 함께 규정함
굴종	수난	
무력감	주어진 구조 안에서의 **수용과 극복**	변화된 구조 안에서의 **무기력의 수용과 극복**

이러한 단계가 전개되는 과정에서는, 전능하신 하나님이라는 담론으로 둔하고 침묵하는 고난을 이용하려는 태도를 취하지 않는다. 인간을 안정시킨다고 주장하지만, 그들에게 말하는 법조차 가르치지 않아 그들을 신경증적으로 만드는 종교는 철저하게 비판받아야 한다. 그러나 고난을 감당하지 못하는 실증주

의적 무언어성, 곧 침묵에서 벗어나 탄식이나 표현으로 나아가려는 필요성조차 이해하지 못하는 태도는 아무것도 개선하지 못한다.

나는 탄식하고 표명하는 단계, 다시 말해 시편의 단계를 포기할 수 없는 단계로 여긴다. 불행한 사람을 위한 해방과 도움이 조직될 수 있는 세 번째 단계에 이르기 위해서다. 그 과정은 고난 속에 갇힌 고립에서 시작해 탄식을 통한 소통을 거쳐 마침내 변화를 위한 연대로 나아간다. 소통과 연대적 행동 사이의 경계는 열려 있으며, 두 단계^{단계II와 III} 사이의 움직임은 양방향으로 일어날 수 있다. 변화를 일으키는 행동은 여전히 반복해서 한계에 부딪히지만, 그러한 좌절들이 반드시 둔하고 무감각하며 침묵하는 고난으로 되돌아가게 할 필요는 없다. 그 좌절들은 탄식이라는 소통의 틀 안에서 받아들여질 수 있다. 특정 형태의 고난이 가진 출구 없는 상황—그것이 지금 굳어져 버린 관계에 근거하든 변화시킬 수 없는 것이든—은 고통이 여전히 언어로 표현될 수 있을 때 견딜 수 있게 된다. 그러한 언어는 단계III의 행동으로 도달할 수 있는 성취들을 넘어서는 것이지만, 바로 그 성취를 위해 반드시 필요한 초월이다. 죽은 자들을 위해 외치고 기도해야 하는 것도 이와 다르지 않다.

이러한 일은 서로의 삶을, 곧 고난까지도 함께 나누는 공동체 안에서만 가능하다. 그때 우리는 다른 이의 입이 되어 줄 수 있으며, "할 말을 못하는 사람"^{잠31:8}을 위해 우리 입을 열 수 있

다. 이러한 제의 의식문의 의미는, 사람을 무감각 상태에 방치
하지 않는 데 있다.

4. 침묵하는 하나님과
　　말씀하는 하나님

　　인간이 고난 속에서도 변화 없이 머물지 않도록, 타
인의 아픔에 눈멀고 귀먹지 않도록, 단순히 수동적으로 견디는
데서 벗어나 인간을 더 인간답게 만드는 생산적인 고난으로 나
아가도록 하는 조건 중 하나가 바로 언어다. 그러나 우리가 고
난을 사회성이나 언어에 다시 묶어 두려는 것이, 어쩌면 고난에
대한 성찰을 회피하려는 건 아닐까? 고난의 본질적 경험 중 하
나는 바로 그 비사회성, 곧 유효하고 견고하다고 여겨지던 관계
들의 해체다. 고난의 압박을 받고 있다는 것은 언제나 점점 더
고독해진다는 것을 의미한다. 그리스 비극은 관계가 차례로 해
체되고 개개인이 자기 자신으로 환원되는 이러한 과정을 잘 묘
사한다.
　　그러나 비극에서 이러한 과정은 언어의 상실을 의미하지
않는다. 홀로 남겨진 자는 신들 또는 자연의 힘들에게로 향하거
나 자기 자신과 대화한다. 독백은 연극적 면에서 필요한 언어
형태일 뿐 아니라 전통이 발전시켜 온 고난에 대한 이해로부터

발생하는데, 그 이해는 학습과 변화의 능력을 고난의 결정적 동인으로 본다.

토마스 뮌처Thomas Müntzer(독일 종교개혁기의 급진적 설교자이자 농민전쟁의 지도자. 루터와 결별하고 봉건 권력에 맞선 개혁을 추구했다—편집자)는 그의 선언문을 다음과 같은 말로 끝맺었다.

토마스 뮌처는 침묵하는 하나님이 아니라,

말씀하는 하나님께 기도할 것이다.[8]

여기서 뮌처가 말하는 것은 '하나님의 입에서 나온 살아 있는 말씀'으로, 단순히 '지어진', 곧 허구의 신앙만을 의미하는 '경험되지 않은 성서'가 아니다. 그러나 '침묵하는 하나님'을 극복하는 일은 종교개혁의 성서주의에 관한 논쟁에만 국한되지 않는다. 무감각이 인간으로 하여금 자신의 아픔과 삶을 표현하는 일을 가치 있는 일로 여기지 않도록 만든다면, 침묵하는 하나님은 오늘날에도 지배하는 셈이다. 여성 노동자들은 자신의 노동에 대해 글을 써 달라고 요청을 받자, 그것이 지루하고 재미없을 것이라고 말했다.[9] 침묵하는 하나님은 귀머거리, 곧 듣지도 말하지도 못하게 길들여진 인간을 전제한다.

고난은 언어로 표현되고 명명되어야 한다. 누군가가 대리적으로 말해주는 것을 넘어, 고난받는 이들이 직접 자신의 목소리로 말해야 한다. 인간이 불행에 의해 파괴되거나 무감각에 빠지지 않기 위해서는, 자기 고난을 직접 말하는 것이 필수적이다. 어디서, 어떤 형태로 말하는가는 중요하지 않다. 인간이 자신을 표현할 수 있다는 것, 더 정확하게 말하면 자신을 표현하는 법을 배운다는 것(말뿐 아니라 다른 방식으로도)에 정말로 그들의 삶이 달려 있다. 타인과 소통하는 능력이 없으면 어떤 변화도 일어날 수 없다. 침묵과 완전한 단절은 곧 죽음을 의미한다.

자기를 표현하는 전통적 방법 중 하나인 기도가 오늘날 사라져가고 있다. 자기 자신^{내면}과 대화를 나누는 능력을 점점 더 많은 사람이 무의미하고 쓸모없는 것으로 여기는 걸로 보인다. 만약 자기를 표현하고 토론하며 침묵하는—침묵도 말을 전제로 한다—다른 새로운 가능성이 있다면, 이는 그리 문제가 되지 않을 것이다. 다시 말해, 기도의 상실이 빈곤화를 의미하지 않고, 혼잣말과 대화와 토론이 예전에 기도로 말하고 중얼거리며 외치고 저주하며 바라던 모든 것을 담아낸다면 말이다. 그런데 과연 그러한가? 오히려 그 반대로 표현성의 풍부함과 소망하는 힘이 줄어든 것은 아닌가? 커져가는 무감각이 우리를 더 침묵하게 만든 것은 아닌가? 예를 들어, 대규모 대학과 대형 사무실에서도 고립과 서로에 대한 불안이 증가해 소통이 줄어든 것은 아닌가? 그리고 기술화 과정의 냉혹한 규율이 우리의 소망까지도 통제해 자기 자신과의 대화마저 침묵하게 만든 것은 아닌가? 물론 인간이 자기 자신과 나누는 대화는 어떤 식으로든 계속된다. 자아와 이상적인 자아 사이의 대화는 대치되거나 없어질 수 없다. 그런 대화는 하늘에 있는 존재를 향해 간구한다는 의미에서 기도하지 않는 이들에게서도 계속해서 이루어진다. 사람이 어떤 세계관을 가지고 있는지, 곧 그가 유신론적으로 사고하는지 비유신론적으로 사고하는지는 중요하지 않다. 결정적인 건 대화 상대가 누구인가 하는 점이다. 그리스도인가, 맘몬인가, 아니면 자신의 생명력인가? "함께 이야기하는 존재가 누구냐에 따라, 곧 그리스도교 관점에서 기도하는 자의 '하나님'이 누군인가에 따라 결과(기도에 따라 일어나는 기도하는 자와 그의 세계의 변화)는 달라질 것이다."[10] 만일 인간이 그의 삶을 숙명으로 여긴다면 그는 침묵하는 하나님을 상대하고 있는 것이며, 그의 기도는 체념으로 귀결될 수밖에 없다. 침묵하는 하나님은 무엇보다 인간의 소망을 침묵하게 한다. 장 파울에 의하면 기도는 '소망, 오직 불같은 소망'이다. 기도는 영혼의 극도의 긴장을 요구하며, 의지와 의식적 이성뿐 아니라 우리 영혼의 모든 힘을 집중시킨다. 시몬 베유는 훈련을 통해 습득할 수 있는, 아마도 가장 중요할 덕목을 '집중'[주의]이라고 불렀는데, 이는 "자신이 누구인지와 자신이 사랑하는 것 사이의 거리를 부단히 주시하는 것"이다. 이 집중에서 창조적 능력이 생겨나며, 집중이 최고 단계에 이르면 기도와 동일한 것이 된다. "모든 혼합된 요소로부터 완전히 정화된 집중이 기도다."[11]

여기서 신앙은, 종종 그렇듯, 완전하고 깊이 있게 파악된 현실에 아무것도 더해주지 않는다. 신앙은 전적인 주의를 기울인 대화에 몇 가지 도움만 제공할 뿐이다. 즉, 기도에 언어 형식과 전승을 제공하고, 인간의 자아와의 대화를 의식적인 상태로 이끈다. 그것은 전해진 언어 형식과 전승으로 인간에게 도움을 주며, 무엇보다 그리스도라는 상대를 통해 참된 필요와 거짓 필요를 구별하게 한다. 처음에는 자연스러운 기도에 개인적 소망보다 더 포괄적인 경향성을 부여하는데, 그것이 '다가오는 하나님의 나라'를 지향하기 때문이다.

이런 관점에서 볼 때, 기도의 상실은 파악할 수 없는 억압에서 벗어나려는 인간 해방의 역사에 속하지 않는다. 기도의 상실은 계몽된 의식 안에서의 진보가 아니라, 인간을 오직 기능으로만 평가하는 노동 분화의 산물일 뿐이다. 기도하는 모든 사람에게 잠재적으로 개방되어 있던 창조적 능력과 특정 목적에 사로잡히지 않는 표현의 가능성들이 이제 소수의 전문가들의 영역으로 넘어가 버렸다. 따라서 산업사회에서 기도는 "그 자체로 전복적인 행위이며, 세상에 대한 '파렴치한' 자기주장의 행위"다.[12] 다시 말해, 인간이 감히 자신의 소망을 표현하며, 사회가 권고하는 방식과는 다르게 고난에 대처하는 행위다.

기도는 전인적인 행위다. 그 안에서 인간은 무기력하게 받아들여야 했던 현실 속 침묵하는 하나님을 넘어, 고통과 행복 속에서 격정적으로 경험한 현실의 말씀하시는 하나님께로 나아간다. 바로 이 말씀하시는 하나님이 바로 그리스도가 겟세마네 동산에서 대화를 나누신 분이다.

5. 겟세마네

이 올리브나무 정원의 이름은 이제 인간이 살면서 겪는 극심한 고통과 두려움과 고뇌을 상징하는 대명사가 되었다. 그래서 흔히들 누구나 저마다의 겟세마네가 있다고 말한다.

예수의 겟세마네 경험은 다양하게 재현되어 왔다. 누가는 천사[눅 22:43]가 나타나 기도하는 예수를 돕는 장면으로 그 경험을 묘사하려고 한다. 하지만 이런 묘사는 자칫 우리가 그 경험을 너무 가볍게 생각하게 될 위험을 가진다. 기적적인 일은 항상 예수를 우리로부터 분리하고, 그에게 특권을 부여하며, 그가 가지지 않았던 특별 지위를 만들어 내는 위험을 지니기 때문이다. 예수는 고난을 모면하게 해달라고 간구했으며, 그것이 그의 기도 내용이다. 그러나 이 간구에 대한 응답은 없다. 하나님은 인간 역사에서 흔히 그래 왔듯이 침묵하고, 예수는 자신의 반복되는 외침, 죽음에 대한 두려움, 망상에 가까운 희망, 위협받는 생명 앞에 홀로 남겨진다.

"내 마음이 괴로워 죽을 지경이다. 너희는 여기에 머무르며 나와 함께 깨어 있어라."[마 26:38] 심지어 예수와 함께 다니며 병자를 고치고 대접받고 박해받기도 하고 대화를 나누고 삶을 같이하던 그의 제자들조차 그의 곁에 머물지 않는다. 그들은 아이들처럼 지쳐 잠들어 버린다. 제자들을 조금이라도 변호해주고 싶었던 누가는 그들이 '슬픔에 지쳐서' 잠들었다고 묘사하지만, 이는 예수가 겪는 일련의 경험 중 하나일 뿐이다. 배반당하고 부정되며 버려지는 경험 중에서, 정작 필요할 때 곁에 있어야 할 친구들이 잠든 모습을 보는 것이 오히려 가장 가벼운 아픔일지도 모른다.

이는 불행에 직면한 인간다운 모습들이다. 나치 시대에 독일 유대인들은 그들의 친구와 친척들로부터 이와 비슷한 일을 경험했다. 나데즈다 만델스탐Nadezhda Mandelstam은 스탈린의 대숙청 당시 사람들이 보여준 행동을 동일한 범주로 묘사한다. 희생자의 집과 같은 소유물을 차지하려 드는 정보원이 있는가 하면, 수배된 사람이 전화를 걸 경우 수화기를 내려놓는 좋은 친구도 있었다. 자신은 유감스럽게도 '여행 중'이기 때문에 경찰 조사에 부인을 보내는 동료도 있었고, 희생자가 체포되는 동안에도 잠을 푹 자는 이웃도 있었다.

예수가 죽음의 두려움—이 두려움은 세상 끝까지 계속되며, 두려움 속에 사는 모든 이들을 포함한다—앞에서 잠들지 않고 깨어 있는 동안 그와 함께 깨어 있으라는 것은, 불행에 대한 인간의 본능적 반응과 정반대되는 그리스도교의 오랜 요구이다.

겟세마네 이야기에 관해 두 가지 오해가 있을 수 있다. 바로 무감각과 배타성이다. 무감각을 이상으로 삼으려는 수정 시도는 이미 일찍부터 시작되었다. 사람들은 예수를 영웅적 존재로 만들려고 했다. 예수가 울고 두려움에 떨며 고뇌했다는 사실은 불쾌한 일이었다. 누가는 이러한 고난의 특징들을 순화해, 제자들 앞에서 예수가 두려움을 고백하는 장면을 생략했다. 후대 필사본은—에피파니우스^{Epiphanius, 375년경} 주교의 보고에 따르면—여기서의 예수의 울음과 예루살렘의 멸망을 말하실 때의 예수의 울음을 생략했다.^{눅 22:43-44; 19:41} "예수의 위엄이 손상될지 모른다는 두려움 때문이었다." 그러나 현대 관점에서 보면, 예수의 위엄은 바로 그의 죽음에 대한 두려움 속에서 드러난다. 두려움 없는 인간은 자기 자신을 너무 경멸한 나머지 자신에 대해 두려움을 가질 수 없는, 불구의 존재이다. 두려움은 우리가 삶에 뿌리내리고 있다는 표징이다. 두려움 없는 사람은 무엇이든 할 수 있기 때문에 오히려 두려운 존재다.

무감각의 이해관계는 승자의 이해관계다. 그러나 예수가 승자로서 겟세마네를 떠났는가? 그가 싸움에서 이겼는가? 그가 위로를 받았는가? 라이너 마리아 릴케^{Rainer Maria Rilke}는 그의 시 「올리브나무 정원」에서 하늘의 위로를 받는 승자라는 오해를 거부했다.[13]

후에 사람들은 이야기했네. 천사가 왔노라고
왜 천사인가? 아, 밤이 되었고

밤은 아무 생각 없이 나무 사이를 헤집고 있었네
제자들은 꿈속을 헤매었네
왜 천사인가? 아, 밤이 되었네

다가온 그날 밤은 특별한 밤이 아니었네
수백의 밤이 그렇게 지나갈 것이네
저기에는 잠든 개가 누워 있고,
저기에는 돌들이 흩어져 있네
아, 슬픈 밤, 아, 어느 밤이나 마찬가지인
그저 아침이 다시 오기만을 기다리는 (그런 밤)

한때 하나님(에게 어울리는) 이상적 속성이었던 무감각은 이 시에서 자연으로 옮겨갔다. 흔히 보호와 은폐의 장소이던 밤은 여기서 어떤 위로도 주지 못한다. 매너리즘적 은유가 말하듯, 밤은 움직이지 않은 것들의 무의미한 움직임처럼 나뭇잎을 무심히 넘기며 지나갈 뿐이다. 자연은 무감각하며, 아픔은 고난받는 자에게만 남는다. 예수는 겟세마네에서 두 가지 헛된 시도를 했다. 아버지에게는 고통을 모면하게 해줄 것을 간구했으며, 사람들에게는 위로를 청했다. 그 밤의 고뇌 속에서 골고다의 십자가 처형이 이미 겪어지고 있었다. 이는 교부들이 "나의 하나님, 어찌하여 나를 버리십니까?"라는 예수의 외침을 재해석하면서 이해한 것처럼 약화된 고난의 체험이 아니다. 아우구스티누스는 이 외침을 인정하려고 하지 않았다. 예수는 그렇게 외칠 수 없고, 첫 인간 아담이 그 안에서 외쳤음이 분명하다는 것이다. 릴케의 시에서 예수는 이렇게 말한다. "나는 더 이상 당신을 찾지 못하겠습니다. 나는 혼자입니다." 바로 이것이 그를 모든 인간과 그들의 냉담한 이웃들과 연결한다.

두 번째 전통적인 오해는 예수의 고난과 죽음의 유일성에 관한 교리적 오해다. 흔히들 예수가 다른 순교자들보다 더 많이 더 깊이 고난받았다고 강조한다. 그가 스스로를 배척당하고 저주받았다고 보았으며, 고난 가운데 하나님을 이해할 수 없게 되었기 때문이다.[4] 예수의 특수성, 곧 그의 비교 불가능성은—고난을 능가하는 무감각으로는 더 이상 설명될 수 없기에—적어도 파테인^{pathein}, 곧 고난 속에서라도 유지되어야 한다. 하지만 측정 불가능한 고난의 세계에서 예수의 고난만 따로 떼어 내서 저울질하려는 시도는 오히려 기괴하다. '가장 많이' 고난을 받았다는 것은 예수의 관심사가 아니다.

반대로, 상징의 진리는 바로 그 반복 가능성에 있다. 여기에 기록된 것처럼, 그런 일은 모든 사람에게 일어날 수 있다. 죽음이 의식적으로 이루어지는 곳마다, 고통이 경험되는 곳마다, 이전에 가졌던 하나님에 대한 확신도 산산조각난다.

상징의 반복 가능성, 곧 상징의 동화^{同化}를 증명하는 사람들의 증언이 존재한다. 그들은 겟세마네, 곧 죽음에 대한 두려움을 경험했다. 그러나 쓰디쓴 고난의 잔을 마지막까지 빼지 않고 마시는 곳에서 모든 두려움을 극복하는 것 또한 경험했다.

가장 감동적인 증언 중 하나는 젊은 덴마크 선원 킴 말테 부룬Kim Malthe-Bruun의 이야기다. 그는 나치 시대 저항 단체의 일원이었으며, 1945년 4월 6일, 21살의 나이로 게슈타포에 총살당했다. 구금되어 있던 4개월 동안 그는 계속해서 예수라는 인물을 되새겼고, 예수의 가르침과 삶이 무엇을 의미하는지 파악하려고 했다. 1945년 1월 22일자 편지에 그는 다음과 같이 썼다. "예수의 가르침은 단지 그렇게 배운 대로 따르는 가르침이 되어서는 안 된다.…지금 이 순간 내가 예수로부터 배운 가장 본질적인 깨달음은, 인간은 오로지 자기 영혼의 확신에 따라서만 살아야 한다는 사실이나."[5]

1945년 3월 3일에 쓴 다음 편지에는 자신이 견뎌 낸 고문에 대해 이야기한다. 고문 끝에 그는 의식을 잃었고, 다음날 이렇게 썼다.

"그날 이후로 나는 내게 일어난 특이한 일에 대해 숙고했다. 그 직후 나는 형언할 수 없는 안도감, 환호하는 승리의 도취감, 마비된 것 같이 제정신 아닌 기쁨을 느꼈다. 마치 영혼이 육체에서 완전히 해방된 것 같았다.…영혼이 다시 육체로 돌아왔을 때는 전 세계의 환호가 여기에 모인 것 같았으나, 다른 많은 중독성 독극물과 마찬가지로, 황홀경이 사라지자마자 반작용이 찾아왔다. 나는 내 손이 떨리고 있음을 깨달았다.…그럼에도 나는 평온했으며, 영혼은 이전보다 훨씬 더 강해졌다. 하지만 두려워하거나 움 츠러들지 않음에도 불구하고, 내 방문 앞에 누군가 서 있기만 해도 심장이 두근거렸다.…그 직후 나는 예수라는 존재를 새롭게 이해하게 되었다. 기다리는 시간, 그것이 바로 시험이다. 몇 개의 못이 손바닥을 꿰뚫는 고통을 견뎌 내고 십자가에서 죽는다는 것은 영혼을 다른 무엇과도 비교할 수 없는 감각의 도취 상태로 몰아넣는 기계적인 것에 불과하다고 나는 확신한다. 그러나 정원에서 기다리는 시간은 피를 말리는 시간이다. 또 한 가지 특기할 만한 사실은, 내가 증오를 전혀 느끼지 못했다는 점이다."

약 3주 후, 그는 다음과 같이 썼다.

그 이후로 나는 예수에 대해 자주 생각했다. 그가 모든 사람에게 느꼈던, 특히 그의 손에 못을 박던 사람들에게 느꼈던 무한한 사랑을 나는 잘 이해할 수 있다. 겟세마네를 떠나는 그 순간부터 그는 모든 격정을 초월했다.[16]

금세기에 기록된 고통에 관한 가장 정확한 묘사 중 하나는 이탈리아 시인 체사레 파베세^{Cesare Pavese}의 일기에서 찾아볼 수 있다. 그 일기는 고난의 경험으로 가득 차 있다. 파베세는 성공의 절정에서 더 이상 글을 쓰지 않기로 결정했고, 얼마 지나지 않아 마흔둘이라는 나이에 스스로 생을 마감했다.

고통은 사실 특권이 아니며, 고귀함의 표지도 아니고, 하나님을 떠올리게 하는 것도 아니다. 고통은 짐승 같고 야만스러운 것이며, 평범하고 극히 무익한 것이며, 공기처럼 자연스러운 것이다. 그것은 만질 수도 없고, 붙잡거나 싸워 이길 수도 없는 것이다. 그것은 시간 속에 살며, 시간과 같은 것이다. 그것이 몸을 움츠리게 하고 비명 지르게 하는 것도, 고난당하는 이를 뒤따를 시간 속에서 더욱 무방비하게 만들기 위해서다. 그 긴 시간 동안 사람은 이미 지나간 고통을 다시 음미하듯 되새기고, 다가올 고통을 기다리게 된다. 이 움츠림은 진정한 고통이 아니라, 생명력의 순간을 표시하기 위해 신경이 고안해낸 발명품일 뿐이다. 이는 끊임없이 이어지는 시간이라는 이름의 고통이 얼마나 지루하고 끝이 없는가를 일깨워주기 위한 작용이다. 고난받는 자는 항상 기다리는 상태에 있다. 몸이 움츠리는 순간을 기다리고, 또 그다음 움츠리는 순간을 기다린다. 그러다가 결국 비명을 지르는 위기의 순간 자체를, 그 비명이 올 때까지 기다리는 것보다 더 낫다고 여기게 되는 순간이 온다. 결국 불가피하지 않은데도 비명을 지르게 되는 순간이 온다. 시간의 흐름을 끊어보기 위해, 무언가 일어나고 있음을 느끼기 위해, 그리하여 짐승 같은 고통의 영원한 지속이 잠시라도 중단되었음을—그 비명 끝에 고통이 더 극심해질지언정—느끼기 위해서 말이다. 종종 죽음—지옥—이 움츠림도 없고 소리도 없이 영원히 흐르고 있는 고통 가운데—더 이상 죽지 않을 몸속에서 흐르는 피처럼—끊임없이 존재할 것이라는 의심이 들 때가 있다.

무감각의 위력! 이것이 고통을 수백만 년에 걸쳐 변함없이 지속되게 만들었다.[17]

파베세는 고통이 펼쳐지는 시간을 보여줌으로써 고통을 드러낸다. 이러한 시간은 기다림과 몸서리침, 곧 비명을 기다리는 시간과 비명이라는 위기의 순간 그 자체로 구성되어 있다. 생물학적 고통의 영역에서 아픔과 아픔의 중지가 번갈아 일어나는 것이 이에 해당한다. 고통의 정점인 '위기'·'비명'·'몸서리침'이 그것을 기다리는 시간보다 오히려 덜 괴롭기 때문에, 사람들이 필요하지 않은데도 비명을 지른다는 관찰은 여기서도 정확히 들어맞는다. 그러나 파베세가 말하는 건 일시적 거리두기가 가능한 생물학적 고통이 아니다. 우리의 모든 생각과 감정까지도 우리를 적대하게 만드는 실존적 고통, 곧 인간을 죽음에 이르게 하는 고난을 말하고 있다.

겟세마네 이야기는 예수가 겪은 고통의 시간을 우리에게 들려준다. 예수가 잠자는 제자들과 기도 장소를 세 번이나 오가는 모습은 고통이 얼마나 길게 지속되었는지를 보여준다. 반복되는 기도를 '비명', 곧 극도의 절정으로 볼 수 있고, 제자들에게로 돌아가는 것은 점차 참기 어려워지는 비명에 대한 기다림으로 볼 수 있다.

말테 부룬 역시 고문에서 겪었던 이중 경험에 관해 말한다.

겟세마네에서의 '기다림의 시간'과 십자가 죽음이 그것인데, 후자는 쉬운 일이며 영혼을 일종의 황홀경으로 이끈다. 희생은 어려운 것이 아니며, '순전히 기계적인 것'이다. 마치 파베세가 '몸서리침'에 관해 그것이 본래의 고통이 아니며 생명력 넘치는 순간을 표시한다고 말한 것처럼 말이다. 어려운 것은 '피가 뚝뚝 떨어지는' 기다림의 시간이다. 고문 생존자들의 보고에서 알 수 있듯, 다음 고통을 기다리는 그 시간은 인간 내면에 온갖 의심을 불러일으킨다. 자아는 산산조각 나고, 고통은 왜 이 고난을 견디는지 잊게 만들며, 사람을 빈껍데기로 만들어 버린다. 왜 친구의 이름을 말하면 안 되는가? 그들도 이미 잡히지 않았을까? 벌써 다 자백힌 건 아닐까? 아마도 말테 부룬은 비명을 기다리는 동안 같은 경험을 했을 것이다. 하지만 중요한 것은 그가 이 죽음의 사투를 이겨 냈다는 사실이다. 그는 이제 그 어느 때보다 더 강해졌으며, 증오 없이 무한한 사랑에 더 가까워졌다.

마치 예수만 하나님의 도움을 기다렸던 것처럼, 예수의 고난을 타인의 고난과 구별하는 것은 불가능하다. 고난의 비명은 인간이 겪을 수 있는 모든 절망을 담고 있으며, 그런 의미에서 모든 비명은 하나님을 향해 내지르는 절규와도 같다.

모든 극단적 고난은 하나님으로부터의 버림받음을 경험한다. 고난의 심연에 빠진 인간은 자기 자신을 포기당한 존재, 모든 것에서 버림받은 존재로 이해한다. 삶에 의미를 부여하던 것은 공허하고 덧없는 것이 되었다. 그것은 오류로, 실망을 안겨 주는 것으로, 환상으로, 결코 회복될 수 없는 죄로, 무로 밝혀진 다. 이러한 공허를 경험하게 만드는 길은 여럿이지만, 지속되는 고난 가운데서 일어나는 파멸의 경험은 동일하다.

삶을 위협하는 고난은, 우리가 이 표현을 엄격하게 신학적 의미로 받아들일 경우, 예외 없이 하나님과의 관계를 건드리게 된다. 여기서 말하는 하나님과의 관계란 음악적 재능처럼 특정 사람에게만 주어진 성질이 아니라, 각 사람이 본래적으로 지니 고 있는 것—루터가 말했듯 '사람이 의지하는 바'—을 뜻한다. 이 (명시적이지 않은) 하나님과의 관계는 극단적인 고난에서 흔 들린다. 삶을 지탱해온 토대, 곧 이 세상이 저마다의 방식으로 매개해주던 세상에 대한 근원적 신뢰가 파괴된다.

예수의 겟세마네 경험은 이러한 파괴를 넘어선다. 그것은 동의의 경험이다. 고난의 잔은 강화의 잔이 된다. 그 잔을 비우 는 자는 모든 불안을 극복한다. 기도를 마치고 잠든 제자들에 게 돌아온 예수는 처음 떠날 때의 그분이 아니다. 그는 맑은 정 신으로 깨어 있었고, 더 이상 떨지 않았다. "그 정도면 넉넉하 다. 자, 때가 왔다. 일어나서 가자."^{마 26:45, 막14:41} 천사가 예수에게 내려온 것도, 다른 사람에게 내려오는 것보다 더 많거나 적지 도 않았다. 두 관점 다 참이다. 마가와 누가가 표현을 달리한 것 뿐이다. 모든 기도에 천사가 기다린다고 볼 수 있다. 모든 기도 는 기도하는 이를 변화시키고, 그를 모아 세우며, 고통 속에서

억지로 강요되었지만 사랑 안에서 스스로 바치는 바로 그 극도
의 주의 집중을 그에게 부여함으로써 그를 강하게 만들기 때문
이다.

수용의 진실

나는 스페인에서 온 늙은 망명자들에게서 이런 이야기를
들었다. 난민을 태운 배 한 척에 페스트가 돌자, 선장이 그
들을 미개척지에 버려두었다는 것이다. 많은 사람이 굶어
죽고, 몇몇만이 혼신의 힘을 다해 사람들이 사는 곳을 발견
할 때까지 걸어갔다. 그중 한 유대인은 아내와 두 아들을
데리고 있었다. 걷는 데 익숙하지 않던 부인은 결국 기력이
쇠해 숨지고 말았다. 남자는 기력을 잃고 쓰러질 때까지 아
이들을 업고 갔다. 그가 깨어났을 때, 그는 두 아들이 죽어
있는 것을 발견했다.
그는 고통 중에 일어나 말했다. "우주의 주여! 당신은 내가
믿음을 포기하게 만드는 일을 많이 하시는군요. 하늘의 거
주자천사들이 나를 가로막을지라도, 나는 유대인이며 끝까지
유대인으로 남을 것임을 아십시오. 당신이 내게 어떤 일을
하시더라도 아무 소용 없을 겁니다." 그러고 나서 그는 흙
과 풀을 한 움큼 집어 죽은 아이들을 덮어 주고, 사람이 사
는 곳을 찾아 길을 나섰다.

살로몬 이븐 베르가의 연대기 『셰벳 예후다』(1550)에서

1. 되찾은 빛

우리는 그리스도교 전통이 지켜 온 고난을 '수용'하는 태도에 주목할 필요가 있다. 이는 단지 역사적 의미에서 고난을 약화시킨 다른 가능성도 보지 못했던 시대를 더 잘 이해하기 위해서만이 아니라, 현재를 위해 배우고 우리의 수용 의지와 능력을 전승과 대면시키기 위해서이기도 하다.

이러한 입장의 강점은 현실—비참한 현실까지도 포함—에 대한 태도이다. 고난을 수용한다는 것은 현실을 있는 그대로 인정하는 것과 같다. 모든 형태의 고난을 거부하는 것은 비현실화라는 결과를 초래할 수 있으며, 그로 인해 현실과의 접촉은 점차 줄어들고 파편화된다. 고난을 완전히 거부하는 것은 불가능하다. 그것이 가능하려면 삶을 완전히 거부해야 한다. 더 이상 어떤 관계도 맺지 않고, 절대 상처를 입지 않는 사람이 되어야만 가능하다. 고통과 상실과 절단은 우리가 상상할 수 있는 가장 이상적인 삶 속에도 존재한다. 부모로부터의 분리, 젊은 시절의 우정이 시드는 일, 한때 나 자신의 일부라 믿었던 삶의 모습이 소멸해 가는 일, 노화, 친척과 친구들의 죽음, 마침내 맞이하는 나 자신의 죽음까지. 우리가 현실을 더욱 긍정할수록, 곧 현실에 잠기면 잠길수록 우리는 우리를 둘러싸고 우리 안으로 파고드는 이러한 죽음의 과정에 더 깊이 영향을 받게 된다.

이러한 긍정의 중요한 예로, 자크 루세랑Jacques Lusseyran이 『되찾은 빛』Das wiedergefundene Licht이라는 제목으로 발표한 그의 생애 이야기를 들 수 있다. 이 책에는 육체적·정신적·사회적 삶까지 파괴하려는 극한의 위협이 두 번 등장한다. 첫 번째 위협은 자크가 일곱 살 때 학교에서 사고로 시력을 잃은 사건이다. 이 사건은 그의 정신적·사회적 삶을 근본적으로 위협했지만, 그를 여느 아이들과 다름없이 대한 그의 부모 덕분에 그는 그 위기를 이겨 낼 수 있었다. 그는 자신이 시각 장애인이라는 것을 인정하고, 오히려 더 열정적으로 자신의 어린 시절과 청소년기를 보냈다.

나는 내가 아직 여덟 살도 채 안 된 어린아이일 때, 시력을 잃게 된 것에 대해 매일 하늘에 감사한다.…여덟 살의 어린아이는 아직 정신적으로나 육체적으로나 굳어진 습관이 없다. 그의 몸은 유연하며, 어떤 상황에서도 그에 적응할 수 있는 준비가 되어 있다. 그는 삶을 있는 그대로 받아들이고, 삶에게 "예"라고 말할 준비가 되어 있다.…어른들은 몹시 어리석어서 아이들이 주어진 환경에 결코 반항하지 않는다는 사실을 항상 잊어버린다. 여덟 살 난 아이에게는 '있는 것'이 최선이다. 그는 쓰라림이나 원한을 모른다. 그는 부당한 취급을 받는다는 느낌을 가질 수는 있지만, 오직 사람들로부터 부당함이 가해졌을 때뿐이다. 그에게 사건은 하나님의 표징이다. 나는 눈이 먼 날 이래로 단 한 순간도 불행하지 않았다.'

이처럼 포괄적이고 철저한 긍정을 어떤 시각에서 보든, 또 그것을 어떤 육체적· 정신적· 사회적 원인으로 분석하든, 수용되고 주저 없이 긍정된 고난은 변화시키는 힘을 가진다. 모든 숙명적 요소는 고난으로부터 제거되었으며, '하필 나에게' 다쳤다는 사실이 주는 낯섦과 악함과 이해할 수 없음은 수용의 힘 안에서 중요하지 않게 되었다. 어린 자크는 자기 안에서 '빛'을 다시 발견하고, '보는 법'을 배우며, 냄새와 소리로 사람을 인식한다. 오직 불확실하고 두려운 상황에서만, 그가 '내 안의 빛'이라고 부르는 그것이 그를 떠난다.

나는 스스로를 믿으면서 자연스럽게 사물 사이로 지나가기보다, 망설이며 모든 것을 살피곤 했다. 벽이나 반쯤 열린 문, 자물쇠에 꽂힌 열쇠를 생각하며, 모든 사물이 나에게 적대적이고 나를 밀치거나 긁으려 한다고 생각할 때면, 틀림없이 부딪히고 다쳤다.…눈을 잃었어도 일어나지 않을 수 있는 일이 두려움 때문에

일어났다. 두려움이 나는 눈멀게 만들었다.[2]

루세랑은 고난을 수용하지 못했을 때, 다시 말해 다른 상황 속에서 실명이 어떤 의미를 가질 수 있는지를 하나의 비슷한 사례로 묘사한다.

열다섯 살 때 나는 오후 한나절을 내 나이 또래의 시각 장애인 소년과 함께 보낸 적이 있었다. 덧붙이자면, 그 역시 나와 아주 비슷한 상황에서 실명했었다. 오늘까지도 그때만큼 고통스러웠던 기억은 별로 없다. 이 소년은 나에게 두려움 그 자체였다. 만약 내가 그보다 운이 좋지 않았더라면, 내가 처했을지도 모를 모습이 바로 그의 모습이었다. 그는 정말로 눈이 멀어 있었다. 사고 이후로 그는 더 이상 아무것도 보지 못했다. 그의 감각적 기능은 정상이었고, 나만큼 볼 수도 있었을 것이다. 그러나 사람들 때문에 그는 그러지 못했다. 사람들은 그를 보호한다는 구실로 그를 세상과 단절시켜 버렸고, 그가 자신이 느끼는 것을 표현하려 할 때마다 비웃었다. 결국 슬픔과 복수심에 사로잡힌 소년은 자신을 포악한 고독 속에 가두어 버렸다. 그의 몸은 힘을 잃은 채 안락의자에 깊숙이 파묻혀 있었고, 나는 그가 나를 좋아하지 않는다는 사실에 당황했다.[3]

루세랑이 겪은 극단적인 고난의 두 번째 사례는 독일 부헨

발트^{Buchenwald} 강제수용소였다. 열아홉 살의 고등학생이었던 자크는 저항운동을 주도하다가 그곳으로 끌려갔다.

그는 배고픔과 추위 그리고 끝날 것 같지 않아 보이는 투병 시간마저 이겨 낸 뒤, '프랑스 방위'^{Defense de France} 조직이 그랬던 것처럼 다른 수감자를 돕는 역할을 맡는다. "우리는 악을 정면으로 마주해야 했다.…우리는 수용소를 지배하던 이 광기 속에서 조금이라도 이성을 유지해야 했다." 이는 아주 특징적인 구절이다. 자크는 자기 구역의 군사적 상황에 관한 정보를 담당했다. 그는 소식들을 수집·해석·번역했다. 그러나 그의 일은 여기서 그치지 않았다.

나는 그들(동료 수감자들)에게 우리가 어떻게 살아남을 수 있는지를 어떻게든 보여주려 애썼다. 내 안에는 충만한 빛과 기쁨이 있어서 그것이 그들에게까지 흘러넘쳤다. 그 후(병을 이겨 낸 후)로는 그 누구도 더 이상 내 빵이나 수프를 훔쳐가지 않았다. 사람들은 종종 밤에 나를 깨워 다른 구역으로—때론 꽤 멀리까지—데려가 다른 이를 위로해달라고 하곤 했다. 거의 모든 사람이 내가 학생이라는 사실을 잊어버렸다. 나는 '눈먼 프랑스인'이 되었다. 더 나아가 나는 많은 사람에게 '죽지 않은 사람'이었다. 수백 명이 나에게 마음을 열었다. 그들은 어떻게 해서든 나와 이야기하고 싶어 했다. 그들은 프랑스어, 러시아어, 독일어, 폴란드어로 나에게 말했다. 나는 그들 모두를 이해하기 위해 최선을 다했

다. 나는 그렇게 살았고, 그렇게 살아남았다. 그 이상 더 말할 수 없다.[4]

이 책은 자연적 요인과 폭력에 인해 주어진 고난이 극단적으로 유리한 사회심리적 조건 아래에서 어떻게 극복될 수 있는지를 보여주는 하나의 예시이다. 한 인간에게 우연히 그리고 자연적으로 닥쳐서 피할 수 없는 고난과, 인간이 인간에게 안겨 주는 전혀 다른 종류의 고난—자크 루세랑처럼 개인이 충분히 피할 수 있었던—사이의 구별은 여기에서 아무런 역할을 하지 못한다. 이러한 주체의 힘은 너무 견고하고, 삶 전체를 인정하는 태도 역시 너무 강해서 고난을 피하거나 우회해보려는 낭비적인 생각을 하지 않게 된다. 신정론적 질문은 현실에 대한 무한한 사랑에 의해 극복되었다.

어린아이 안에 있는 근원적 신뢰는 무너지지 않았고, "하나님을 사랑하는 사람들에게는 모든 일이 서로 협력해서 선을 이룬다"[롬 8:28]는 믿음이 진실한 것으로 입증되었다. 자아는 있는 그대로의 현실을 단순히 참아 내는 데서 멈추지 않고, 현실을 사랑하며 살아가며, 현재 경험하는 전체성을—그 고통스러운 파편까지도—긍정한다.

이렇게 긍정되고 사랑받는 전체성에 대한 전통적 상징은 '하나님'이다. 루세랑은 이 상징을 특별한 설명 없이도 아주 자연스럽게 사용한다. 그러나 그리스도교 교리 문헌에 나오는 것처럼, 이 하나님은 고난 중에서 '종종 우리를 엄하게 다뤄야 하는 분'이나 '우리가 나중에 부러워하게 될 경험을 지금 하게 만드시는 분'이 아니다. 여기에서는 모든 능동성이 오히려 현실을 받아들이고 변화시키는 인간에게 있다. 왜 하나님이 이런 일을 허락하셨는가 같은 질문은 어디에도 등장하지 않는다—이 모든 것을 만드는 분으로서의 하나님은 여기서 아무런 역할도 하지 않는다. 하나님은 사랑할 수 있는 우리의 무한한 능력에 대한 상징이다. 여기서 주제는 신학이 더 이상 말하려 들지 않는 바로 그것이다. 신학은 하나님이 우리에게 주는 것, 약속하는 것, 거절한 것에만 매달려 있기 때문이다. 여기서 주제는 '하나님에 대한' 사랑이다. 그러나 이 하나님은 이미 완벽한 존재로서 우리 위에 군림하는 분이 아니라, 우리가 사랑하는 모든 것처럼 먼저 되어 가는 하나님이다.

현실에 대한 진정한 수용은, 평소 잊고 지내다가 고난이나 죽음이 닥칠 때야 비로소 하나님을 들먹이면서 얻어질 수 있는 것이 아니다. 수용의 전제 조건은 현실에 대한 더 깊은 사랑, 현실에 아무런 조건도 붙이지 않는 사랑이다. 상대방에게 조건을 붙이지 않고 마음을 열 때야 비로소 진정한 사랑이 시작된다. 그리스도교 전승은 자녀에 대한 부모의 사랑을 무조건적 사랑의 예로 제시해왔는데, 나는 이것이 옳다고 본다. 자녀는 우리가 마음대로 고를 수 없고, 미리 설계할 수도 없으며, 마음에 안 든다고 해서 바꿀 수도 없는 존재다. 현실과의 관계에서도 마찬가지다. 하나님에 대한 사랑도 특정 조건이 충족될 때만 주어지는 것이 아니다. 여기에는 '받기 위해서 준다'라는 원칙이 설 자리가 없다. 마이스터 에크하르트^{Meister Eckhart}(중세 독일에서 가장 영향력 있던 신비주의자 중 한 명. 사후 이단으로 정죄받았지만, 그의 사상은 독일과 네덜란드 철학·신학에 지속적으로 영향을 미쳤다—편집자)가 칭한 '장사꾼 정신'은 여기서 배제된다. 하나님에 대한 사랑—현실을 있는 그대로 온전히 긍정하는 것—에 대해서는 괴테^{Goethe}의 『빌헬름 마이스터』에 나오는 경박한 소녀 필리네의 말이 아마도 더 잘 들어맞을 것이다. "내가 너를 사랑한다는 게 너랑 무슨 상관이야!"

고난의 수용은, 강요된 것이 아닐 경우, 신비주의의 핵심을 지닌다. 이는 필리네의 말에서 역설적이면서도 심원하게 표현되어 있다. 고난에 관한 모든 그리스도교 사유에서 신비주의 요소가 등장하는 것은 우연이 아니다. 루세랑의 책은 위대한 신비주의 경험—자아 소멸, 가난, 영혼의 빛—에 대한 주석으로 읽힐 수 있다. 종교적 전단지의 진부한 신학에서 분개할 만한 것은 바로 이 신비주의의 핵심에 대한 무지이다. 그런 신학은 마조히즘으로 신비주의를 보완한다. 그런 신학은 인간에게 너무 많은 것을 요구하는 것이 아니라 오히려 너무 적게 요구한다—단지 최고 주권자를 인정할 것만을 요구한다. 그리고 이러한 주권자와 그의 변덕을 이미 훨씬 넘어서는 사랑, 곧 "하늘의 주민들에게조차 맞서며" 모든 경험에 반해 믿음으로 "예"라고 말하는 그 사랑은 요구하지 않는다.

2. 신비주의적 고난신학

고난의 신비주의에서 결정적 요인은, 흔히 피상적 비판에서 언급되는 바와 같은 비합리성—고난이 기적적으로 열망된 선으로 변모한다는 점—이 아니다. 결정적인 것은 오히려 고난 가운데서도 파괴되지 않는 자아의 강함을 통해 고난을 주는 존재를 무력하게 만드는 것이다. 에크하르트는 하나님과 인간의 구별이 사라지는 '근원'을 설명하기 위해 '드러난 얼굴'이라는 비유를 사용한다. 하나님에 대한 사랑이 어떠한 형태의 불행보다 더 강할 수 있다는 사실이 곧 신비주의의 핵심이다. 이런 신비주의의 핵심은 성직자적 신학이 전제하는 주님으로서의 하나님을 철저히 거부하기 때문에 의심을 불러일으킬 수밖에 없었다.

'정상' 신학이 모든 '신비주의' 신학을 두려워하는 이유는 바로 여기에 있다. 신비주의에서는 인간의 사랑이 무력한 하나님을 넘어서는 것처럼 보이지 않는가? 그러나 질문을 그런 식으로 하는 것 자체가 이미 하나님과 인간을 주권자와 무기력자, 혹은 서로 거래하는 관계로 보는 '종교'라는 도식에 갇혀 있다는 증거다. 바로 이러한 거래와 도식 그리고 그 정치적 결과 전체는 이제 종식되며, '저세상 지향성'은 인간을 위해, 그리고 인간 안에서 폐기된다. 이제 "유일하게 우리의 가장 깊은 주체 자체로서, 우리 자신의 비참과 방황 그리고 억압된 영광의 가장 내면적인 상태(대상으로서가 아니라)"에 해당하는 존재는 더 이상 주 하나님이 아니라 다른 존재이다.[5] 성직자적 신학은 고난의 문제에 복종으로 대답한다. "주신 분도 주님이시요, 가져 가신 분도 주님이시니, 주님의 이름을 찬양할 뿐입니다."[욥1:21] 신비주의 신학은 고난에 대해 사랑이라는 답을 제시한다. 이 사랑은 너무도 강력해서, 고난을 준 '주님'조차 부끄럽게 만들 정도이다. 그러나 '주님'은 더 이상 이런 신학의 대상이 아니다. "여기서 나는 하나님께 간청하노니, 그가 나를 하나님으로부터 자유롭게 해주시기를."[6]

현실을 무조건적으로 사랑한다고 해서 그 현실이 변화되었으면 하는 열정적 소망이 사라지는 건 아니다. 이는 역설적이지만 진실이다. 하나님을 무조건 사랑한다는 것이 우리의 구체적 소원을 부정하고 현재 있는 모든 것을 그대로 받아들여야 한다는 뜻은 아니기 때문이다. 신비주의 관점에서 볼 때, 이런 무조건적인 사랑은 가장 미친 듯한 소망까지도 품을 수 있다. 그 소망들을 가지고 기도할 수 있고, 그것을 이루기 위해 힘쓸 수도 있다. 그 이유는, 그러한 사랑이 하나님의 존재를 소망의 성취 여부에 의존시키지 않기 때문이다.

신비스러운 사랑은 필리네의 말이나 늙은 유대인이 표현

한 바와 같이 사랑보다 못한 모든 하나님을 초월한다. 그러한 사랑의 구체적인 표현은 보이는 것처럼 그렇게 드물지 않다. 경험은 특정 상황에서 아픔과 고난이 쉽게 견뎌지거나 거의 지각되지 않는다는 걸 가르쳐 준다. 평소라면 견디기 어려웠을 결핍도 대수롭지 않게 여기게 되고, 위험은 인지되지 않으며, 두려움은 잊힌다. 더 큰 일에 대한 집중—생존이든 민족의 자유 같은 필수 가치든—이 고난을 기꺼이, 그리고 당연하게 받아들일 수 있게 한다. 이러한 고난의 비유로 거듭 사용되어 온 해산의 육체적 고통은, 아무런 의미가 없는 신장 결석의 통증과는 비교될 수 없다. 신비주의자들은 모든 고난을 출생의 고난으로 승화시켜 무의미성을 해소하려 했다.

고난을 수용하는 이러한 신비주의의 핵심이 위험을 내포하고 있다는 사실은 분명하다. 초월적 사랑의 강인한 자아는 사람을 일종의 도취 상태에 빠뜨릴 수 있는데, 이 상태는 하나님과 하나되기 위해 오히려 고난을 갈망으로 고난 중독으로 이어질 수 있다. 그러나 극단적이고 병적인 마조히즘은 신비주의에서보다 금욕주의에서 오히려 더 자주 나타났다. 신비주의자들의 물음은 '인간이 어떻게 고난을 기쁨으로 받아들이는 데까지 이를 수 있는가'였다. 그러므로 이것은 하나님이 고난받는 자들을 벌주려 하시는지, 그들을 잊으셨는지, 아니면 그럼에도 불구하고 혹은 바로 그 고난 때문에 그들을 사랑하시는지에 대한 신정론의 물음이 아니다. 물음 자체가 아이 같은 "나도 사랑하나요?”가 아니라 어른의 물음이다. “인간이 어떻게 하나님에 대한 자신의 사랑을 실현할 수 있는가?” 요한 프랑크^{Johann Franck}는 “하나님을 사랑하는 자들에게는 슬픔까지도 순수한 설탕이 된다”라고 말했다. 타울러^{Tauler}도 이와 비슷하게 인간에게는 “고난 속에서도 사랑하며, 소금도 달게” 받아들일 능력이 있다고 말했다. 관건은 ‘사랑하는 힘’이 인간을 고난을 변화시키는 길로 이끌 수 있는가이다.

신비주의 신학은 중세 말의 엄청난 고난의 압박 아래에서 발생했으며, 곤궁에 처한 인간의 무력함과 곤궁에 대한 그들의 반항을 반영한다. 전통적 제도들은 사람들에게 아무것도 말해 줄 수 없었다. ‘직접 하나님께로 가라’는 14세기의 권고인데, 이는 교회의 감독과 성사주의(성사는 보이지 않는 하나님의 실재를 가시적으로 만들고, 하나님의 임재에 참여할 수 있도록 한다. 성사주의에서는 세례·견진·성체·고해·병자·성품·혼인성사 등과 같은 성사를 중심으로 교회를 운영하는 반면, 개신교는 세례와 성만찬만 성사로 인정한다―편집자)에 대한 신랄한 공격이었음이 분명하다. 대신 권장된 것은 “예수의 수난, 그 유익은 너무나 자유로워 교황도 사제도 금할 수 없다”는 내용이다.⁷

이단으로 몰린 평신도 운동들이 이러한 신학의 토양이었다. 독일어를 사용하는 것 자체가 혁명적인 행위였다. 에크하르트에 대한 교황의 파문장은 “그가 민중 앞에서 진정한 신앙을 혼란스럽게 만드는 내용을 강연했다”는 점을 강조하며, 그의 가르침이 "더 이상 순박한 자들의 마음을 오염시키지 않도록" 근절되어야 한다고 선언했다. 그 정치적 결과는 에크하르트와 타울러의 제자들, 혁명적인 재세례파, 농민전쟁(1524년 남서 독일에서 시작되어 튀링겐·작센 등 독일 중동부 지역으로 확산된 대규모 농민봉기—편집자)의 토마스 뮌처에 의해 이어졌다. "자신을 가장 높으신 주님과 인격적으로 동일하다고 여기면서, 동시에 그분을 저세상으로 밀어내 버리는 주체는, 진심으로 그렇게 산다면 최악의 농노나 다름없다."[8]

기존 신학 이론들은 더 이상 충분하지 않았다. 그 이론들에서는 고난이 아우구스티누스-플라톤주의적 방식으로 분류되어, 고난 자체에서 비롯되는 선 뒤로 밀려나 버리기 때문이다. 고난은 어떤 목적을 가지고 배치되는데, 이때 목적 자체는 상대적으로 다를 수 있다. 에크하르트의 관점에서 이는 여전히 '장사꾼 정신'일 것이다. 선 자체가 아니라 선한 것을 원하고, 하나님 자체가 아니라 하나님의 선물을 원하며, 항상 이유를 가지고 행동하는 자는 하나님 앞에서 장사꾼이다. 그는 자신의 행동을 통해 하나님으로부터 무언가를 얻어내려 한다.

실재는 그에게 단지 상상된 목적을 위한 수단일 뿐이며, 따라서 그 실재로서의 성격을 상실한다. 기꺼이 그리고 대가 없이 주시는 하나님은 그런 계산 속에서 외면당하게 된다. 에크하르트의 윤리는 '왜'라는 목적이나 대가를 두지 않는 행위를 가르친다. 새로운 고난 이론들은 더 이상 토마스 아퀴나스^{Thomas Aquinas}

의 『신학대전』 같은 신학에서 나오지 않고, 두 가지 다른 출처에서 나온다. 하나는 스토아 사상을 받아들인 위로서들^{Consolatorien}이고, 다른 하나는 "하나님은 왜 자신의 친구들에게 이렇게 가혹할까"에 대답하는 신비주의의 흐름이다.

신비주의에서 고난은 갈망하는 사랑의 대상이 된다. "나는 말한다. 하나님 다음으로, 고난보다 더 고귀한 것은 없다. 하나님은 고난받는 자와 언제나 함께 하신다."[9] 이러한 수용의 열정에 비추어 볼 때, 다른 모든 고난 이론은 "빈약하며 차갑고 경직된 방어 태세에 지나지 않는다."[10] 하인리히 조이제^{Heinrich Seuse}는 오랜만에 다시 고난이 닥쳤을 때 "하나님을 찬양할지어다! 하나님이 나를 생각하시고 잊지 않으셨도다"[11]라고 말했다고 한다.

타울러는 고난의 길을 걷지 않고, 그리스도의 인성人性을 거치지 않은 채 하나님을 추구한 사제가 결국 무너졌다고 말한다. 타울러와 에크하르트에 따르면 신비주의의 과정은 세 단계로 구분된다. '고난'에서 '자기 비움'을 거쳐 '하나님의 고난'에 이르는 길이 그것이다. 자연적 고난의 첫 단계는 유한한 것에 대한 집착, 곧 타울러와 에크하르트가 말한 것처럼 유한한 것을 '자기 것으로 소유함'으로 인해 야기된다. 중세 후기 독일어 단어인 '자기 것으로'^{Eigenschaft}는 오늘날 '소유, 본성, 특성, 사유私有' 정도의 의미를 갖는다. '자기 것으로 소유하다'라는 말은 사물을 자기중심적으로 소유하는 것을 말하는데, 여기에는 자신의 행위, 심지어 하나님까지도 포함될 수 있다. 인간은 자신을 위해 사물을 소유하지만, 그 때문에 사물의 노예가 되어 버린다. 그리스도는 '사유' 없이 소유하는 본보기다. "그의 복된 가난을 취하라. 하늘과 땅이 그의 것이었으나, 결코 자기 소유로 삼지 않으셨다(타울러)."[12] 고통, 근심, 절망, 두려움, 좌절과 같이 내게 상처를 입힐 수 있는 것들은 모두 이렇게 '자기 것으로 소유'하는 데서 비롯된다. 피조물을 소유한다는 것은 고난을 의미하지만, 수동적이고 강요된 고난이다.

자기 것으로 소유한 사물에서 떨어지는 일, 곧 벗어남, '자기 비움'은 고통스러운 과정이며, 인간을 불만·두려움·어두움 속으로 몰아넣는다. 그러나 이러한 고난은 "아무런 의지 없이 그저 멍하니 당하고만 있는 수동성"을 결코 지니지 않는다. 고난은 인간이 경험하는 일종의 변화이며, 생성의 한 양태다. 스콜라철학에서 생성은 "행위자로부터 비롯될 때는 행함이고, 수용자에 의해 받아들여질 때는 고난"을 의미한다. 타울러는 이러한 생각을 받아들인다. 하나님의 존재는 존재를 주는 것에 있고, 피조물은 존재를 받는 것에 지나지 않는다. "둘이 하나로 되려면, 하나는 수동적으로[고난받음], 다른 하나는 능동적으로[행위함] 작용해야 한다."[13] 그러나 하나님과 인간 사이의 이러한 능동[하나님]과 수동[인간]의 관계는 원죄로 인해 파괴되었다. '자기 것으로 소유'하는 인간은 더 이상 '고난'받을 수 없다. 그의 이성은 유한성의 표상들에 사로잡혀 있고, 그의 영혼의 기초는 비어 있지

않다. 그러므로 그는 먼저 '자기 비움'을 통해 '무'와 비슷해져야
한다. 인간이 더 많이 자신을 비우고 '고난받는 태도를 취할수
록', 그는 하나님의 작용을 더 잘 받아들일 수 있게 된다. 여기
서 고난과 방치는 작용^{행위}과 소유에 대조된다.[14]

중요한 것은, 여기서 제시되는 대립이 능동성과 수동성의
대립이 아니라는 점을 분명히 인식하는 것이다. 고난과 방치에
는 첫 단계의 지극히 세속적인 고난을 낳는 자연적 성취나 소
유보다 더 많은 사랑과 의지가 요구된다. 배워야 할 것은 방치
이며, 그로부터 침착함, 영혼의 분리, 가난함이 뒤따른다.

'자유를 빼앗는'(에크하르트) 모든 것에 대한 집착에서 자
유로워지는 이러한 형태가 비로소 '하나님의 고난'이라는 단계
로 이끈다. 신학적으로 이해된 하나님의 고난은 하나님을 경험
하는 것, 곧 경험적 하나님 인식^{cognitio Dei experimentalis}이다. 사물에 대
한 집착에서 벗어남으로써 인간은 다시 하나님의 행위에 부응
하게 된다. 영혼은 '그 자체가 순수한 인고^{忍苦}'가 되며, 하나님을
받아들이고 그와 하나가 된다.

이같이 하나님과 하나가 되는 것으로서 고난을 긍정하는
신비주의 노선은 고난신학에서 오직 타협의 형태로만 계속 이
어졌다. 스토아철학의 영향과 신비주의의 영향을 받은 고난신
학의 두 방향이 점차 결합하게 되었고, 14·15세기 수도원 신비
주의를 내포하는 「열두 스승의 가르침」은 이 두 방향을 결합해
종교개혁에 이르기까지 교회의 견해를 결정짓는다. 인간은 고

난을 '충실한 친구가 다른 친구에게 주는 선물'로 보아야 한다. 십자가에 대한 사랑과 스토아적 무격정Ataraxie, 곧 흔들리지 않는 덕행은 서로 섞여 둘 모두에게 손실이 되었다.

3. 무격정과 십자가에 대한 사랑

고난에 대한 스토아적 이해와 그리스도교 신비주의적 이해 사이의 타협은 본질적으로 불가능하다. 로마 초상화에 나타나는 조형적 묘사들을 중세 말기의 묘사들과 비교해보면, 스토아적으로 자신을 제한하는 무격정과 신비주의적 고난의 '달콤함' 사이의 차이가 분명히 드러난다. 또한 영혼이 고난으로부터 얻을 수 있는 여러 유익과 이득을 분류하는 중세 위로서들의 무미건조한 언어와 에로틱한 색채까지 띠는 신비주의 텍스트들의 언어를 함께 놓고 보면, 이 두 유형이 서로 조화될 수 없음이 분명해진다. 물론 서구 역사 안에서 스토아 해석과 그리스도교 해석을 통합하려는 시도가 끊임없이 있었다. 가장 분명한 시도는 아마도 바로크 비극에서 볼 수 있을 것이다. 그러나 출발점과 목표점은 여전히 일치되지 않은 채 남아 있다. 스토아주의는 고난을 부정하며, 무격정이라는 몸짓으로 고난이 영혼에 침투하는 것을 막는다. 중세 위로서들은 스토아적이고 금욕주의적 성향을 지닌다. 그들의 이상理想은 현명한 노인senex sapiens이지, 신비주의의 하나님을 사랑하는 자가 아니다. 고난 극복에 대한 그들의 지침은 한편으로는 고난을 피할 가능성들을, 다른 한편으로는 피할 수 없는 고난의 유익을 냉철하고 객관적이며 준엄하게 제시한다. 중세 스토아주의는 인간의 진정한 행복이 전적으로 내면에 있으며, 외적 상황이나 종종 신랄하고 비관적으로 보이는 고대 행운의 여신인 포르투나Fortuna에 달려 있지 않음을 알았다. 고난은 포르투나와 그녀에게 자신을 맡기는 태도에서 비롯된다. 오직 무격정에 이르도록 자신을 수련하는 것만이 고난에 대처하게 할 수 있다. 사람들이 악이라 부르는 것은 겉모습에 불과하며, 지혜로운 사람을 흔들어 놓지 못한다.

이러한 정신적 노선은 르네상스로 이어지며, 필연적으로 고대의 숙명Fatum 계념을 강조하는 '완결된 유형의 고난신학'을 형성한다.[15] 삶의 자연스러운 리듬 속에서 고난은 자연스러운 것으로 받아들여졌고, 고난의 초자연적·변화적 의미는 점차 퇴색해 갔다.

신비주의 언어에서 '침착'Gelassenheit이라는 단어는 스스로와 만물을 내려놓고 하나님을 위해 자유롭게 된 사람의 상태를 지칭한다. 그러나 후대로 갈수록 이 단어의 의미가 스토아적 고난 이해로 옮겨간다. 이제 침착의 근원은 무관심Indifferenz이지, 더 이상 하나님이 아니다. 격정의 부재는 인간을 세상을 능가하는 냉담함으로 이끄는데, 이는 체념의 색채를 띤다.

이러한 태도의 표면적이고 왜곡된 형태는 고난을 감당한

능력이 없어져 버린 무감각이다. 고난이 영혼에 침투하는 것을 막으려는 시도는, 오직 그 고난이 예를 들어 육체적인 것처럼 제한된 고난일 경우, 그리고 시몬 베유가 말한 삼차원성에 아직 미치지 못할 경우에만 가능하다. 하나님께 버림받은 밤은 여기서 경험되지 않는다. 로고스 하나님에게 버림받는 것은 불가능하기 때문이다.

금세기에 이러한 태도를 취한 대표적 인물은 말년의 베르톨트 브레히트다. 정치적 폭력으로 야기된 고난에 맞서는 태도로 그가 제시한 충고들은 모두 자신을 왜소하게 만들고, 자신과 접촉하지 않게 하며, 자신을 무감각하게 만드는 행위로 귀결된다. 오직 거리를 유지하는 자만이 살아남을 것이다. '숨어서 살아라'는 오래된 스토아주의 권고가 여기서 다시 울려 퍼진다. 무격정은 침착과 간교와 결합하며, 폭력의 암흑기가 지난 뒤 도래할 날을 위해 보존된다.[16] 지그문트 프로이트가 피할 수 없는 고난을 바라보는 방식 또한 스토아주의 노선과 매우 비슷하다. 그의 종교 비판은 인간의 그릇되고 지나친 기대와 소망에 대한 비판으로 이해될 수 있다.

"우리의 하나님 로고스는 자연 법칙이 허락하는 범위 안에서만 소망을 이루어 줄 것이다.……우리가 삶으로 인해 심하게 고난받는 데 대한 보상은 약속하지 않는다."[17] 종교가 '환상'을 나타내는 것과는 대조적으로, 로고스^{이성}와 아난케^{필연성}는 참된 하나님을 가리킨다. 이러한 하나님을 인정하는 것은 문화적으로 불가피한 것으로 이해되는 고난을 견디는 것을 수반한다.

사회적·정치적으로 볼 때, 무격정은 상류 계층의 이상이다. 마치 무감각한 하나님이 고통받는 약자의 하나님이 아닌 것처럼 말이다. 스토아주의 경건에서 현존하는 세상과 현존하는 인간은 본래 선한 것으로 여겨지며, 세상은 심지어 '제우스의 완전한 도시'로 간주된다. 따라서 저항은 상상조차 할 수 없을 뿐 아니라, 어리석게 보일 수밖에 없다.

십자가의 신비에서 분명히 나타나듯이, 고난에 대한 그리스도교의 이해는 이와 다르다. 고난에 대한 태도는 방지나 회피하는 태도가 아니다. 노예와 가난한 자들의 종교에게 있어 회피나 '은둔 생활'은 현실적으로 가능하지 않다. 신비주의의 길은 정반대 방향을 가리킨다. 영혼은 고난에게 자신을 열며, 고난에 자신을 내어주며, 아무것도 붙잡아 두지 않는다. 영혼은 자신을 작게 만들거나, 건드릴 수 없게 하거나, 거리를 두거나, 무감각하게 만들지 않는다. 오히려 고난에 완전히 노출된다. 이 태도의 극단적이고 왜곡된 형태가 바로 마조히즘이다. 이 왜곡은 해방이 가져다줄 기쁨을 미리 앞당겨 버리고, 과정과 목표를 뒤집는 데 있다. 그러나 고난의 수용은 결코 자기만족이 아니며, 악마의 술집^{이 세상}에서 안도하고 만족해 버리는 일은 더더욱 아니다. 흔들리지 않는 몸짓이 아니라 헌신의 몸짓으로 고난을 수용하는 것은 미래에 대한 다른 태도에서 비롯된다. "보아라, 내가 모든 것을 새롭게 한다"^{계 21:5}고 말씀하시는 하나님도, 옛 세상의 고통을 겪지 않고서는 존재할 수 없다. 폭력의 폭풍이 지나간 후에 있을 자연스러운 선의 회복만이 아니라, 모든 폭력과 고통의 폐지가 약속되었다. 그렇기에 그리스도교의 고난 이해에서는 신비주의와 혁명이 이토록 가깝게 맞닿아 있다.

"하나님은 오직 피조물의 참을성^{고난을 감내할 수 있는 능력} 안에서만 말씀하시는데, 불신자들의 마음에는 이것이 없다."[18] 이러한 '참을성', 다시 말해 고난을 경험하고 견뎌 낼 수 있는 능력은 인간을 다른 모든 존재보다 더 강하게 만든다. 이는 단순히 불의를 행하는 것보다 당하는 것이 더 낫다는 의미만을 뜻하지 않는다. 비록 중립성이라는 환상을 거부하는 이러한 생각이 그리스도교 고난 변용에서 일정한 역할을 하기는 하지만 말이다. 그러나 그리스도교 신비주의에서 결정적인 것은, 불의를 당하는 자가 불의를 행하는 자보다 (도덕적으로 더 나을 뿐 아니라) 더 강하다는 사실을 아는 일이다. "하나님은 항상 고난받는 자와 함께 계신다"라는 말은 위로와 더불어 힘을 북돋아 준다. 이는 특권과 억압을 굳히는 데 유용했던 모든 형벌 이데올로기에 대한 거부이기도 하다. 여기에는 모든 운명지어진 것과 위로부터 내려온 모든 명령에 맞서 반항하는 신비주의적 저항이 있으며, 자신이 발견한 진리에 굳게 매달리는 태도가 있다. "하나님조차도, 영혼과 모든 피조물조차도, 천사들조차도(나는 말합니다), 하나님의 형상인 영혼을 하나님에게서 떼어놓을 수 없습니다!"[19] 이는 바울이 로마서에서 말한 생각의 연장이다. "우리를…하나님의

사랑에서 끊을 수 없습니다."롬 8:39

그리스도교의 고난 수용 사상은 '참다, 견디다, 겪다'라는 단어들로 표현되는 것보다 더 많고 다르다. 이 단어들에서는 대상인 고난 자체가 변하지 않는다. 고난은 짐처럼 떠안겨지고, 불의로서 겪어지며, 견딜 수 없음에도 견뎌지고, 도저히 감당할 수 없음에도 감내되는 것이다. 참음과 견딤은 그리스도교의 수용보다는 스토아주의의 흔들리지 않음을 가리킨다. '받아들이다'nehmen라는 동사가 an다가오는 방향, hin멀어지는 방향, auf위로 올리는, über넘어·초월하여 같은 파생어와 결합해 의미하는 바는 수용의 대상 자체가 변한다는 의미다. 내가 '받아들이는' 것은, 단순히 내가 짊어지는 것일 때와는 전혀 다른 방식으로 내 것이 된다는 뜻이다. 나는 손님을 받아들이고aufnehmen, 제안을 받아들이며annehmen, 책임을 넘겨받는다übernehmen. 다시 말해, 나는 "예"라고 말하고, 동의하며, 응낙하고, 동조한다.

4. 그리스도교의 긍정성

이러한 수용의 태도는 늘 두 가지 이념적 비판에 시달린다. 개인적 차원에서는 마조히즘본서 43쪽 참조으로 보이며, 사회적 차원에서는 긍정성으로 비쳐진다. 그것은 현존하는 상태들을 그대로 지지하고 고착시킨다. 또한 그것은 결코 선한 것이 아니라, 단지 '존재하는 것'일 뿐인 상태와의 순진한 동일시로 간주된다. 그리스도교에서 행해진 고난 숭배가 가져온 모든 사회적 결과를 생각하면, 그러한 태도는 단지 은폐된 복종에 지나지 않는 것이 아닌가?

　수 세기 동안 이러한 고난 숭배는 불의를 정당화하고 억압을 위한 도구도서 부끄럼 없이 이용되어 왔다. 고난 수용은 전통적 종교 개념이 내포하는 핵심어인 '경건'의 본질적 요소였다. 이는 한편으로는 신적이거나 성스러운 것에 대한 경건한 결속, 다른 한편으로는 그것의 사회학적으로 객관화된 형태이다.[20] 이러한 종교적 경건에서, 있는 그대로의 현실에 대한 수용, 곧 사회저·정치저 상황에 대한 순응이 두출되었다. 하지만 분명한 사실은, 적어도 고난 수용이라는 문제에 있어서 이러한 경건의 시대가 오늘날 끝나가고 있다는 점이다. 이러한 범위에서 경건이 의미하는 것은 더 이상 감수가 아니라, 어떤 대가를 치르더라도 고난으로부터 자신을 보호하려는 태도를 뜻한다. 경건하지 못한 것은, 안전이 보장되지 않은 상태, 곧 고난을 막거나 피할 대책을 취하지 않은 것이다.

　고난을 그리스도교적으로 수용하는 것에 대해 제기되는 두 가지 반증—마조히즘이라는 비판과 [현실] 긍정이라는 비판—은 현재의 실천보다는 과거의 실천에 더 잘 들어맞는다. 종교에서 해방되어 무감각으로 기우는 사회는 종교적 문화권에 있는 사회보다 긍정을 더 잘 이해한다. 개인이 경험한 고난의 수용과 고난을 불가피하게 만드는 사회 상황에 대한 긍정 사이의 오래된 결합 관계는 더 이상 존재하지 않는다. 긍정은 고난을 통해 강요되지 않으며, 종교적 중재도 필요로 하지 않는다. 모든 고난, 특히 은폐되지 않은 명백한 고난은 오늘날 이미 기존의 것에 대한 모순으로 간주된다. 과거에 종교가 "참고 견뎌라"라고 반복했다면, 오늘날 긍정은 전혀 다른 곳, 곧 사람들이 언제든 누릴 수 있는 끝없는 행복을 약속하는 곳에서 생겨난다. 이는 기존 질서를 유지하려는 데 목적이 있다. 오직 제대로 표출되지 못하고 억눌린 고난만이 긍정에 이용될 수 있다. 이러한 사실은, 계몽의 옷을 입고 고난의 '폐지'를 그 해답으로 추천하는, 겉으로만 급진적으로 보이는 표현들에도 적용된다. 그렇게 되면 '수용하지 말고 폐지하라'가 고난에 대한 표어가 되는데, 이는 마치 그것으로 고난이 제기하는 문제 중 단 하나라도 해결될 수 있는 것처럼 말하는 것이다! 이는 일종의 전도된 복종 신학이다. 다만 여기서 고난을 주기도 하고 가져가기도 하는 주님이 더 이상 하나님이 아니라 미래 사회이며, 그 사회는 이렇게 약속한다. "주어진 것은 나중에 빼앗기지 않을 것이다." 물론 개인의 고난을 사회적 맥락으로 바라보는 것은 꼭 필요하다. 다시 말해, 그 원인을 사회적으로 규명하고, 그다음으로는 고난을 어떻게 겪고 처리하는지도 사회 조건 속에서 이해해야 한다는 것이다. 하지만 이것이 전부는 아니다. 자본주의가 사람들에게 그들의 불행은 오직 개인의 문제, 곧 스스로 감내해야 할 불운이라고 설득하려 한다면, 그와 반대되는 주장을 내세우는 사회주의가 등장하더라도 근본적인 변화는 일어나지 않는다. 구체적인 무력감은 여전히 이 잘못된 사회에서 잘못 고통받는 사람들에게 남겨질 뿐이다. '폐지하다'라는 표현은 인간의 행위이자 실천인 고난을, 없앨 수도 있고 만들어 낼 수도 있는 매매가 능한 대상으로 물화物化해 버린다.

바존 브록Bazon Brock의 선동적인 언급도 이와 비슷하게 이해할 수 있다. "죽음, 이 빌어먹을 것은 결국 폐지되어야 한다. 위로의 말을 한마디라도 하는 자는 배신자다." 이러한 사고방식에는 파시즘적 요소가 숨어 있다. 죽음은 더 이상 해석되어서도 통합되어서도 애도되어서도 위로로 둘러싸여서도 안 된다고 주장하기 때문이다. 죽음은 인간의 모든 실천이 제거된 하나의 사물로 만들어져야 한다. 죽음이 폐지될 수 있는 것이라면, 그것을 만들어 낼 수도 있게 된다. 폐지의 주체는 어쨌든 죽을 수밖에 없는 인간이 아니라, 사회의 실체화된 형태, 곧 과학이다. 그리고 이 새로운 신에게는 살 가치가 있는 삶과 살 가치가 없는 삶을 구별하는 임무가 맡겨진다.

이러한 충분한 숙고의 배후에는, 고난의 문제를 세계적인 보편성에서 끌어내 가능한 여러 가지로 나누어 파악하려는 시도가 있다. 그중 가장 중요한 구분은 생물학적으로 주어진 고난과 사회적으로 야기된 고난의 구분이다. 이 구분 속에서 우리는 해결 가능한 고난과 기껏해야 완화만 가능한 고난을 구별할 수 있을 것이라고 기대한다.

　그러나 시력을 잃은 자크 루세랑의 경우가 보여주듯, 고난의 자연적 원인은 사회적 상황에 비하면 거의 아무 의미도 갖지 않는다. 자연적이고 되돌릴 수 없는 고난의 극복조차 사회적 상황에 결정적으로 달려 있기 때문이다. 결국 모든 고난은 인간이 만든 사회적 상황에 달려 있게 되고, 순수하게 자연적 고난의 비중은 최소로 줄어든다. 모든 고난이 사회적 고난이라는 말은, 모든 고난에 대해 우리가 개입해야 한다는 뜻이다. 어떠한 고난도 더 이상 숙명이라는 외관으로 위장되거나 미화될 수 없다. 그렇다면 자연적 고난을, 단지 자연적이라는 이유로 '폐지 가능한' 사회적 고난에 비해 덜 중요하게 만드는 일 역시 불필요해진다.

　오히려 사회가 불치병 환자 같은 자연적 고난에 얼마나 도움을 주느냐가 그 사회의 인도주의를 가늠하는 척도가 된다. 고난을 분류하려는 시도가 문제가 되는 지점은, 어떤 고난은 '잘못된 것'이고 어떤 고난은 '옳은 것'이라고 구별할 수 있다고 믿기 시작할 때이다. 객관적으로 보자면, 프롤레타리아트 다수의 고난이 외로운 예술가 한 사람의 고난보다 더 중요한 것은 사실이다. 그러나 이러한 '객관성'을 전적으로 적용하면, 고난에 대한 모든 인식 능력이 파괴되고 만다. 개별적 단위는 더 큰 전체의 맥락 속에서 쉽게 상대화되거나 그 중요도가 낮아질 수 있다. 세계사 전체의 관점에서 보면 모든 고난은 어차피 증발해 버린다. 고난을 저울질하는 건 정말 소름 끼치는 광경이다.

우리는 옳은 고난과 잘못된 고난 사이를, 프롤레타리아트의 고난과 중산층의 고난 사이를, 한 어린이의 고통과 게릴라 집단의 고통 사이를, 카프카Kafka 혹은 파베세Pavese 같은 예술가들의 고통과 어느 가게 여점원의 고통 사이를 구별하려는 잘못을 저질러서는 안 된다.

잘못된 고난이란 건 존재하지 않는다. 순응시키는, 순수하지 않은, 위선적인, 감득되거나 연출된 고난은 있을 수 있지만, 누군가가 잘못된 혹은 올바른 일로 고난받는다는 주장은 하나님과 같은, 모든 것을 꿰뚫는 이성을 전제한다. 그런 이성만이 역사적으로 의미 있었으나 이제는 시대에 뒤떨어진 고난과, 지금 이 시대에 적합한 고난을 구별할 수 있다고 가정하기 때문이다.

가볍게 해소될 수 있는 어린아이들의 아픔조차 고난이며, 이는 옳은 것도 잘못된 것도 아니다. 현실을 가장 잘 반영하는 분류는 무의미한 고난과 잠재적으로 의미 있는 고난의 구분인 것 같다. 인간을 구성하는 모든 본질적 힘을 파괴해 버렸기 때문에 인간이 더 이상 견뎌 낼 수 없는 무의미한 고난이 있다.

나는 파울 틸리히Paul Tillich의 생각을 따라, 앞서 말한 무의미한 고난과 의미 있는 고난을 구별하고자 한다. 이러한 고난은 우리로 하여금 대책을 강구하게 만들고, 그 과정에서 변화를 이끌어 내기 때문이다. 틸리히는 그리스도교에서 요구되는 것은

"고난을 유한성의 한 요인으로 용감하게 받아들이고, 그 고난을 수반하는 유한성 자체를 긍정하는 일"[21]이라고 말한다. 그리스도교가 십자가를 중심 상징으로 삼지 않는 다른 많은 세계관보다 더 강력하게 고난을 긍정하는 것은 분명하다. 그러나 이러한 긍정은 그리스도인들이 '믿음'이라는 단어로 표현하는 삶에 대한 커다란 사랑의 일부일 뿐이다. 믿을 수 있다는 것은 곧 이 삶, 이 유한성에 "예"라고 말하고, 그 속에서 힘써 살아가며, 약속된 미래를 향해 이 삶을 열어 두는 태도를 의미한다.

"세상에서 일어난 일을 받아들이지 않는다는 것은, 세상이 존재하지 않기를 바란다는 뜻이다." 시몬 베유의 이 표현은 극단적으로 들리지만, 현실에 대한 급진적이고 무조건적인 긍정이 파괴된 절망의 죄를 정확히 표현한다. 고난은 우리로 하여금 세상이 존재하지 않기를 바라게 하고, 존재함보다 존재하지 않음이 더 낫다고 여기게 하며, 결국에는 절망에 빠져 긍정할 힘마저 잃게 만들 수 있다. 그렇게 되면 우리는 하나님을 사랑하지 않게 된다. "세계가 존재하지 않기를 바라는 것은, 지금의 내가 모든 것이 되기를 바라는 것과 같다."[22] 이러한 바람이 바로 죄의 상태다. 인간은 자기 안으로 움츠러들고, 고통은 그를 자기 자신에게로 몰아넣어 버린다. 그는 미래가 없고 더 이상 그 어떤 것도 사랑할 수 없다. 그는 자기 자신에게 모든 것이 되었으며, 이는 그가 죽었다는 것을 의미한다. 살기 위해 우리는 긍정이 필요하다. "거의 모든 사람은, 두 손 가득 흙을 쥐어 주면,

세상을 사랑했다."²³

　　이러한 의미에서 그리스도교는 실제로 '긍정적' 핵심을 가진다. 이는 마치 세상에 아이를 낳기로 결심하는 산모가 '긍정적'으로 행동하는 것과 같다. 그리스도교 관점으로 말하자면, 고난에 대한 수용은 큰 "예"의 일부이지, 종종 그렇게 보이는 것처럼 모든 것을 덮어 버려 삶에 대한 긍정을 사라지게 만드는 유일하고 결정적인 것은 아니다. 성서는 하나님을 "생명을 사랑하시는 주님"지혜서 11:26으로 묘사하며, 현실 전체를 무한히 긍정한다. 나사렛 예수는 이러한 무한한 긍정을 살아 내셨다. 그는 특히 사회의 가장자리로 밀려나거나 소외된 여자·아이들·매춘부·부역자들까지 자신에게 끌어당기셨다. 그는 도처에서 부정당하고 스스로를 부정하도록 강요당한 이들을 긍정했다. 병들고 상처 입고 보잘것없는 삶조차 소중히 여기는 이러한 긍정의 태도를 바탕으로 할 때만, 그리스도교가 말하는 고난의 수용을 제대로 이해할 수 있다. 이는 삶 전체를 의미 있게 보고 행복으로 이끄는 시도이다. 그것은 유한한 현실에 대한 무한한 긍정이다. 생명을 사랑하시는 주님이신 하나님은 인간의 고난을 원하지 않으신다. 설령 그것이 교육의 목적이라 할지라도 말이다. 그분이 원하시는 것은 인간의 행복이다.

5. 욥은 하나님보다 강하다

여전히 고난의 수용은 우리가 변화시킬 수 없고 우리보다 강한 어떤 것 앞에서 굴복하는 일로 이해될 수 있다. 그러나 여기서 말하려는 것은, 우리가 패배하는 동시에 더 강해지는 그런 극복이다. 루세랑은 그의 눈을 잃었지만 빛을 발견했다. 수용한다는 것은 눈먼 사람들이 그대로 눈먼 채로 남아 있어야 한다는 말이 아니다. 성서를 관통하는 가장 큰 주제는 바로 고난으로부터의 탈출이며, 이는 압박과 강제 노동 그리고 지배층이 고의로 가한 집단적 고난으로부터의 출애굽을 의미한다. 이스라엘 자녀들이 이집트에서 당한 고난은 성서에서 신학적으로 정당화되지 않으며, 하나님의 뜻으로 설명되지도 않는다. 오히려 그 반대로, 전능함과 눈먼 독단은 감독을 파견하고 노동 기준을 점점 더 높여 가는 파라오에게 속한다. 압박의 형태는 노예들에게 강요된 건설 작업과 밭일이었고, 파라오는 "온갖 고된 일로 이스라엘 자손을 괴롭[혔다]."^{출 1:14}

따라서 민족의 고난은 형벌이나 시험이라는 논리로 설명되지 않는다. 고난은 그냥 존재한다. 맹목적이고 폭압적이며 부조리하게 말이다. 민족 전체가 고난당하고, 민족 전체가 구출된다. 출애굽의 하나님은 고난을 내리셨다가 다시 자의적으로 거두어 가는 분이 아니다. 이 고난은 오히려 이집트인들이 히브리인들의 세력 확장을 두려워해 저지른 지극히 역사적인 폭력일 뿐이며, 그 원인 또한 이성적으로 충분히 설명 가능하다. 하나님은 이 고난과 아무 상관이 없다. 다만 그분은 고난받는 자들의 편에 서 계실 뿐이다.

구약에서 나오는 두 번째로 큰 고난 이야기는 이와 다르다. 이 이야기는 동화 같은 나라에서 동화 같은 행복을 누리며 사는 한 개인에 관한 이야기다. 하나님은 이 무죄하고 하나님을 경외하는 사람이 극도로 고통받는 것을 허락하신다. 욥이 겪는 경험은 이스라엘 민족이 이집트에서 겪은 경험과 다르지 않다. 극도의 고난과 좌절은 서로 비슷하기 때문이다. 그래서 욥은 자신의 고난을 "저물기를 몹시 기다리는 종"과 "수고한 삶을 애타게 바라는 품꾼"의 고난과 비교한다.^{욥 7:2} 그러나 이 이야기에서 하나님은 더 이상 노예, 불행한 사람, 모욕당한 자들의 편에 서 있지 않는다. 욥기의 하나님은 전혀 다른 역할을 맡으신다.

이 역할은 다양한 의미를 띠고 있다. 시인은 하나님에게 여러 역할을 입혀 본다. 욥기의 외곽을 이루는 '이야기'^{Rahmengeschichte}, 곧 욥에 관한 민중 전승에서는 하나님이 시험하시는 분으로 나타나며, 사탄에게 일정한 한계를 설정해주면서도 그 시험에 관여하신다. 따라서 하나님은 인간을 단련시키기 위해 그들을 시험하시는 분이며, 특정 과제를 위해서가 아니라 의로운 삶을 위해, 곧 구원을 위해 그들을 시험하시는 분으로 묘사된다.

한 인간이 얼마나 충성스러운지, 진실을 사랑하는지, 정의로운지를 시험하는 모티프는 고대 문학에서 대개 폭군에게 속하는 전형적 주제다. 고대 신화나 동화에는 절대적으로 우월한 자가 작고 약한 자에게 시험을 제안하는 이야기들이 수없이 등장한다. 그 시험은 경쟁의 형태로 나타나기도 하고, 도저히 불가능한 과업을 수행해야 하는 방식으로 나타나기도 한다. 테베 성문 앞에 서 있는 스핑크스는 수수께끼를 내고, 거인은 용감한 재단사에게 돌에서 물을 짜내 보라고 요구한다. 목동은 바닷물을 다 마시거나, 하룻밤 사이에 궁전을 다른 곳으로 옮겨 놓아야만 참수당하지 않고 공주와 결혼할 자격을 얻는다. 동화 '룸펠슈틸츠헨'Rumpelstilzchen에 나오는 왕은 가난한 방앗간 집의 딸에게 짚을 금실로 잣으라고 명령한다. 이러한 동화 속 왕이나 지배자 또는 거인들은 폭군의 모습을 띤다. 그들은 누구도 그 조건을 충족할 희망을 가질 수 없도록 게임의 조건을 설정한다. 시험하는 자는 시험받는 자가 모든 것을 해냈을 때조차, 더 어렵고 더 가혹한 조건을 덧붙인다. 일부 동화에서는 모든 과제를 끝낸 인물이 권리를 침해당했다고 느껴, 결국 왕을 참수하는 극단적 결말에 이르기도 한다.

좀 더 해학적인 후기 단계의 시합들은 조건이 비교적으로 공평해, 재치와 기지만으로도 충분히 해결할 수 있었다. 예를 들어, 꼬마 재단사는 치즈에서 물을 짜내고, 잭은 더 이상 먹을 수 없는 푸딩을 배낭에 채운다. 반면 진정한 시험은 그 조건 자체가 권력자 본인조차도 결코 수행할 수 없도록 설정되어 있다. 따라서 약한 자가 동물이나 요정 또는 마술의 도움을 받아 시험을 통과한다면, 그의 승리는 그만큼 더 커진다. 이 과정에서 온 피조물, 종종 해·달·별까지도 약한 자가 압도적으로 강한 자를 이기도록 돕기 위해 동원된다. 시험을 통과하고 나면, 그러한 시험을 부과한 권력자의 권리는 소멸한다.

그것은 폭력적 권력으로 드러났다. 인간을 시험하는 일은 결국 인간 자신에게 해가 되었다. 신화는 이러한 사상을 임마누엘 칸트Immanuel Kant가 말한 것처럼 "다른 사람을 목적이 아니라 수단으로 삼는 것은 부도덕하다"라고 추상적으로 말하지 않는다. 신화는 시험하는 자들을 그들 자신의 불의로 고발한다. 시험이 폭군의 기대나 의지에 반해 통과됨으로써 폭군은 권력을 박탈낭한다. 그러나 이러한 일은 오직 절대적으로 '순수한' 존재, 곧 죽음을 두려워하지 않는 확고한 존재에게만 가능하다. 희생당할 준비가 되어 있는 자만이, 혹은—이러한 표현이 지나치게 영웅적이고 도덕적으로 들릴 수 있어 바꾸자면—무기도 없고 무구한 채로 자신의 불가파괴성에 대한 의식만을 가지고 시험에 뛰어드는 자만이 시험하는 하나님을 무력하게 만들 수 있다.

욥이 감내해야 했던 시험 역시 덜 부조리하고 덜 잔혹한 것은 아니다. 여기서도 인간은, 시험하는 자 자신조차 결코 이룩할 수 없는 불가능한 것을 요구받는다. 폭군은 게임의 조건을 독단적으로 결정하며, 욥이 거듭 제안하는 다른 조건들은 받아들여지지 않는다. 욥은 실험 대상이 되는데, 이는 독일 강제수용소에서 수감자들이 의학 실험에 강제로 동원되었던 것과도 같다. 그 당시에도 마찬가지로, 예상을 깨고 실험을 견뎌 낸 사람은 일시적으로나마 살아남을 수 있었다.

한 가지 점에서 욥기에 나오는 시험은 신화에 기술된 시험과는 다르다. 바로 시험의 내용이다. 동화에서는 업적이, 욥기에서는 인간의 고통이 시험의 주제다. 욥기의 독특성은 바로 고난이라는 현실적인 주제가 시험하는 폭군 모티브와 연결되어 있다는 점이다.

그렇다면 욥은 시험에 대해 어떤 반응을 보였는가? 여기서 우리는 산문으로 쓰인 오래된 민중 전승^{틀 이야기}과 그 틀을 채우는 훨씬 후대의 시적 본문을 구분해야 한다. 민중 전승에서 욥은 자신의 경건성을 고수하고, 이로 인해 부인의 비난을 받는다. 그것은 사실 욥이 가지고 있는 긍정적 힘이다. 그는 "차라리 하나님을 저주하고서 죽는 것이 낫겠다"라는 뻔한 충고를 거부한다. 그는 자살하지 않고 고난을 견디면서 고발하고 투쟁한다. 이 이야기가 좋은 결말로 맺어진다는 사실은, 욥이 하나님을 떠나지 않았으며 결국 시험을 통과했음을 보여준다.

시문학에서는 상황이 다르다. 저주나 거부라고 할 만한 것이 여기에서는 표현되어 있지 않다. 그러나 이는 민중 전승이 욥에게 부여한 경건함 때문은 아니다. 바로 이 경건함 덕분에 그는 동방 전체에서 '인내하는 자'로 불렸고, 심지어 낙타조차 그 이름을 따서 '아부 욥'^{abu Eyyub/아버지 욥}이라고 불리게 되었다. 시문학의 욥은 무해한 형태의 거부를 넘어선다. 그는 스스로 시험의 대상이 되기를 거절한다. 욥은 하나님보다 강하다. 욥은 동화 속 주인공이 시험을 통과한 후에야 비로소 하는 일, 다시 말해 시험하는 존재 자체를 무력화하는 일을 시험받는 바로 그 과정 속에서 해낸다. "제발, 나를 혼자 있게 내버려두십시오. 내 나날이 허무할 따름입니다. 사람이 무엇이라고, 주님께서 그를 대단하게 여기십니까? 어찌하여 사람에게 마음을 두십니까? 어찌하여 아침마다 그를 찾아오셔서 순간순간 그를 시험하십니까?"[욥 7:16b-18] 여기서 경멸투로 사용된 시편 구절은 정확히 그 반대를 말하는데, 시편에서는 하나님이 천사보다 조금 못하게 만드신 인간의 위대함을 노래한다.[시 8:5-6] 욥은 인간을 만물의 영장이자 왕관이라 했던 하나님 말씀을 그대로 되받아치며, 그 말씀을 현실과 정면으로 대조시킨다. 실제로 그는 시험하는 자의 무방비한 대상이며, 독이 가득한 '화살'[욥 6:4]을 위한 '과녁'[욥 7:20]이다. 하나님의 폭군같은 성격은 일련의 비유에서 나타난다. 하나님은 사자가 짐승을 사냥하듯 인간을 사냥하시고[욥 10:16], 일찍이 파라오가 이집트에서 그랬던 것처럼 강제 노동을 시키시며, 포로의 감독관이자 노예의 주인이다.[욥 3:18-19] 그의 행위는 학대하다[욥 10:3], 멸시하다[욥 10:3], 멸망시키다[욥 10:8], 쏟아 내리다[욥 16:13], 가두다, 속이다, 바보로 만들다[욥 12:14 이하]라고 표현된다. 그는 인간을 '억누르고', '그 얼굴'을 변하게 하시는[욥 14:20] 분이다.

이런 종류의 시험은 폭군의 자의에서만 비롯된다. 시험이 무의미하다는 사실은 이전부터 명백했다. 모든 것을 아는 하나님은 욥이 죄가 없다는 사실을 알고 계시며[욥 10:6-7], 굳이 그 사실을 조사할 필요도 없었기 때문이다.

욥은 무력한 자가 권력자의 조건을 강요받는 독재적 시험 방식에 응하지 않는다. 그는 하나님이 벌이는 게임에 맞서 권리를 주장하며 정의를 요구한다. 출애굽의 하나님은 "마치 사람이 자기 친구에게 말하듯이" 모세와 대화하셨다.[출 33:11] 욥도 똑같은 권리를 주장하지만 거절당한다.

욥의 친구들은 하나님에 대한 또 다른 해석을 내놓으며, 욥에게 이를 받아들이라고 강요한다. 바로 죄를 무자비하게 벌하는 징벌자 역할의 하나님이다. 친구들은 칼뱅과 비슷하게 고난이 틀림없이 죄에서 비롯된다고 생각한다. "잘 생각해보아라. 죄 없는 사람이 망한 일이 있더냐? 정직한 사람이 멸망한 일이 있더냐?" 그리고 거의 참기 어려울 만큼 순진하게 말을 잇는다. "내가 본 대로는, 악을 갈아 재난을 뿌리는 자는 그대로 거두더라."[욥 4:7-8]

하나님은 온전한 자를 물리치지 않으신다[욥 8:20]는 사실은 그들에게 확고한 것이며, 하나님의 의와 함께 주어진 것이다. 따라서 고난은 반드시 인간의 불의에서 비롯되어야 하며, 불의가 드러나 보이지 않는다면 그것을 자기 안에서, 자기 성찰을 통해, 혹은 다른 사람의 도움을 통해 찾아내야 한다. 그러나 욥은 자신의 무죄를 굽히지 않고, 자신의 무죄를 증명하기 위해 하나님과 법정에서 다투려 한다. 동시에 그는 하나님이 공정한 재판 앞에 순순히 응하실 것이라는 기대가 얼마나 무의미한지도 알고 있다. "주님께서 나를 정죄하신다면, 내가 무엇 때문에 이렇게 애써서 헛된 수고를 해야 합니까?" 그리고 욥은 불행의 전모, 곧 불행이 자신에게 되돌아와 사람이 자기 자신마저 혐오하게 되는 상태를 다음과 같은 이미지로 표현한다. "비록 내가 비누로 몸을 씻고, 잿물로 손을 깨끗이 닦아도, 주님께서 나를 다시 시궁창에 처넣으시니, 내 옷인들 나를 좋아하겠습니까?"[욥 9:29 이하] 욥의 견해에 따르면 하나님은 죄 없는 자를 죄인처럼 멸절시키시는 분이다.[욥 9:22] 자신에게 죄가 없음을 알아도[욥 13:18] 아무 소용이 없다. 하나님의 본질은 '폭력'이지 '정의'가 아니다. 그는 정의를 굴복시키시고 오직 폭력으로 다스리신다.[욥 19:6-7]

사실 욥의 이러한 명백한 서부 이후에는 고난이 형벌의 성격을 가진다는 교리는 영원히 침묵했어야 마땅하다. 그러나 놀랍게도, 욥기의 시문학을 탄생시킨 문화권 안에서조차 이 교리는 수천 년 동안 계속 유지되었고, 또 언제나 새롭게 되살아났다. 욥의 친구들은 결코 사라지지 않는다.

내가 보기에 이에 대한 가장 간단한 설명은, 인간은 본성적으로 불행한 이들 앞에서 부상당한 닭에게 부리로 달려드는 닭들처럼 행동한다는, 시몬 베유가 관찰한 현상이다. 누구나 "자신은 거의 의식하지 못할지라도 불행한 사람을 다소 경멸한다."[24]

고난이 형벌이라는 관념은 이러한 경멸을 신학적으로 실

체화 한 것에 불과하다. 욥의 친구들에게서 나타나는 형태 내에서 이 관념은 그 진정성을 완전히 상실했다. 다시 말해, 예언자 전통에서 비롯된 형벌 위협이라는 기능을 상실했다. 그런데 형벌 위협은 신탁과 같이 확실하게 나타나는 것이 아니라, 위협받는 자의 태도에 달려 있다. 이제 남는 것은 고난은 죄에 대한 형벌이라는 어리석은 주장뿐이다. 엘리후는 심지어 노골적인 사디즘적 태도까지 보인다. "욥이 한 말을 세 분은 곰곰이 생각해 보시기 바랍니다. 세 분께서는, 그가 말하는 것이 악한 자와 같다는 것을 아시게 될 것입니다."[욥 34:36] 그래서 사실 친구들은 희생자의 친구라기보다 오히려 고난을 일으키는 자의 친구다. 이는 본능에 부합한다. 방어, 경계, 감염과 오염에 대한 두려움—이것들은 우리 감각 능력에 속하는 법칙인데, 불행을 당하는 자나 지켜보는 자나 이에 굴복한다. "이러한 경멸, 혐오, 증오는 불행한 사람 자신에게 되돌아가 영혼의 가장 깊은 곳까지 침투한다…" 따라서 욥은 좌절의 외침으로 자신의 무죄를 맹세한다. "왜냐하면 그 자신도 더 이상 이러한 사실을 믿지 못하기 때문이며, 그의 영혼도 친구들의 편을 들기 때문이다."[25] 죄가 없다는 의식은 고난 가운데서 '추상적이고 죽은 기억'이 된다. 오랫동안 심문과 고문을 당한 사람의 보고에서도 자기 붕괴, 자기 증오, 혐오라는 유사한 경험들이 나타난다. 불행은 인간의 모든 것을 더럽힌다. 하나님은 욥을 다시 "시궁창에 처넣으실"[욥 9:31] 것이다.

이에 상응하여 "불행한 자에 대한 동정은 불가능하다. 만일 참으로 동정하게 된다면 그것은 기적이며, 물 위를 걷거나 병자를 치료하고 심지어 죽은 자를 살리는 것보다 더 놀라운 일이다."[26] 여기에 시몬 베유가 1930년대 공장 노동자로서 겪은 경험을 덧붙여야겠다. 그녀는 '노동 조건'을 욥의 처지와 같은 것으로 이해했다.

욥은 더 이상 하나님을 법정으로 끌어낼 희망을 가질 수 없다. 그는 20세기 정치적 숙청 과정에서처럼, 상대방이 삭성한 고소장욥 31:35을 갖고 있지 않다. 하나님은 그가 "공정한 판결을 받지 못하게 하셨다."욥 27:2 욥이 호소하는 것은 단지 개인의 억울함만이 아니다. 그는 오래된 질문, "어찌하여 악한 자들이 잘 사느냐"욥 21:7라는 질문과, 신정론적 질문, "전능자가 왜 불의를 참으시는가?"욥 24:12라는 질문을 더욱 날카롭고 새롭게 제기한다. 왜 하나님은 억압받고 착취당하는 자들의 고난을 지켜보시며 개입하지 않으시는가?

이러한 질문은 '이스라엘의 신부 시절'에는 제기되지 않았다. 출애굽의 하나님이 바로 압제 경험에 대한 응답이었기 때문이다. 그러나 이 질문이 일단 급진적으로 제기되고 나면, 공의와 전능이 함께 사유되는 하나님 이해의 범주 안에서는 아무런 대답도 주어질 수 없다. 욥은 하나님보다 강하다. 욥의 생각은 도덕적 이유 때문에 무신론으로 귀결될 수밖에 없다.

그러나 정당하게 형벌을 가하는 분이라는 역할 외에도, 욥기에는 하나님에게 세 번째 역할이 부여된다. 애초부터 친구들은 죄에 대한 자각을 전제로 하는 징벌 논리를 단순한 복종 논리와 뒤섞어 버린다.

절대적으로 정결한 하나님 앞에서 인간은 '정결할' 수 없다.[욥 4:17] 하나님은 결코 천사와 종들을 믿지 않으시고[욥 4:18; 15:15], 태양이나 달도 결코 '정결하지'청명하지 않다.[욥 25:5] 하물며 일관되게 '구더기'나 '벌레'로 불리는 인간은 어떠하겠는가! 따라서 복종 촉구는 결코 '복음'이라고 할 수 없는 인간학적 비관주의 맥락에서 등장한다. 온건한 성직자 같은 엘리바스가 아버지처럼 욥에게 말한다.

> 그러므로 너는 하나님과 화해하고, 하나님을 원수로 여기지 말아라(여기서 '그'는 욥이 바로 직전에 흠이 없는 사람이나 악한 사람이나 가리지 않고 죽이는 살인자라고 불렀던 존재다![욥 9:22])…하나님이 친히 말씀하여 주시는 교훈을 받아들이고…전능하신 분에게로 겸손하게 돌아가라…온갖 불의한 것을 네 집 안에서 내버려라.…그때가 되어야 비로소 너는…그분만이 네 기쁨의 근원이심을 알게 될 것이다.[욥22:21 이하]

욥은 눈을 내리깔고 간청하라는, 그리고 엘리후의 말에서는 훨씬 더 노골적으로 드러나 있는 '순종하고 섬기라는'[욥 36:11] 충고를 받아들인다. 친구들의 말 속에는 하나님의 잔혹한 권력이 여전히 하나님의 전제되고 강조된 정의에 의해 포장되어 있다. 그러나 하나님이 마침내 욥에게 준 대답에서는 그러한 공의가 실질적으로 아무런 역할을 하지 않는다. 하나님의 답변은 차원이 완전히 다르다. 하나님은 자연의 차원에서 답변하신다.

"내가 땅의 기초를 놓을 때에, 네가 거기에 있기라도 하였느냐?"[욥 38:4] 하나님은 욥에게 이렇게 물으시고, 자연의 경이에서 비롯된 70여 개의 추가 질문들로 창조주의 권능과 인간의 전반적인 하찮음을 두드러지게 보여주신다. 우주가 형성되는 여러 사례 외에도 동물 세계에 관한 거칠고 무의미한 예들이 나온다. 비록 하마인 베헤못과 바다 괴물인 리워야단에 대한 송가가 후대에 삽입된 것이라 해도, 그것들은 이런 하나님의 모습과 잘 어울린다. 하나님은 바닷물이 땅 속 모태에서 터져 나올 때에 그것을 강보로 싸셨고[욥 38:8-9], 이슬과 번개를 보내며 북두칠성의 별 떼를 한데 묶으셨지만[욥 38:31], 인간의 고난에는 '복종하라'는 답 외에는 주지 않으신다. 바다와 별, 놀라운 기상 현상들, 자연의 영속성에 비추어 볼 때 인간이란 무엇인가! 아무것도 아니다. 모래 한 알일 뿐이다. 그저 자신의 무의미함, 우주적 부차성 때문에 아예 권리를 주장할 수 없는 존재다.

이러한 하나님은 자연 그 자체인 자연령靈에 가까우며, 출애굽의 하나님이나 예언자의 하나님과는 아무 관계가 없다. 예언자들에게 하나님을 드러낸 것은 바다의 심연이 아니라, 물같이 흐르는 정의였다. 인간을 향한 분명한 신학을 담고 있는 창조 이야기의 하나님조차도 인간의 고난에는 아무런 답을 주지 못하신다. 욥기의 결말에서 욥이 선악을 초월한 절대 권능 앞에 무조건 복종한다는 결말은 믿기 어렵다. 왜냐하면 그것은 견딜 수 없는 일이기 때문이다. 에른스트 블로흐^{Ernst Bloch}는 욥의 순응으로 끝나는 뇌우 장면을, "표명하는 것이 무엇보다도 중요했던 이단적 사유를 가리기 위한 은폐"[27]로 이해하려 한다.

그러나 이렇게 되면, 욥의 '소동', 그의 반란을 진지하게 받아들이고 그로부터 하나님에 대한 또 다른 이해를 발전시키는, 또 다른 네 번째 해석이 제기된다. 이 해석은 텍스트상 훼손되고 논란이 되는 한 구절^{욥 19:25}에 근거한다. 이 구절에서 욥은 자신의 무죄에 대한 증인이자 죄에서 해방시켜 주는 자로서의 'goel'^{변호인}을 언급한다. 전통적으로 구속자로 번역되어 온 고엘이라는 단어는 '변호인' 또는 더 고대적으로는 '피의 복수자'라는 의미를 지닌다. 욥은 정의를 짓밟는 살인자 하나님에 맞서 또 다른 하나님에게 호소한다. "땅아, 내게 닥쳐온 이 잘못된 일을 숨기지 말아라! 애타게 정의를 찾는 내 부르짖음이 이 허공에 흩어지게 하지 말아라! 하늘에 내 증인이 계시고, 높은 곳에 내 변호인이 계신다!"^{욥 16:18-19} 이 구절은 더욱 강력한 선언으로 넘어간다. 즉, 욥이 자신의 눈으로 직접 보게 될 살아 계신 피의 복수자, 무죄의 증인이자 죄의 해방자에 관한 진술이다.^{욥 19:25이하} 이 조력자, 이 진정한 친구는 욥기에서 나타난 모든 하나님의 역할을 뛰어넘는다. 그는 자의적으로 시험하는 존재도 아니며,

자신의 절대적 정결함을 유지하려고 인간을 더럽혀 버리는 복수자도 아니다. 또한 '자연의 순전한 두려움'을 드러내는, 별과 바다와 구름의 주님도 아니다.[28] 에른스트 블로흐의 해석에 따르면, 여기서 우리는 '야훼로부터 인간의 탈출'―곧 모든 신정론의 정반대―을 인정해야 한다. 욥은 자신의 백성을 이집트의 고난으로부터 이끌어 내신 하나님을 신뢰한다. 그러나 그가 지금 경험하는 하나님은 또 다른 파라오일 뿐이다. "그러나 욥은 아주 경건하다. 그가 믿지 않기 때문이다." 이는 맥락상 오직 하나의 뜻만 가진다. 그가 복종하지 않고 계속해서 다른 하나님을 기다린다는 것이다.

그렇게 뇌면 변호인, 구속자, 피의 복수자, 피를 잠잠하게 하는 자를 부르는 욥의 외침은, 오직 그리스도에게서 대답을 발견하는, 그리스도 이전 세계의 답변 없는 절규로만 이해될 수 있다. 욥은 옛 하나님보다 강하다. 고난을 일으키는 존재가 아니라 고난을 당하는 존재만이 욥에게 대답할 수 있다. 사냥꾼이 아니라 사냥감이 그에게 대답할 수 있다.

[V]

고난과 배움

하나님에게는 불가능한 일이 없다.…믿음이 도래하면 다음
과 같은 일이 일어난다. 곧 그리스도의 성육신을 통해 육체
적이고 지상적인 우리가 신적인 존재가 되고, 그리스도와
함께 하나님의 제자가 되어 그에게 직접 가르침을 받고, 신
적 성품에 참여하게 된다. 더 나아가 우리는 그분 안에서
전적으로 변화되어, 지상의 삶 전체가 하늘로 향하게 해야
한다.

토마스 뮌처 Thomas Münzer

1. 칠레의 민요

금세기초 영국 제국주의에 의해 칠레에서 자행된 약탈은 믿을 수 없는 정도에 달했다. 북부에 있는 초석 광산 노동자들은 돈 대신 전표로 임금을 지불받았는데, 이 전표는 오직 공장 지대에서만 식료품과 교환될 수 있었다. 그들은 매일 16시간 이상 일했다. 반란자들은 가혹하게 처벌받았다. 1907년 12월에 첫 대규모 대중 시위가 일어났다. 2만 내지 3만 명의 노동자들이 정당한 대우를 요구했다. 시골 노동자, 부녀자, 아이들이 일으킨 이 평화적 시위는 폭력으로 분쇄되었다. 1907년 12월 21일 오후, 이키케Iquique에서 라틴 아메리카 역사상 가장 잔인한 살육 중 하나가 자행되었다. 3천5백 명이 빈 학교에 감금된 채 살해당했다. 민중 정부가 들어선 지 여섯 달째 되던 1971년에 「이키케의 산타 마리아」라는 영화가 만들어졌으며, 생존자 중 한 사람이 인터뷰에서 자신의 경험을 이야기했다.

파업이 어떻게 그리고 왜 일어났는가? 당시에는 사람들을 위한 집이 없었다. 쥐, 도마뱀, 해충을 위한 집만 있었는데, 그 정착지는 사람을 위한 것이 아니라 개나 야만인을 위한 것이었기 때문이다. 초석 광산의 소유주들이 그렇게 만들어 놓았다. 레카바렌 동지는 우리에게 칠레에 부를 쌓으러 온 그 이주민 돼지놈들에게 당하는 착취를 대체 언제까지 견딜 셈이냐고 물었다. 그러나 진짜 죄인은 그들 뒤에서 행동했던 관리인들이었다. 착취를 중단해야 했던 자들은 바로 그들이었다. 그들 때문에 불쌍한 팜피노(북부의 광산 노동자를 이렇게 부른다)는 입을 속옷 한 벌도 없었다. 그들 때문에 현금은 한 푼도 없었고, 쓸 데도 없는 전표만 있었다. 그러던 중 그 숙명의 날이 왔다. 대략 8, 10, 15개 또는 20개의 대열로 이루어진 사람들이 산타 루티아 광산으로 갔다. 어떤 이들은 더 이상 물이 없었다. 어떤 이들은 굶었다. 아기들은 물이 필요했다. 어린아이들은 쓰러져 더 이상 걷지 못했다. 그곳의 태양은 여기보다 훨씬 더 매섭게 내리쬐기 때문이다. 사람들이 모여들었다. 그러자 한 동지가 이렇게 말했다. "광산 노동자 여러분, 우리는 저주받은 자들입니다. 이 초석 광산의 소유주들은 화려한 삶을 누리면서 그 대가를 자기 직원들에게 치르게 합니다. 우리가 바로 저주받은 자들입니다. 우리가 이 배은망덕한 무리를 먹여 살려야 하기 때문입니다. 내일 우리는 이키케로 행진할 것입니다."

위원들은 기를 흔들면서 앞서갔다. 관리 한 사람이 다가왔다. 멈

쳐라! 여기 우리 청원서가 있다! 그는 그것을 받아 들고 우리의 요구를 읽었다. 우리는 하루 8시간 노동을 요구했다. 칠레에서는 1905년에 노예 제도가 시작되었기 때문이다. 만일 여기서 정의가 실현되지 않는다면, 우리는 정부와 협상하기 위해 산티아고로 갈 위원회를 임명할 것이다. 우리가 원하는 것은 오직 정의뿐이지 임금 인상이 아니기 때문이다. 그가 말했다. "위원장과 그 일행은 15분 안에 산타 마리아를 떠나라. 그렇지 않으면 모두 총살하겠다." 우리는 이미 기마 부대와 보병들이 다가오는 것을 보았다. 네 명으로 구성된 팀들이 좌우에서, 그리고 등 뒤에서 총을 든 채 다가오기 시작했다. 그리고 그들은 총을 쏘기 시작했다. 지금도 그 총소리가 들린다. 3천6백 명이 죽었다. 삼천육백 명이….

이 살육 사건 후 칠레에서는 다음과 같은 노래가 생겨났다.

어느 날 일어났다네, 탄식처럼,

마음 깊은 곳에서 터져 나와

광산의 좁은 통로를 뚫고 나오는 탄식처럼,

반란의 외침이,

많은 이의 가슴 속에 있는 고통이, 격노의 표현이,

노동 계급의 권리에 대한 외침이.

거룩한 희생자들이여,

그들은 팜파스^{초원}에서 희망을 갖고 왔으나

도착할 때는 오직

기관총 소리만을 들었다,

이 짐승의 소리를.

그것은 동정심도 없이 살육하고

노동자들의 피를 마셨다.

저주받으라.

나는 그들에 대한 복수를 촉구한다.

기관총을 쏜 자들에 대한 복수를,

남아서 고난받는 자들을 위한 복수를,

이키케에서 죽은 광산 노동자를 위한 복수를.

얼굴들은 무감각해졌다,

그들이 겪은 시간에 의해.

손들은 약탈의 밤에 의해 검어졌다.

민중의 단단한 주먹은

그림자와 침묵을 부숴 버린다.

목소리들은 노래 부를 것을 촉구한다.

오라, 동지여 대열에 서라,

하나로 되는 대열에 서라.

오라, 동지여, 함께 만들어 보자,

너의 미래를 함께 만들어 보자.

경계하라,

그리고 그 밤을 잊지 마라,

네가 이겨 낸 그림자도.

아무것도 우리를 막지 못하리라,

아무것도 우리를 더 이상 막지 못하리라.'

이 노래는 고난의 경험을 다루는 방식을 이야기한다. 여기에는 요한 밥티스트 메츠^{Johann Baptist Metz}(독일의 로마 카톨릭 신부이자 신학자. 새로운 정치신학을 정립했다. 고난당하는 이들의 관점을 신학에 도입하는 것을 중시했으며 해방신학과도 지속적으로 교류했다—편집자)가 '위험한 기억'이라고 부른 것, 곧 희생자와 가해자들에 대한 기억이 내포되어 있다. 이것은 고난의 두 번째 단계를 보여주는 사례다.^{참조. 본서 113쪽} 고난받는 자들은 '그림자'와 '침묵'을 부수었고, 첫 단계의 말없는 고난을 상기시키는 '무감각'해진 얼굴들과 약탈에 의해 '검어진' 손들은 이제 변화되었다. 비탄이 '솟아오른다.' 이러한 고난의 언어는 시편의 언어와 같다. 불의는 잊히지 않고, 죽은 자들은 죽지 않았으며, 비탄이 고발이 된다. 복수와 보복을 향한 외침은 옛 시편들에서처럼 자신이 정당하다는 의식에서 나온다. 겪은 고난에 대한 기억은 미래를 불러오고, 혁명이 반드시 실현되어야 한다는 통찰은 노래 자체에서 생겨난다. 노래하기 자체가 둔중한 고통이라는 침묵의 단계로부터 벗어나는 출애굽이다. 이 노래는 시편이나 그리스 비극에 못지않은 프롤레타리아트 문화의 한 사례이다. 그리스 비극은 인간이 고난 속에서 배우고^{πάθει μανθάνειν}, 변화를 경험하며, 마침내

지혜에 이른다고 말한다.[2]

칠레의 노래가 반영하는 경험 속에서도, 고난이 사람을 거칠고 혹독하고 무감각하고 침묵하게 만들 가능성이 내포되어 있다. 고난으로부터 반란의 외침이 생긴다는 것은 자명한 일도 아니고, 경제적 억압의 단순한 결과도 아니다. 이를 위해서는 고난에서 배우는 사람들, 고통을 마비시키거나 잊지 않는 사람들이 필요하다. 정치적 의식은 "수난의 기억ex memoria passionis에서 생겨나며, 인간의 정치적 행동은 인간의 고난사Leidensgeschichte에 대한 기억에서 생겨난다."[3] 정복당했다는 의식과 희생자에 대한 기억 없이는 '반란의 외침'이 일어날 수 없다. 혁명의 주체들에게 이것이 의미하는 바는 다음과 같다. 그들을 파괴하지 못한 모든 고난은 그들로 하여금 삶을 더욱 사랑하게 만들고, 변화시키는 행동을 더욱 적극적으로 준비하게 가르친다는 것이다.

고난은 세상의 고통에 대해 더 민감하게 만든다. 그것은 우리에게 세상의 모든 것을 더욱 사랑하도록 가르친다. 고난이 일으키는 이러한 변화를 '하나님'에게로 돌리느냐 여부는 본질적인 문제가 아니다. 이 스승 또한 자신의 제자들에게 매여 있기 때문이다. 결정적인 것은, 우리가 이 고난의 행위를 돌처럼 무감각하게가 아니라 능동적으로 수행하느냐 하는 것이다. 고난이 그 깊은 이중적 의미 안에서 우리의 수난이 될 때, 고난은 실천이자 행동이 된다. 우리는 고난 가운데서 행동한다. 우리는 인식하고, 자신을 표현하며, 울기도 한다. 눈물 흘리지 않는 남성의 이상적 모습은, 고난에서 아무것도 배울 것이 없고 아무것도 할 수 없다는 사실을 정확하게 인정하는 태도다. 우리는 우리 안에 숨겨 두었던 것을 묻어 버리기도 하고 다시 파내기도 한다. 우리는 고난 속에서 짐을 벗어 버리기도 하고 새로운 짐을 지기도 한다. 우리는 다른 사람들로부터 자신을 숨기거나 자신을 드러낼 수도 있다. 우리의 희망은 고난 속에서 죽을 수도 있고 자랄 수도 있다. 가장 혹독한 점은, '고난으로부터 배우는 일'이 파괴될 수 있다는 것이다. 그래서 병이 회복된다거나, 재판에서 정당한 판결이 내려진다거나, 인간이 자신의 두려움에서 해방된다거나, 생산 수단의 사적 소유 폐지가 약속된 해방을 가져올 것이라는 생각들이 환상으로 밝혀질 수도 있다는 것이다. 이 모든 것은 실망으로 끝날 수 있다. 어떤 사람들은 마치 유령 같은 꽃에 덮인 것처럼, 죽어 버린 희망에 덮여 있다.

자신의 고난의 역사를 기억하는 칠레 노동자들은 고난의 행위를 실천으로 만든다. 그 경험은 그들을 행동으로 이끈다. 그들은 그 살육 사건을 자연재해처럼 넘어간 것이 아니라, 자신들의 역사 일부로 받아들였다.

우리가 당하는 모든 고난은 날것의 현실 앞에서 자연 현상과 같은 성격을 갖는다. 고난을 표현할 때 사용되는 자연에 대한 은유들—밤, 눈, 우박, 어둠, 비, 폭풍, 거친 바다—은 고난을 다루던 이전 방식들을 상기시킬 뿐 아니라, 그 사건들 자체가 지닌 변경 불가능한 성격을 동시에 가리킨다. 시몬 베유는 불행한 자를 경멸하는 것은 '자연스러운 일'이라고 말했는데, 이 말은 반드시 다음과 같이 보완되어야 한다. 즉, 고난받는 자들이 자신에게 닥친 고난을 자연적인 것으로 여기고, 그것을 모든 행위의 영역 밖에 있는 낯설고 무의미한 숙명으로 파악하는 한, 그들은 스스로에게 자기비하를 가하게 되는 것이다. 이렇게 무의미한 고난은 우리에게서 삶의 실천을 빼앗아 가며, 어떤 것도 변화시키지 않고 파괴하기만 한다.

그러나 신체적 차원만 보더라도, 고통 중에 외치는 절규는 고통을 덜어 주는 역할을 한다. 고통의 파도가 최고조에 달하면, 몸부림·얼굴 찡그림·신음·절규 같은 사소한 몸짓일지라도 어떤 형태의 활동이 반드시 수반되기 때문이다. 그러나 고난의 다른 차원에는 행동, 곧 실천^{Praxis}이 포함되어 있다. 여기서는 전통적 고난신학의 자연적 비유가 정당한데, 다만 그 비유가 자연의 정복에 기여하는 수고와 고난을 연결시키는 한에서 그렇다. "쟁기질하다, 파다, 접붙이다, 정제하다"와 같은 비유는 이러한 관련성을 시사한다. 탄식 역시 고난을 가공하는 방식 중 하나이며, "탄식하지 말고 고난을 배워라"는 잘못된 충고다. 그렇게 가공되지 않은 채 남는 고난에서는 아무것도 배울 수 없기 때문이다.

모든 역사상 경험에서와 마찬가지로, 고난 속에서도 우리는 다양한 태도를 선택할 수 있다. 우리는 이전 상태 그대로 머물 수도 있고, 완전히 변할 수도 있다. 우리는 모든 것을 다 알고 있다는 태도, 곧 그것이 올 것을 예견하고, 늘 그래 왔던 일이라고 치부하며, 놀라움을 억누르고 미래를 대비하는 현명한 사람의 태도를 취할 수도 있다. 하지만 우리는 또한 배움이라는 또 다른 태도에 이를 수도 있다.

어떤 의미에서 배움은 신비주의적 수용을 전제한다. 곧, 삶에 대한 수용과 삶에 깃든 파괴될 수 없는 희망에 대한 수용 말이다. 신비주의자들은 인간이 어떻게 자유롭고 홀가분해질 수 있는지, 그리하여 어떻게 영혼의 가장 깊은 곳에서 하나님을 맞이할 수 있는지를 보여주었다. 그들에 따르면, 인간은 고난 속에서 무감각해지는 것이 아니라 오히려 자신을 내어 맡기고 열려 있는 상태가 될 수 있다. 사랑할 능력도 고난 속에서 자라난 때 가장 강해진다. "하나님은 고난받는 자와 함께 계신다"는 말은, 어디선가 얻어맞고는 "우리 형이 와서 널 혼내 줄거야"라고 말하는 아이의 뜻과는 전혀 다른 의미다. 그것은 사랑이 고난받는 자 안에 있을 때, 그 사랑이 세상 다른 어느 곳에서보다 더 상처받지 않고 더 흔들리지 않는 상태가 된다는 뜻이다. 그 사랑은 더 이상 외부에서 오는 충족에 의존하지 않으며, 더 전제조건이 없게 된다. 고난받는 자들은 더는 운명에게 잃을 것이 없다. 그들은 낯설고 타율적인 신과 결별했다.

그들은 모든 것을 얻을 것이다. 그 모든 것은 외부에서 주어지는 선물이 아니라, 자기 자신이 근본적으로 변함으로써 쟁취되는 '약한 자들의 강함'이다. 계급적 운명이라는 하나님에게 예속되지 않는 것이 바로 이키케의 산타 마리아에서 나온 노래를 부르는 사람들의 강함이다. "고난받는 자는 복이 있다"라는 말은 그들에게 해방의 위로를 의미한다. 고난 가운데서 배우고, 경험하며, 낡은 인식을 극복하고, 자신의 강함을 발견하며, 죽은 자의 나라에서 산 자의 고통을 알게 되는 모든 자들은 이미 출애굽을 시작했다.

2. 쓰디쓴 그리스도

그렇다면 그리스도교는 이러한 '고난에서 배우기'에 어떤 몫을 가지고 있는가? 고난에 대한 그리스도교의 대답은, 욥이 오늘날에도 그 친구들에게서 요구받는 것처럼, 늘 단순한 복종이 아니었는가? 개인적으로 경험된 고난에 대한 복종은, 타인의 고난에 무감각한 사회 전반의 분위기 속에서 감각 둔화를 낳는다. 광범위하게, 오늘날의 그리스도교는 고난 없는 세상을 전제하는 무無고난의 종교가 되어 버렸다. 그리스도교는 부자·백인·산업 국가의 종교이며, 그들의 하나님은 온화하고 무감각한 존재다. 이 종교에서 고난은 더 이상 공동의 관심사가 아니라 순전히 사적인 일로 축소되어 버렸다. 이 국가들이 자신들의 번영을 쌓아올린 거대한 고난들은 우리 시야를 훨씬 벗어나 있는 다른 대륙들에 존재하며, 동시에 우리와 아무 관계없는 맥락들—출산율 과다라든가 산업화 부족 같은—에 손쉽게 분류될 수 있기 때문이다. 우리가 타인의 고난에서 얻는 이익은 이렇게 은폐된다. 굶주림과 질병으로부터 차단된 부자들의 세계는 자기 내부에서도 고난의 문제에 특별한 주의를 기울일 필요가 없다. 이러한 내적 무관심은 정치적·경제적 상황과 깊이 맞물려 있다. 착취가 순조롭게 진행되기 위해서는 어느 정도의 무감각이 필요하다.

신학의 상부 구조에서 이러한 상황은 그리스도가 우리를 위해 충분히 행하셨기 때문에 구원의 실현을 위해 우리가 더 이상 고난받을 필요가 없다는 교리로 표현된다. 구원을 개인주의적 의미로 이해한다면, 이러한 교리는 전적으로 일관성 있다. 하나님 나라와 정의의 실현이 모든 사람의 구원을 의미하지는 않기 때문에, 개인의 구원은 그의 행위나 행위로 간주될 수 있는 고난에 달려 있지 않다. 이러한 관점에서 여전히 현실에서 엄습하는 고난은 초자연적이고 영적인 성격을 박탈당하게 된다. 고난은 더 이상 우리를 '지혜로 인도'하거나 배움으로 이끄는 역할을 하지 못하며, 자연적 불행이라는 지위로 격하되어 그 중요성을 상실한다. 이러한 완전주의 신학의 틀 안에서는, 우리의 해방을 위한 고난이 아무런 의미를 지니지 못한다.

이 고난 없는 종교는 종교개혁 초기 그 형성 과정에서 이미 격렬한 비난을 받았다. 그것이 "우리의 살인자적 본성에 잘 맞는, 꿀처럼 달콤한 그리스도"[4]를 설교하기 때문이다. 토마스 뮌처는 루터의 종교개혁이 지닌 이러한 고난 없는 그리스도교를 비판하기 위해 쓰디쓴 그리스도와 꿀처럼 달콤한 그리스도의 구분을 도입했다. 달콤한 그리스도론은 모든 고난이 이미 "다 지나갔으며", 그리스도 안에서 이미 완성되었다고 말한다. 그리스도가 우리를 위해 모든 일을 행하셨으니, 인간은 그저 "그리스도가 차린 밥상에 숟가락만 얹으면 된다." 믿음은 바로 이 완성되고 준비된 구원을 받아들이는 것이다. "고난이 오직 그리스도에게만 귀속되고, 우리가 고난을 겪어서는 안 되는 것처럼" 여기는 이러한 믿음은, 정치적으로는 두 왕국 이론에, 교회정치적으로는 유아세례에 상응한다.

이와 같이 '지어낸', '경험되지 않은', '시험되지 않은' 믿음의 하나님은 다름 아닌 이교의 하나님, 곧 무감각한 하나님이다. 코란에 따르면 하나님은 예수를 십자가에 못 박히게 하지 않으셨는데, 그가 그런 일을 하기에는 너무 온화했기 때문이다. 그는 그리스도 대신 다른 악행자를 내주었으며, 오직 아무것도 모르는 그리스도인들만 속은 것이다. 뮌처는 코란의 이러한 하나님 표상을 이용해, 동일한 '환상적이고 감각적 정신'에서 비롯된 고난 없는 그리스도교를 논박한다. 무감각한 하나님은 '움직이지 않는 하나님"으로, 그에게는 고난이 낯설다. 무감각한 하나님은 달콤한 그리스도하고만 어울린다. 그의 가르침은 인간을 변화시키지 않은 채 받아들여진다. 세상의 통치는 그것에 영향받지 않으며, 인간의 구체적 고난도 진지하게 받아들여지지 않는다. 그러나 "쓰디쓴 그리스도를 원하지 않는 자는 꿀을 너무 먹어 죽게 될 것이다."[6] 쓰디쓴 그리스도는 고난받으며 그리스도를 따르는 데서 경험된다. 믿음만이 아니라 고난도 하나님에게로 가는 길이다. 그 누구도 "(그에게 영원히 속한) 자기 고난을 극복하기 전에는"[7] 하나님과 하나가 되지 못한다. 먼저 지옥을 겪어야 한다. "슬픔보다 먼저 위로를 주려 하는" 다른 모든 길은 오직 외적인 수용만 가져온다. 쓰디쓴 그리스도가 의미하는 바는, 우리가 하나님으로 하여금 우리 안에 있는 "가시와 엉겅퀴를 뿌리 뽑게 하는 것이다." 디트리히 본회퍼Dietrich Bonhoeffer가 훗날 말하게 될 값싼 은혜는 이미 여기서 공격받고 있다. 즉, 사람들이 "그리스도가 말한 것을 생각하기만 하면 쉽게 그리스도 신앙에 이를 수 있다"고 하는 생각 말이다. 아니다. 사랑하는 벗이여. 당신은 견뎌야 하며, 하나님이 어떻게 당신의 비옥한 땅, 곧 당신의 마음에서 잡초와 가시와 엉겅퀴를 뽑아내시는지를 알아야 한다. '달콤한 그리스도'를 신뢰하는 한, 사람은 "하나님을 닮으려 하지만, 결코 그리스도를 닮으려 하지도, 전혀 원하지도 않는다."[8] 하나님을 닮으려 한다는 것은 고난 없이 두려움 없이 가는 길을 의미하며, 그러한 경우 구원은 경험되지 않고 오직 외적으로만 수용될 뿐이다. 그리스도를 닮지 않고 하나님을 닮으려는 것은 고난 없는 그리스도교이며, 동시에 고난을 타인에게 떠넘기는 그리스도교이기도 하다. 루터 신학의 영향 아래에서 부르주아화된 그리스도교는, 종교개혁 초기부터

키르케고르를 연상시키는 날카로움과 과격함을 띤 비판에 직면한다.

그리스도의 길을 가지 않으면서 하나님을 닮으려는 소원은 다양하게 해석될 수 있다. 한편으로 그것은 그리스도가 우리를 위해 모든 것을 행하셨기에 그의 고난과 죽음 안에서 모든 것이 변상되었다는 확신에서 비롯된다. 이제 이른바 후속 역사 속에서 겪게 되는 것들은 비본질적인 것으로서 인내 속에서 감당되어야 한다. 그리스도를 본받음^{imitatio Christi}은 그러한 믿음과 모순되며, 루터의 관점에서 그것은 업적이자 행위를 통해 스스로 구원을 확보하려는 시도에 속한다. 루터의 성금요일 설교들은 누군가가 예수의 고난과 우리의 고난을 "뒤섞을지도 모른다"는 염려로 가득 차 있다. 그러나 이는 곧 그리스도의 고난을 이어가거나 보완하는 것으로 이해되던 인간 고난의 존엄성이 이제 사라진다는 것을 의미한다. 그리스도 안에서 모든 것이 성취되었다는 주장은 이로써 완전히 공허해지고, 우리를 배제하는 지배의 이데올로기로 남을 뿐이다.

그러나 그리스도를 닮지 않고 하나님을 닮으려는 열망의 현대적 형태도 있다. 오늘날 여러 희망신학에서는 성취가 하나님의 (미래의) 행동과 개입에 묶여 있다. 해방하고 행동하는 이는 하나님이며, 희망의 과잉 속에서 장차 해방하실 하나님이라는 모티프는 성취를 산고^{産苦}에, 그리고 구원을 고난과 배움에 결부시켰던 전통 속 메시아의 고난보다 훨씬 두드러지게 부각

된다. 그때는 하나님의 승리가 장면을 지배하게 되고, 현재 고난받는 사람은 자기 고통에서 새로운 것이 세워지는 주체가 아니라, 단지 나중에 선물받는 자, 참여자로만 자신을 이해하게 된다. 달리 말해, 하나님을 닮고 그리스도를 닮지 않으려는 열망은 우회 없이 자아 형성 없이 모든 것을 원하는 즉각성의 열망이며, 하나님 안에서 자신을 불멸하고 전능하게 세우는 자아의 나르시시즘적 열망이다. 이 자아는 '자신의 삶을 십자가에 내놓을' 필요도, 고통의 밤을 겪을 필요도 없다고 여긴다. 그러나 십자가를 묵상한다는 것은 병들지 않고 불구가 되지 않으며 죽지 않았으면 하는 나르시시즘적 희망과의 결별을 의미한다. 그러한 [헛된] 희망에 낭비되던 모든 힘은 그때 비로소 해방되어 고난에 저항하는 데 쓰일 수 있게 된다.

그리스도를 닮지 않고 하나님을 닮으려 한다는 것은 우리 세계에서 위대한 파라오를 숭배하는 것을 의미한다. 이 숭배는 더 이상 본질적으로 이해할 수 없는 운명에 대한 복종의 형태로 이루어지지 않는다. 종교적 복종은 결핍의 시대와 도처에서 새로이 터져 나오는 곤궁의 시대가 낳은 우상숭배이다. 그러나 풍요가 주어지고 일부에게서 기본적 궁핍마저 사라진 시대에는, 번영의 수호자로 여겨지는 파라오가 더 이상 복종을 강제하지 않아도 된다. 그는 사람들을 탈출과 반란에서 멀어지게 만드는 더 효율적인 방법을 가지고 있다. 설득과 유혹이 자신의 몫을 다하는 곳에서 강요와 폭력은 불필요해지며, 무감각이 복종을 대신한다. 어떤 대가를 치르더라도 고난 없는 자의 범주에 속하는 것이 모두의 최우선 관심사가 되었고, 아직 예방되지 않은 채 남아 있는 고통을 부정하며 더 많이 생산하고 더 많이 소비하는 자들만이 이 파라오를 정당하게 숭배하는 것으로 여겨진다.

그리스도를 닮는다는 것은 위대한 파라오에 맞선 봉기 속에서 살고, 억압받는 자들과 차별받는 자들 옆에 머무는 것을 의미한다. 이것은 그들의 운명을 자신의 것으로 만드는 것을 의미한다. 눈 한 번만 딱 감으면 파라오에 동의하기란 쉽다. 우리를 둘러싸고 있는 십자가의 형상들을 못 본 척하기란 간단하다. 물론 더 이상 침울한 십자가를 중심에 두지 않는 신학을 발전시키려는 시도를 할 수 있다. 그러나 그러한 시도가 비판받아야 하는 까닭은 그것이 지금까지의 그리스도교와 결별하기 때문이 아니라, 그 중심에 십자가가 서 있는 현실을 회피하기 때문이다.

그러나 토마스 뮌처가 그리스도를 닮아가는 길을 고난으로 이해할 때, 그가 말하는 고난은 모든 고난을 가리키는 것이 아니다. 그는 강요된 체념이나 농민들의 강제 노동 또는 지배자들을 위한 착취를, 인간을 그리스도를 닮게 만드는 고난으로 보지 않는다. 두려움, '거칠음의 제거', 세상에 얽매인 욕망을 내려놓음, 여섯 일곱 살 아이일 때 시작하는 경이로움[다시 경이할 줄 아는 마음]이라는 단계를 거치는 그리스도교의 필연적 고난, 그러니까 그리스도에게 이르는 길로서의 이 고난의 길은, 가난한 이를 짓누르고 성서조차 읽지 못하게 하며 삶의 모든 가능성을 차단해온 폭력과 불의가 먼저 철폐된 이후에야 비로소 열릴 수 있다. 우리를 그리스도를 닮게 만드는 고난은 당시 도시의 초기 시민 계급에 맞서 형성되었던 농민 계급이나 노동 그 자체에 대한 찬양과는 아무 관련이 없다. 쓰디쓴 그리스도는 사회의 고난을 그 자체로 내버려두지 않으며, 수용을 설교하지도 않는다. 마치 선함이 불의에 대한 인내와 뒤섞이지 않는 것과 마찬가지다.

토마스 뮌처는 알슈테트Allstedt 광부들에게 보낸 그의 후기 선언문에서 다음과 같이 명확한 구분을 했다. "너희가 하나님을 위해 고난받으려 하지 않는다면, 너희는 악마의 순교자가 될 수밖에 없다."[10] 중립적이고 자연 그대로의 고난이라는 것은 존재하지 않는다. 우리는 고난을 겪을지 말지를 선택할 수 있는 것이 아니라, 무엇을 위해 고난을 겪을 것인가만을 선택할 수 있을 뿐이다. 뮌처가 표현한 대로 '악마의 순교자'란 주인의 지배 아래 견디면서 남아 있는, 혹사당하고 억압당하고 착취당하는 농민들이다. 이렇게 비혁명적인 농민들의 고난은 성과도 없고 변화도 일으키지 못한다. 그런 고난은 그들을 무디게 만들거나 짐승으로 만들 뿐이다. 억압적인 상황에서 그들은 인간적 두려움에서 벗어날 수 없다. "그들이 너희를 지배하는 한, 너희에게 하나님에 대해 아무것도 말할 수 없다."[11] 악마도 순교자를 가지고 있다는 생각, 곧 그의 나라를 확고히 하는 데 기여하는 고난이 있다는 생각은 고난이라는 문제를 한층 더 첨예하게 만든다. 고난은 그 재료내용만으로는 구별되지 않는다. 구분의 기준은 원인이 아니라 결과다.

뮌처는 악마를 위해 고난받는 자와, 자신의 고난 속에서 자신의 아픔으로 하나님의 아픔에 동참하는 자들을 구별했다. 바울도 이미 아픔이 어떤 목적을 향하는가에 따라 하나님의 아픔과 세상의 아픔을 구분한 바 있다.고후 7:8-10 바울은 고린도 교회 교인들이 경험한 하나님의 뜻에 따른 아픔의 결과를 나열한다. 그들은 변화되었고 스스로 결정하게 되었다. "여러분이 나타낸 그 열성, 그 변호, 그 의분, 그 두려워하는 마음, 그 그리워하는 마음, 그 열정, 그 응징은 참으로 놀라운 것입니다."고후 7:11 이것으로 우리가 고난의 '실천'Praxis이라고 불렀던 것이 묘사되는데, 그것은 정서적 표현과 행동을 동반한다. 반면 세상의 아픔은 죽음에 이르게 할 수 있는데, 이는 인간을 거의 죽음에 가깝고 관계가 단절된 경직 상태에 빠뜨릴 수 있다. 그러나 하나님이 뜻하신 아픔은 우리를 더 그리스도를 닮게, 더 생기 있게, 고통과 사랑을 더 잘 감당할 수 있게 만든다. 하나님의 아픔과 세상의 아픔에 대한 이러한 구별은 우리가 고난과 배움, 고난과 실천에 관해 말했던 모든 것을 확증해준다. 그리하여 인간은 죽을 정도의 고난으로 보이는 고난도, 희망을 파괴하는 혹독한 고통도 자기 안에서 변화시키고 그것에 생명의 방향을 부여할 수 있다.

3. 나와 아버지는 하나다

만약 고난에 대한 가장 중요한 질문이 그것이 누구를 위한 것인가—하나님인가 악마인가, 활기인가 경직인가, 삶의 열정인가 이 열정의 파괴인가—라면, 고난에 대한 다른 질문, 곧 신정론(이 세상에 현존하는 악의 문제 앞에서 하나님의 정의를 변호하려는 시도. 이 개념을 본격적으로 전개한 인물은 라이프니츠Leibniz로 알려져 있다—편집자)의 문제는 시대에 뒤처진 것으로 보인다. 고난을 주거나 고난으로부터 해방시키는 전능한 통치자는 더는 모든 것을 압도하는 절대적 의미를 잃는다. 자신의 고난을 전능하며 낯설고 모든 것을 부과하는 존재에게 근거짓는 사람은, 반드시 이 하나님의 정의에 대한 질문에 직면해야 한다. 그리고 그는 그 질문 앞에서 좌절할 수밖에 없다. 그때 남는 것은, 욥이 그랬던 것처럼, 정의에 대한 포기를 포함해 전능자 앞에 순순히 굴복하는 일뿐이다. 아니면 이러한 하나님에 대해 반란을 일으키고 다른 해방자를 기대하는 길뿐이다. 타율적으로 경험되는 이 하나님—우리의 저열한 본능에 사로잡힌 듯 불의를 허용하는—앞에서 좌절하는 사람들은 하나님에 대해서는 너무 많이, 자기 자신에 대해서는 너무 적게 기대하는 사람들이다. 바로 이러한 유신론의 은폐 아래에서, 관계 단절로 이끄는 지극히 세속적인 아픔이 발생한다.

고난은 누구를 위한 것이며, 어떤 결과를 낳는가? 많은 사람이 더 나은 세상을 꿈꾸지만, 자신의 사적 고난을 보편적 꿈과 연결시키지 못한다. 그러나 이것이 이루어진 곳—곧 사람이 자신의 삶을 모두를 위한 희망에 바친 곳—에서는 다른 형태의 고난이 모습을 드러낸다. 그러한 고난과 죽음의 증거가 1939-1945년 사이에 사형 선고를 받은 사람들이 쓴 마지막 편지들이다. 금세기 후반부를 위해서도 이 편지들을 기억해두는 일은 중요하다. 그 이유는 이런 식의 파시즘이 우리를 위협하기 때문이 아니라, 이런 식의 고난과 배움, 죽음과 부활이 우리를 도울 수 있기 때문이다.

이 편지들 중 여러 편은, 요한복음에 기록된 예수의 고별 설교를 직접 상기시킨다. 이 편지들이 자신의 고난과 죽음 그리고 남은 자들에 대해 예수와 비슷한 태도를 보여주기 때문이다. 편지를 쓴 이들과 예수는 모두 죽음이 피할 수 없는 것이라는 사실을 알았다. 편지의 주요 내용은 고통과 슬픔에 관한 자기표현이 아니라 남은 자들에 대한 염려다. "나는 너희를 고아처럼 버려 두지 아니하고, 너희에게 다시 오겠다. 조금 있으면, 세상이 나를 보지 못할 것이다. 그러나 너희는 나를 보게 될 것이다. 그것은 내가 살아 있고, 너희도 살아 있을 것이기 때문이다."요 14:18-19 예수는 친구들에게 평화를 약속한다. "너희는 세상에서 환난을 당할 것이다. 그러나 용기를 내어라. 내가 세상을 이겼다."요 16:33b 예수의 염려는 다른 이들을 향해 있었다.

너희는 사형 선고를 받은 사람이 끊임없이 그것을 생각하고 후회한다고 상상할 것이다. 그건 착각이다. 나는 처음부터 죽게 될 가능성을 생각했다. 베르카는 잘 알 것이다. 그리고 너희는 한 번도 내가 후회하는 모습을 본 적이 없을 것이다. 나는 지금도 전혀 그런 생각을 하지 않는다. 죽음은 언제나 살아 있는 자, 남아 있는 자에게만 괴로운 법이다. 그렇기 때문에 나는 너희에게 힘과 용기를 빌어 줄 수밖에 없다. 너희 모두에게 입맞추고 포옹하며, 다시 만날 때까지 안녕.[12]

또 다른 사람은 자신의 부인에게 썼다.

아아! 감옥에 갇혀 죽음을 목전에 둔 사람이 대체 뭘 할 수 있을까? 그런데도 그들은 나를 두려워해. 이 사실을 다른 이들에게도 말해줘. 나는 내가 죽게 되리라는 걸 잘 알고 있어. 그 순간이 빨리 올수록 더 견디기가 쉬워. 잘 있어. 부탁하건대, 아무 것도 끝나지 않았다고 모두에게 전해줘. 나는 죽겠지만, 너희는 살 것이라고.[13]

예수가 제자들에게 "평화를 남겨 주고", "근심하지 말고, 두려워하지도 말아라"요 14:27고 부탁한 것처럼, 여기서도 그와 같은 부탁이 거듭되고 있다.

그러나 슬퍼하지들 마십시오. 내가 죽은 뒤에도 다른 수천 명이 싹터 오를 것입니다.[14]

믿어 주십시오. 지금까지 일어난 어떤 일도 내 안에 있는 기쁨을 흔들어 놓지는 못했습니다. 그 기쁨은 날마다 베토벤의 선율과 함께 나를 찾아옵니다. 사람은 목이 잘린다 해서 더 작아지지 않습니다. 그러니 간절히 부탁합니다. 모든 것이 끝난 뒤에도 슬픔으로 나를 기억하지 말고, 내가 평생 살아온 그 기쁨으로 나를 떠올려 주십시오.[15]

이러한 슬픔과 기쁨의 관계는 복음서에서 거듭 언급된다.

내가 진정으로 진정으로 너희에게 말한다. 너희는 울며 애통하겠으나, 세상은 기뻐할 것이다. 그러나 너희가 근심에 싸여도, 그 근심이 기쁨으로 변할 것이다. 여자가 해산할 때에는 근심에 잠긴다. 진통할 때가 왔기 때문이다. 그러나 아이를 낳으면, 사람이 세상에 태어났다는 기쁨 때문에, 그 고통을 더 이상 기억하지 않는다. 요 16:20-21

저항운동가들의 편지 또한 새로운 세상의 탄생을 위해 싸웠다는 기쁨을 전한다.

두 번째 모티브는 자부심과 목적 없이 살지 않는다는 그들의 확신이다. 그들의 삶은 죽음으로 파괴되지 않는다.

나를 위해 슬퍼하지 마. 친구들을 모두 식탁에 모아 놓고 이 편지를 읽어 줘. 그리고 내 영혼의 안식을 위해 축배를 들어줘. 아무도 울지 않았으면 해.[16]

예수는 자신이 [아버지께서 맡기신] 일을 완성했고, 아버지의 이름을 드러냈으며,^{요 17:4, 6 이하} 제자들이 세상에 속해 있지 않게 아버지의 이름으로 제자들을 지키고 보호했다고 말씀하신다. "내가 세상에서 이것을 아뢰는 것은, 내 기쁨이 그들 속에 차고 넘치게 하려는 것입니다."^{요 17:13} 죽음을 통해 자신의 사명을 완성했다는 사실은 이제 예수에게 스스로 영광스럽게 될 권리를 부여한다. 스물한 살의 한 저항운동가가 남긴 편지도 이와 같은 확신으로 가득 차 있다. "내가 사랑하는 모든 이들에게."

나는 아주 젊은 나이에 죽습니다. 그러나 죽지 않을 것이 있으니, 바로 나의 꿈입니다! 지금 이 순간만큼 그 꿈이 나에게 더 명확하고 더 찬란하며 더 가깝게 느껴진 적은 없었습니다. 자, 이제 내가 희생될 시간이 왔습니다. 희생을 실현할 시간이 다가오고 있습니다. 이 편지도 끝나가고, 시간도 흘러갑니다. 단 세 시간이 나를 죽음과 갈라놓고 있을 뿐입니다. 나의 생은 끝을 향해 가고 있습니다.

곧 혹독한 겨울이 오고, 또 곧 아름다운 여름이 오겠지요. 나는 죽음을 비웃을 겁니다. 나는 죽지 않을 테니까요. 사람들은 나를 죽이지 못할 것이며, 나를 영원히 살게 할 겁니다. 내가 죽은 후 내 이름은 조종弔鐘처럼 울리지 않고, 희망을 향한 비약처럼 울릴 것입니다. 도움 없이 남겨진 가족들을 둔 수감된 동료들을 잊지 마십시오.[17]

이 죽어 가는 자들에 대해 이들이 사형 집행인보다 더 행복했다고 말할 수 있다. 몇몇 편지에는 거의 불편하게 느껴질 정도의 자기 확신, 곧 올바른 일을 위해 죽는 자들의 도덕적 우월성이 나타난다. 그런데 그리스도교 신앙이 예수가 죽음으로 하나님의 아들이 되었다고 말하려는 시도 역시 같은 것을 의미한다. 예수의 고별 설교는 확정된 확신, 곧 '영광'에 대해 말한다. 사형 선고를 받은 자들의 자부심은 예언자적 자의식, 곧 불멸의 의식에서 비롯된다. 행복과 두려움 없는 상태는, 그 이름이 '조종처럼' 울리지 않을 사람들의 것이다.

군사 법원은 내게 사형을 선고했다. 나는 죽기 몇 분 전에 이 글을 쓴다. 나는 건강하고, 활력이 넘치며, 무한한 삶의 의지로 가득차 있다.…그러나 구조될 가망은 없다. 나는 죽어야 한다. 그러나 나는 우리 같은 사람에게 어울리게 확신과 용기를 갖고 죽을 것이다. 나는 41년을 살았고, 그중 20년을 가난한 사람을 위해 헌신했다. 나는 평생 동안 사사로운 이익은 생각하지 않는 정직하고 성실하며 지칠 줄 모르는 투사였다. 나는 단 한 번도 불성실하지 않았다. 그리고 내가 살아온 것처럼 나는 죽는다. 우리의 일이 옳다는 것과 승리가 우리 것임을 알기 때문이다. 더 나은 시대가 오면 민중은 나를 잊지 않을 것이다. 언젠가 역사는 나의 보잘것없는 존재에 대해서도 진실을 말할 것이다. 나는 죽지만, 나는 살 것이다.[18]

이 글을 쓴 사람은 다른 많은 사람과 마찬가지로 공산주의자다. "나는 죽지만, 나는 살 것이다"라는 그의 말에는 사후 세계에 대한 어떤 관념도 배경으로 두지 않고 있으며, 계속 존재하리라는 개인적 기대도 없다. 이 글은 그의 삶을 역설적이면서도 정확하게 드러내는 표현이다. 두려움에서의 해방, 확신, 강함이 이 편지들에서 읽혀진다. 이러한 것들은, 그 일에 종사하다가 생을 마치는 개인들을 넘어서는 어떤 대의에 참여함에서 비롯된다. 그들은 자신들이 망각이라는 죽음에 맞서 살아가고 있음을 안다. "그러니 나는 너를 떠난다. 건강하게 지내라. 이제 너희 한 사람 한 사람이 다른 이들의 한 세기를 대신해야 한다."[19]

세 번째 공통 모티브는, 죽어 가는 많은 이들이 살아남은 자들에게 사명을 전달하려 한다는 사실이다. 예수가 제자들에게 자신이 그들을 사랑한 것 같이 서로 사랑하라고 요 13:34 반복해서 부탁하셨듯이, 곧 자신이 그들에게 그랬던 것처럼 서로에게 그런 존재가 되어 주라고 하셨듯이, 이 죽어 가는 자들 역시 자신의 삶을 하나의 유언으로, 그리고 위임받은 유산으로 내어놓는다. 한 감방 벽에 이렇게 긁혀 있었다. "이 몸이 더 이상 존재하지 않게 되더라도, 이 정신은 남겨진 자의 기억 속에서 여전히 살아 있을 것이다. 그것이 언제나 본보기가 되도록 힘써라." 한 딸은 자신의 어머니에게 이렇게 썼다. "엄마, 엄마는 살아서 나 대신 세상에 많은 선을 이룰 수 있도록 용감해지셔야 해요. 그게 내 부탁이에요."

자신의 행동으로 불러온, 그런 의미에서 '자발적' 죽음에 대한 확신, 살아남은 자들에 대한 염려, 자신의 대의가 정의롭다는 자부심, 계속되는 사명—이러한 것들은 예수의 고별 설교에서와 마찬가지로 이 편지들에서도 특징적인 요소들이다. 수난사는 객관적인 보고가 아니라 우리의 교훈을 위해 쓰였다. 우리는 그 이야기들 안에서 패배한 자들을 대하는 우리의 태도와, 인간답게 고난받는 우리 자신의 가능성을 인식하게 된다. 옛 기도문에는 "그리스도의 수난이여, 나를 굳세게 하소서"^{Passio Christi, conforta me}라는 구절이 있다. 어떻게 이것이 가능할까? 단순히 그리스도의 고난을 떠올린다고 해서 되는 일이 아니다. 그것은 그리스도의 신성이 자명하던 시대, 그래서 예수의 고난이 우리의 고난에 동참하시는 하나님의 마음을 표현할 수 있었던 시대에나 의미가 있었다. 그러나 오늘 우리에게 있어서 수난이 주는 위로는 더 이상 그런 전제 위에 세워질 수 없다. 하나님의 아들이 고난받았다는 것이 아니라, 인간 예수가 어떻게 고난받았는가가 우리를 강하게 한다. 그것은 인간에게 어떤 가능성이 있는

지를 보여주며, 우리의 고난도 인간적으로 변화될 수 있다는 희망을 준다. 순전히 역사적 사실로서만 본다면 예수 이야기는 어떤 파급적인 의미도 갖지 못한다. 그 이야기가 계속 이어지는 이야기로서 이해되고 받아들여질 때 비로소 의미를 갖는다. 예수는 지금도 우리 눈앞에서 계속해서 죽어가고 있다. 그의 죽음은 완결되지 않았다. 사람들이 고통받는 곳마다, 그는 고난받는다.

우리가 예수의 죽음을 단지 역사적으로만 생각하고 그것이 지니는 더 깊은 의미를 묵상하지 않는다면, 그런 기억은 진실이 빠진 전례典禮에 머물고 말 것이다. 예수가 지금도 계속 죽어가고 있다는 사실을 잊으며, 우리는 수난 자체를 부정하게 된다. "이것을 행하여 나를 기억하여라"는 말씀은 우리의 망각을 깨우고, 예수의 죽음을 기억하게 하지만, 그 기억은 희생자들의 계속되는 죽음 안에서 인식될 때 비로소 성취된다. 신학의 과제는 순교자들이 남긴 마지막 편지에서 예수의 요구를 듣고, 그들의 목소리에서 예수의 목소리를 다시 알아내는 것이다.

이 사람들은 엄한 아버지 앞에 선 아이처럼 서 있지 않는다. 그들은 자신의 목숨을 잃게 된 것에 대해 탄식하지만, 자신에게 부과된 운명을 더 이상 원망하지 않는다. 그들은 "하나님, 어째서 이런 일을 허락하십니까?"라고 묻지 않는다. 그들이 다른 말로 "나의 하나님, 나의 하나님, 어찌하여 나를 버리셨습니까?"라고 반복하는 그 순간에도, 요한복음의 말씀 "아버지와 나는 하나이다"요 10:30에 표현된 예수의 확신은 여전히 그들 안에 남아 있다.

그러한 확신이 그들을 붙든다. 그들은 자신이 보내심을 받은 자, 곧 정의를 실현하라고 부르심을 받은 자임을 안다. 그리고 그들이 추구하는 정의라는 더 큰 대의는, 그들이 죽음 안에서도 '받아들여지고' '영광스럽게 된다'는 것을 의미한다. 그들은 그들 위에서 승리를 선언한 세상보다 더 강하다.

인간이 겪는 고난은 예수가 보여주신 하나님과의 일치 안에서, 그리고 인간을 대적하는 것이 아니라 인간을 위한 것이라는 삶의 진리에 대한 흔들림 없는 확신 안에서 충분히 감내될 수 있다. 예수의 수난은 그렇게 자발적으로 받아들인 고난의 전형이다. 그것은 예수의 요구를 따르려고 하지 않는 '세상', 즉 사회에 대한 고난이다. 그것은 또한 현대적 의미의 수난, 곧 무조건적인 것에 대한 열정이기도 하다. 사형 선고를 받은 자들은 성인들처럼, 그 수난을 살아 낼 수 있다는 것이 무엇을 의미하는지 우리에게 보여준다.

고난은 인간을 자연적으로 '악마의 순교자'로 만든다. 두려움, 침묵, 공격, 맹목적 증오는 고난을 통해 확증되고 더욱 자라난다. 그런데 그리스도 안에서—다시 말해, 인간에게 자명하지 않은 참된 가능성 안에서—고난은 우리의 자기 확신, 우리의 고집, 우리의 힘을 이끌어 낸다. 우리가 사랑과 하나되어 있다는 사실은 철회될 수 없다. 악마의 순교자들이 되지 않고 고난을 배운다는 것은, 전체와의 일치를 의식하며 사는 것을 뜻한다. 그렇게 고난당하는 자들은 파괴될 수 없다. 그 무엇도 그들을 하나님의 사랑에서 끊을 수 없다.

4. 고난과 무신론

우리를 파괴하는 것이 아니라 오히려 우리를 파괴할 수 없는 존재로 만들고, 우리에게 삶을 어느 때보다 더 사랑하도록 가르치는 그런 고난이 존재한다는 사실을 우리가 이해하게 될 때, 바로 그때에 이러한 모든 가능성이 차단된 무의미한 고난이 지닌 공포가 드러난다. 어떤 목적 때문에 죽은 것이 아닌 이들, 아이들, 우연히 체포된 자들, 국외자들의 편지들은 이러한 결실 없는 고난의 공포를 증언한다. 그들의 죽음에는 자부심이 없고, 오로지 탄식만 있다. 그들의 고통은 해결될 수 없고, 어떠한 논리로도 설명될 수 없다. 영문도 모른 채 강제로 희생당한 자들의 고난은 그 어떤 해석의 시도도 거부한다. 단속 중에 끌려간 갈리치엔Galizien(오늘날 폴란드 남동부와 우크라이나 서부에 걸쳐 있는 접경 지역. 제2차 세계대전 당시 유대인 인구가 가장 밀집해 있던 지역 중 하나이자 나치 독일에 의해 가장 참혹한 홀로코스트가 자행된 곳 중 하나—편집자) 출신의 열네 살 유대인 소녀이남긴 편지에는, 그 어떤 확신도 위로도 찾을 수 없는, 변형될 수 없는 아픔만이 서려 있다.

사랑하는 나의 부모님께,

하늘이 종이이고, 세상 모든 사람이 잉크라 할지라도, 나는 내 고난과 내 주위에서 보는 모든 것을 다 묘사할 수 없을 것입니다.

수용소는 어느 숲속 빈터에 있습니다. 아침 일찍부터 우리는 일하러 숲으로 가야 합니다. 신발을 빼앗겼기 때문에 내 발에서는 피가 납니다. 하루 종일 거의 아무것도 먹지 못한 채 일하고, 밤에는 땅바닥에서 잡니다(외투도 빼앗겼습니다).

매일 밤, 술 취한 군인들이 와서 우리를 나무 막대기로 때립니다. 내 몸은 피멍으로 까맣게 변해 마치 숯덩이처럼 보입니다. 가끔은 우리에게 당근 몇 개나 사탕무 하나를 던져 주곤 하는데, 그걸 차지하려고 서로 때리고 다투는 꼴이 참으로 부끄럽습니다. 조그만 조각 하나, 잎사귀 하나라도 잡으려고 난리가 납니다. 그저께는 두 소년이 탈출했습니다. 그러자 우리를 한 줄로 세우고, 다섯 번째마다 한 명씩 사살했습니다. 나는 다섯 번째가 아니어서 그 자리에서 죽지는 않았지만, 여기서 살아 나갈 수 없다는 것을 압니다. 사랑하는 엄마, 사랑하는 아빠, 사랑하는 형제자매 여러분, 모두 안녕히 계세요. 저는 지금 울고 있습니다.[20]

이러한 고난 앞에서는 어떤 형태의 해석이라도 일종의 낙관주의로 나타난다. 쇼펜하우어 Schopenhauer 가 비판했듯이, 그것은 "부조리할 뿐 아니라 진실로 사악한 사고방식이며…인류의 말로 다할 수 없는 고난에 대한 신랄한 조롱이다."[21] 강요된 고난 앞에서는, 고난을 사랑이 가야 할 배움의 길로 보려는 그리스도 중심적 해석의 시도조차 아무 의미를 가질 수 없다. 고난과 삶과 죽음을 배우는 것으로 이해된 그리스도의 수난은 유대인 소년 하임[Chaim]에게 아무 의미가 없다. 바로 이렇게 무의미하게 고난당하는 사람들을 위해서는 전능하고 선한 하나님이 필요하겠지만, 바로 그들 앞에서 그러한 하나님을 사랑하려는 시도는 실패한다. 무의미한 고난 앞에서 이러한 하나님에 대한 질문이 제기된다. 그분은 어디에 있는가? 그저 지켜보고만 있는가? 한 젊은 공산주의자 여성이 자신의 어머니에게 이렇게 썼다. "엄마의 삶 전체는 비탄의 삶이었어요. 하나님은 없습니다. 내가 밖에 있었을 때는 그 사실을 가끔 의심했지만, 이제는 확실히 알겠어요."[22]

"하나님은 없습니다"라는 결론에 이르기까지의 과정은 거의 자연스러운 전개로 간주될 수 있다. 인간이 무의미한 고난을 직면하게 되는 곳이라면 어디에서나, 전능과 사랑을 동시에 지닌 하나님에 대한 믿음이 흔들리거나 파괴될 수밖에 없다. 이러한 믿음은 하나님의 전능, 불가해성, 비밀스러운 기쁨이 사랑을 압도할 때만 유지될 수 있다. 이러한 믿음은 더 이상 아버지와의 일치가 아니라, 더 강한 존재에게 단순히 복종하는 것이 되어 버린다.

보다 일관된 다른 대답은, 그런 하나님은 버리는 것이다. 베르톨트 브레히트는 한 여성에 대한 이야기를 들려준다. 그 여성은 매우 독실한 자신의 할머니가 여러 날에 걸쳐 아주 고통스럽게 죽어 가는 모습을 지켜보아야 했다. 고열에 시달리면서도 "할머니는 끊임없이 기도하려 했으나 주기도문을 잊어버려 매우 괴로워했다. 이 죽음은 하나님에 대한 내 남은 믿음마저 앗아갔다."[23] 이러한 경험은 흔하며, 거의 누구도 피할 수 없다. 그 결과는 의식적 무신론, 곧 운명 위에 군림하며 모든 것을 주관하는 선한 하늘의 존재는 없다는 확신이다. 브레히트는 이 이야기를 개인의 일화로서가 아니라, 현대 세계로 나아가는 길 위에서 인간이 경험하는 것들에 대한 간결한 묘사로 제시한다.

무신론은 인간의 고난에서 생겨난다. 자신의 삶을 그에게 바친 여성을 죽음에서 이토록 무의미하게 괴롭히는 하나님은 있을 수 없다. 그러나 이러한 경험 속에서 무너지는 믿음은, 그리스도와 거의 무관한 유신론이다. 이런 종류의 이야기들은 하나님에 대해 말하지만, 결코 예수에 대해 말하지 않는다. 분명 그리스도교의 전파와 교육은 여전히 전능한 파라오 이상의 것을 전달하지 못하고 있다. 여러 학급을 대상으로 그리스도교에서 가장 중요한 것이 무엇인가라고 물었을 때, 하나님·영혼의 불멸·도덕적—특히 성적인—규범에 대한 대답이 나왔다. 그리스도는 등장하지 않았고, '그리스도교'라는 이름에 대해 설명하는 일도 없었다. 그리스도는 알려져 있지 않다. 고난을 만들고 또 없애는 존재가 하나님으로 알려져 있을 뿐, 고난당하는 존재는 알려져 있지 않다. 하나님은 여전히 전능한 주관자로서, 고난과는 그것을 일으키거나 제거하는 방식으로만 관계를 맺는 존재로 이해된다. 이러한 하나님 신앙에 비추어 보면, 대중적 무신론의 확산은 그 평범성에도 불구하고 하나의 진보다.

이 무신론의 평범성은, 위대한 파라오가 그렇게 불충분하게 답변했던 질문들이 그가 제거됨으로써 이미 답변되었다고 가정하는 데 있다. 인간의 고난이라는 문제에서 단순히 후퇴하는 것, 곧 신정론의 문제를 포기하는 것은 해결책이 아니다. 고난을 해결할 수 없는 문제라고 선언하고 그대로 옆으로 밀어 놓는 것으로는 아무것도 해결되지 않는다. 브레히트는 이런 종류의 질문을 형이상학적 질문의 시대로부터 물려받은 '나쁜 습관'이라고 비방했다. "가도 도달할 수 없는 곳에 가는 일…생각해도 해결할 수 없는 문제에 관해 생각하는 일, 우리는 이런 버릇을 버려야 한다."[24] 그러나 이렇게 강제로 버릇을 버리라는 것은 오히려 억압에 가까워 보인다. 사랑은 고난과 파괴의 무의미함과 타협할 수 없기 때문이다. 사랑은 더 이상 도울 길 없는 사람을 염려하는 버릇을 버리지 못한다.

많은 마르크스주의 사상가가 옆으로 밀어 놓은 문제들—주체성, 고난, 죽음의 문제—이 다시 등장한다. 이러한 문제들이 제기되기 이전의 자연적 상태로 되돌아가는 것은 불가능하다. 쇼펜하우어에 의하면, 일단 펼쳐진 주체성과 그 인식의 풍부함은 "고통을 느낄 수 있는 능력에 달려 있다.…이 능력은 인간에서 최고도로 도달하며, 그가 지적일수록 더욱 높은 단계에 이른다."[25] 인간은 무감각해지거나 온갖 방식의 산만함으로 인해 고난의 의미를 묻는 일을 중단해서는 안 되며, 그렇게 할 수도 없다. 문제로부터의 후퇴가 아니라, 문제의 극복이 필요하다. 고난을 만드는 자이자 없애는 자에 대한 그릇된 기대는 극복될 수 있다. 인간은 자신의 삶, 곧 '그리스도를 닮는' 삶으로 고난에 관한 질문에 답변할 수 있다. 고난을 인간답게 만드는 가능성을 보여주는 것은, 팔짱을 껴서 자신을 작게 만든 채 기다리면서 동요하지 않는 태도로 거리를 유지하는 스토아적 영웅이 아니라, 부딪히는 모든 것에 팔을 벌리면서 신비주의적으로 고난을 당하는 사람이다. 그는 초월적으로 개입하는 하나님에 대한 믿음과 희망은 포기했지만, 고난의 변화와 고난 가운데서의 배움에 관한 희망은 포기하지 않았다.

5. 십자가

의미 없는 고난 앞에서 어떻게 희망을 말할 수 있을까? 나는 아우슈비츠에서 살아남은 엘리 비젤^{Elie Wiesel}이 그의 책 『밤』에서 기술한 이야기로 출발하고자 한다.[26]

친위대는 수용소 인원들 앞에서 유대인 남자 두 명과 소년 한 명을 교수형에 처했다. 남자들은 즉시 죽었지만, 소년의 사투는 30분간 지속되었다. "하나님은 어디 있는가? 그는 어디 있는가?" 내 뒤에 있던 누군가가 물었다. 한참이 지난 후에도 소년은 여전히 밧줄 때문에 괴로워했다. 나는 그 사람이 다시 이렇게 외치는 소리를 들었다. "지금 하나님은 어디 있는가?" 나는 내 안의 목소리가 이렇게 대답하는 소리를 들었다. "하나님이 어디에 있느냐고? 여기 있다. 하나님은 저기 교수대에 매달려 있다."

이러한 경험에 관해 이야기하기는 어렵다. 신학적으로 성찰한다고 해서 질문에서 답변에 이르는 길을 갈 수 있는 것은 아니다. 성찰은 이 길 자체를 놓칠 위험을 안고 있는데, 그것이 다른 상황에 결부되어 이 질문을 제대로 헤아릴 수 없기 때문이다.

유대교 종교 사상 안에서는 이 질문에 대한 답변을 '쉐키나'Schekhinah, 곧 '세상에 거하는 하나님의 임재'에서 찾는다. 카발라중세 유대교 신비주의 가르침에 의하면, 하나님은 타락 이후 고난받고 구원이 필요한 세상을 혼자 버려두지 않으신다. 그의 영광은 "몸소 세상으로 내려와 그 안으로, 곧 '망명'에 들어가시며, 암담하고 고난받는 피조물 곁에, 그들의 결함 한가운데에 거주하신다."[27] 천하고 낮아진 형상으로 하나님은 망명 중인, 감옥에 갇힌, 순교당하는 자신 백성의 고난에 참여하신다. 방랑하고 헤매며 흩어져 있으면서도, 그분의 임재는 피조물 가운데 머물며 피조물을 통한 하나님의 구속을 기다린다. 인간이 고난받을 때 하나님도 고난받으신다. 하나님도 고통에서 해방되어야 한다. "하나님이 세상에 거하시는 것은 단순히 형식적 망명이 아니다. 그리고 세상의 운명을 함께 겪으시는 것도 결코 겉치레가 아니다." 그러므로 이렇게 말할 수 있다. 하나님은 '쉐키나'의 형상으로 아우슈비츠의 단두대에 매달려 계시며, "구원을 향한 첫 움직임이 세상에서부터 시작되기를" 기대하고 계신다. 구원은 외부나 위로부터 인간에게 도래하지 않는다. 하나님은 그의 창조를 완성하기 위해 인간을 필요로 하신다. 바로 그 때문에 하나님도 인간과 함께 고난받으셔야 한다.

그리스도교 전통 안에서 해석하자면, 여기서 고난받고 죽는 이는 그리스도다. 그러나 이러한 해석, 곧 그리스도를 아우슈비츠에서 가스로 독살된 사람들, 베트남에서 네이팜탄에 타죽은 자들과 관련짓는 해석이 무엇을 이루는지에 대한 질문에 직면해야 한다. 비교할 수 없는 것을 비교하는 일은—예컨대 1세기 종교 지도자를 살해한 로마 법정 살인과 20세기 파시즘적 인종 말살을 비교하는 경우처럼—은밀하게 폭력을 희석시키고 심지어 정당화하는 일이 된다. 비교 기준은 희생자 수나 죽음 방식이 아니다. 50세 도급제 여성 노동자도 예수 못지않게 십자가에 매달린다. 단지 더 오래 매달려 있을 뿐이다. 관련지어질 수 있는 유일한 것은 자신에게 가해진 고난에 대한 인간의 태도, 그의 배움과 그의 변화이다. 그리스도교 해석의 정당성은 오직 아우슈비츠의 증언을 지지하고 그것을 더 분명하게 드러낼 때 입증된다.

예수의 수난 이야기에서는 결정적인 전환이 일어난다. 즉, 고난을 모면케 해달라는 간청에서, 그것이 이루어지지 않을 것이라는 절박하고 분명한 의식으로의 전환이다. 겟세마네에서 골고다로 가는 길은 (나르시시즘적) 희망으로부터의 결별이다. 이와 같은 전환은 아우슈비츠 이야기 속에서도 동일하게 일어난다. 시선은 전능한 아버지로부터 고난받는 사람 자신으로 옮겨진다. 그러나 이 고난받는 사람이 모든 것을 혼자서만 견뎌내야 하는 것은 아니다. 예수의 수난 이야기의 본질은, 하나님께 버림받은 바로 그 사람이 하나님이 된다는 것이다. 예수는 더 이상 아버지를 기다리는 어린아이로 죽지 않는다. 엘리 엘리나의 하나님, 나의 하나님라는 외침은 성숙해져 가는 절규이며, 이러한 절규의 고통은 출산의 고통과 같다. 사회학적으로 종교를 실망에 대한 일종의 안전장치들의 묶음으로 이해한다면, 그것은 아버지에게 집착하는 태도를 내면화한 것이라 할 수 있다. 그러나 그럴 때 "믿음은, 프로이트가 말한 것처럼, 아버지를 떠나려는 이에게 주어지는 과제 일부를 수행하는 일이 된다."[28]

아버지를 포기하는 과제는 아우슈비츠에서 전해진 이야기에서도 수행되지만, 그리스도의 죽음과 부활이라는 신화적 이야기와는 다른 방식으로 수행된다. 신화적 이야기는 여기서 조각나고 개별 목소리들로 분해된다. 예수가 혼자 경험한 것이 여기서는 세 사람에게 나누어진다. 화자 뒤에 서 있던 사람은 예수가 소리친 것처럼 소리치고, 소년은 예수가 죽은 것처럼 죽으며, 화자는 하나님이 어디에 있는지, 더 정확히는 누가 하나님이신지—바로 교수형을 당한 자—를 말해주는 음성을 듣는다. 그러나 예수가 한 인물 안에서 질문이자 희생이며 동시에 대답이었던 것과 달리, 이 이야기에서는 모든 소통이 단절된다. 묻는 자는 답변을 받지 못하고, 죽어 가는 자에게는 메시지가 닿지 않으며, 그리고—가장 견디기 힘든 일로—화자가 그 음성과 단둘이 남겨진다.

하나님이 '저기 교수대에' 매달려 있다는 결정적 진술은 두 가지 의미를 가진다. 첫째, 그것은 하나님에 대한 진술이다. 하나님은 사형 집행인이 아니며, 전능한 관객도 아니다(결과적으로 두 모습은 다를 바 없다). 하나님은 강력한 폭군이 아니다. 고난받는 자와 고난을 만드는 자 사이에서, 희생자와 처형자 사이에서 '하나님'—사람들이 이 말로 무엇을 생각하든—은 고난받는 자의 편에 서 있다. 하나님은 희생자의 편에 계시며, 교수형을 당하신다.

둘째, 그것은 소년에 대한 진술이다. 만약 그것이 소년에 대한 진술이 아니라면, 이 이야기는 거짓이 되며, 첫 번째 진술 역시 무의미해진다. 그런데 소년에 관한 진술을 어떻게 냉소 없이 할 수 있을까? "그는 하나님과 함께 있다. 그는 부활했다. 그는 하늘에 있다." 이런 상투적인 말들은 거의 다 높은 무관심을 품은 성직자적 냉소에 불과하다. 때때로 누군가는 진리에 닿기 위해 그러한 문장들을 더듬더듬 내뱉기도 한다. 마치 어린아이가 이해하지 못하는 말을 선생을 믿고 따라 하듯 말이다. 그렇게 말하는 것은 여전히 가능하다. 다만 그렇게 계속해서 말하는 사람은 자신을 파괴할 따름이다. 믿음을 배운다는 것은 곧 말을 배운다는 것이며, 신학적으로는 우리에게 주어진 언어의 틀을 초월하는 것이 필요하기 때문이다. 고전 신학이 주장해온 모두를 위한 생명을 단순히 붙잡아 두는 데 그치지 않고, 그것을 해방의 언어로 번역해낼 수 있는 말은 과연 무엇일까? 우리는 "여기 그분이 계신다. 저기 교수대에 매달려 계신다"라는 문장에서 "참으로 이분은 하나님의 아들이셨다"라는 로마 백부장의 고백에 귀 기울이는 법을 배워야 한다. 6백만 명(제2차 세계대전 홀로코스트에서 희생된 것으로 추정되는 유대인의 수—편집자), 그 각각의 모든 사람은 하나님이 사랑하셨던 아들이었다. 부활은 그때에도 이와 다르게 일어나지는 않았다.

하나님은 하늘에 계시지 않고 십자가에 매달려 계신다. 사랑은 초지상적이고 간섭하며 자기를 주장하는 힘이 아니다. 십자가를 묵상한다는 것은 이러한 꿈과 결별하는 것을 의미할 수 있다.

고난 가운데서 약자의 강함을 경험하는 자, 고난을 자기 삶에 포함시키는 자, 고난에서 해방되는 것을 최고 목표로 삼지 않는 자, 바로 이런 자들이 무의미한 삶 속에서 원치 않게 십자가에 못 박힌 타인을 위해 존재한다. 형이상학의 언어가 약속해 왔던 다른 종류의 구원은 더 이상 불가능하다. 고난을 일으키는 하나님은 나중에 고난을 없애 준다 하더라도 정당화될 수 없다. 어떠한 천국도 아우슈비츠 같은 비극을 보상할 수 없다. 그러나 더 높은 파라오가 아닌 하나님은, 고난을 함께 짊어지고 십자가 에서 함께 죽으심으로써 스스로를 정당화^{의롭게}하셨다.

하나님은 우리 손 외에 다른 손을 가지고 계시지 않다. 그 러나 오늘날 종종 신화적 단어인 '하늘'을 번역하는 데 사용되 는 '미래' 또한, 아우슈비츠의 그 소년이 그렇게 죽어야만 했던 사실을, 그리고 우리 시대의 하임 같은 아이들이 그런 편지를 써야만 했던 사실을 바꿀 수 없다. 그러나 이 미래는 이 아이들 의 기억을 보존하고, 그 기억 안에서 죽음에 맞서는 투쟁을 더 잘 수행할 수 있게 해줄 수는 있다.

하나님이 저기 교수대에 매달려 계시다는 진술은 그 소년 에게도, 우리에게도 똑같은 의미를 가진다. 하나님은 우리 손 말고 다른 손이 없으시다. 다른 아이들을 위해 행동할 수 있는 손은 바로 우리 손이다.

누군가는 이런 생각에서조차 죽은 자들이 산 자들을 위해 '이용된다'고 이의를 제기할 수 있다. 그들이 우리를 도와야 하 고, 우리를 변화시켜야 한다. 이는 맞는 말이다. 그러나 죽은 자 들과 맺을 수 있는 다른 관계가 있을까? 죽은 자들을 기억하고 그들을 위해 기도하며 그들을 기억하며 나누는 모든 음식이, 우

리가 죽은 자들을 '필요로 한다'는—곧 그들을 필요로 하고 그
들을 이용한다는—이중적 의미를 지니고 있지 않은가? 그들은
세상일에 어두우며, 이러한 활용에 대해 무방비하다. 하지만 그
들을 우리 삶의 과업 속에 포함시키는 것 외에는 우리가 그들
을 사랑할 수 있는 다른 방법이 없다. 그들로부터 자양분을 취
하는 것 외에는 다른 가능성은 없다. 그리고 어쩌면 이것은 우
리가 그들에게 지고 있는, 삶 속에서 결코 지워질 수 없는 빚을
가리키는 것일지도 모른다. 우리는 우리 행동을 통해 그들을 사
후에 '악마의 순교자'—태양 아래 끊임없이 반복되는 불의의
순환을 확인하고 우리는 침묵하게 만드는—로 만들 수 있다.
그러나 우리는 또한 그들을 하나님을 찬양하는 데 사용할 수도
있다.

　　이러한 의미에서 헛되이 그리고 성과 없이 고난받는 사람
들은, 정의와 하나되어 고난받는 다른 이들에게 기댈 수밖에 없
다. "나는 죽지만, 나는 살 것이다"라고 말하는 이도 없고, "나
와 아버지는 하나다"라고 말하는 이도 없다면, 말없이 희망도
없이 고난당하는 사람들에게는 그 어떤 희망도 남아 있지 않
을 것이다. 그렇지 않다면 모든 고난은 아무 의미도 없고, 파괴
적이며, 손쓸 수 없는 고통이 될 것이다. 모든 슬픔은 '세상에서
온 것'이 되어 죽음으로 이끄는 것이 될 것이다. 그러나 우리는
다르게 살았고 다르게 고난받은 사람들에 대해 알고 있다. 대리
적 의미를 갖는 부활의 역사가 존재한다. 사람의 부활은 그들

자신만을 위한 특권이 아니다. 그 이름이 나사렛 예수라 불린다고 해도 마찬가지다. 부활은 모든 사람을 위한, 전체를 위한 희망을 그 안에 품고 있다.

[Ⅵ]

노예의 종교

삶의 비밀은, 우리에게 가장 고통스럽게 결핍된 것을 우리가 이미 가진 것처럼 행동하는 데 있다. 그리스도교의 가르침은 바로 이것이다. 모든 것이 선을 위해 창조되었다는 것, 사람들 사이에 형제애가 존재한다는 것을 확신한다는 것—그런데 만약 그것이 사실이 아니라면 어떻게 되는가? 사물을 이런 식으로 볼 때 얻어지는 위로는, 그렇다고 믿는 데 있지 그것들이 실제로 존재한다는 데 있지 않다. 왜냐하면 내가, 네가, 그가, 그녀가 그렇다고 믿는다면, 보라—그것은 참으로 드러날 것이다.

체사레 파베세, 『일기』, 1941년 2월 3일.

1. 시몬 베유, 영원한 안티고네

우리는 고난의 상황에서 출발해 그것이 어떻게 이해되었고 어떤 변화를 불러일으켰는지를 보여줌으로써 고난이라는 주제에 접근할 수 있다. 그러나 적어도 이에 못지않게 중요한 일은 의식적으로 고난당한 사람들을 주목하는 것이다. 즉, 우리가 아는 사람들, 고난 가운데서도 혹독해지지 않고 더 선해지는 사람들, 타인을 위해 자발적으로 고난을 받아들인 사람들 말이다. 그런 사람들은 존재하며, 그들에게서 흘러나오는 힘은 성인聖人들의 위로다.

금세기의 성인들을 꼽으라 한다면, 사람들은 아마 프랑스계 유대인인 시몬 베유를 그 이름들 중 하나로 들 것이다. 비록 그녀가 "교회에 들어가기보다는 교회를 위해 죽는 것"을 더 기꺼이 여겼지만 말이다. 그녀는 생각과 행동 사이에 그 어떤 사소한 차이도 허용하지 않았다. 그녀의 철학적·신학적 사고, 가르침, 저술은 노동운동과 이후 히틀러에 맞선 저항운동에서의 그녀의 행동과 일치했다.

그녀는 서로 다른 영역들의 접경지대에서 살아간 사람이었다. 수학과 신비주의, 유대교와 가톨릭, 고대 철학과 마르크스주의가 그녀의 사유 안에서 서로 교차했다. 경계, 혹은 그녀 자신의 표현대로 '문지방', 곧 집도 아니고 거리도 아닌 곳이 그녀에게 가장 친숙하고, 그녀 마음에 드는 장소였던 듯하다. 그녀는 비교파적 의미에서 그리스도인이었으나 세례를 받지 않았다. 세례를 받는 것은 자신의 진리, 곧 문지방의 진리를 배반하는 것이기 때문이었다. "나는 내가 태어난 이후 줄곧 서 있었던 그 자리, 곧 그리스도교와 그리스도교가 아닌 모든 것이 교차하는 지점을 결코 떠날 수 없다. 나는 언제나 정확히 이 자리에, 교회의 문지방 위에, 움직이지 않고 동요하지 않은 채 인내하며 서 있다."[1]

시몬 베유는 유복한 유대인 가정에서 태어나 파리에서 자라고 공부해 교사가 되었다. 그러던 어느 날 1년간의 휴가를 신청해 전기 공장에서 보조 노동자로, 이어 르노^{Renault} 공장에서 금속 절단공으로 일했다. 그녀는 가명을 사용했고, 공장 근처에 셋방을 얻어 다른 노동자들과 조금도 다름없이 생활하려 했다. 익숙하지 않은 육체 노동은 그녀에게는 고통이 되었는데, 그녀가 어려서부터 거의 지속적으로 격심한 두통에 시달려 왔기 때문이다. 그녀는 이러한 경험을 「노동 조건」^{La Condition ouvrière}이라는 보고서에 담아 성찰했는데, 그녀가 쓴 거의 모든 글과 마찬가지로 이 보고서도 그녀가 죽은 후에야 출간되었다. 그 안에는 이 실험을 기록한 '공장 일기'가 포함되어 있는데, 이 실험은 생각할 수 있는 최악의 조건하에서 이루어졌다. 예를 들어, 1934년 12월 17일에는 이렇게 적혀 있다. "피로하고 낙담했다. 허약한 체질 탓이다. (일요일에) 24시간 동안 자유로운 인간이었다가 이제 다시 노예 같은 삶에 익숙해져야 한다는 느낌…이 56상팀(생산량에 따라 변하는 임금)에 대한 혐오감, 느린 작업 속도나 불량품 때문에 잔소리를 들을 것이 뻔한데도 스스로를 몰아붙이고 소진해야 하는 강요…노예라는 느낌."[2] '빨갱이 처녀'라는 별명을 얻었던 부르주아 지식인이자 고등사범학교^{에콜노르말쉬페리외르} 출신이었던 그녀는, 질병과 과로로 쇠약해진 자신의 몸으로 프롤레타리아트 실존의 조건을 시험해보려 했다. 이미 시골에서 교사로 일할 때부터 그녀는 노동자와 실업자들의 대변인이 되었고, 노동조합에서 활동하며 행진과 시위에 참가했다. 그 결과 그녀는 학교 당국에 소환되어 경고를 받았으며, 마침내 징계를 당해 전임되었다.

1940년 히틀러가 프랑스를 정복한 후, 시몬 베유는 부모와 함께 그때까지 아직 점령되지 않은 프랑스 남부에서 살았다. 그 시기 그녀는 그리스어와 철학에 더욱 몰두했고, 산스크리트어를 배웠으며, 신비주의에 전념하는 동시에 레지스탕스에도 가담했다. 1942년 봄, 그녀는 오랜 망설임 끝에 부모와 함께 미국으로 이민 갈 준비를 마쳤다. 그러나 그곳에서 신비주의와 산스

크리트어를 계속 연구할 수 있었음에도, 오래 머물지는 못했다. 그녀는 곧 영국으로 건너가, 모리스 슈만^{Maurice Schumann} 밑에서 프랑스 망명정부의 일을 도왔다. 그녀의 자리는 이곳에서도 명상적 신비주의와 정치적 참여 사이의 경계선 위에 있었다.

그녀는 유대인으로서 프랑스를 위한 투쟁에 능동적으로 참여할 수 없었기에, 함께 고난을 당하는 연대의 길을 갔다. 그녀는 프랑스인들이 식료품 카드에 따라 받을 수 있었던 배급량과 동일한 배급량으로 자신의 배당을 제한했는데, 그 배급량은 프랑스 현지에서는 많은 경우 보충될 수 있었던 것이었다. 이렇게 자신을 가장 가난하고 가장 무력한 이들과 동일한 수준에 놓으면서 그녀의 고난은 더욱 악화되었다. 그녀는 결국 1943년 봄에 병원에 입원했다. 그녀는 1943년 8월 24일, 켄트주 애쉬퍼드의 요양원에서 34세의 나이로 사망했다.

시몬 베유의 주제는 고난이다. 그녀는 안티고네의 운명을 통해 도처에서 지배적인 척도, 곧 친구와 적을 나누는 구분에 진지하게 반대하는 사람들에게 어떤 일이 닥치는지를 거듭 분명하게 보여주었다. 크레온은 안티고네에게 말한다. "적은, 설령 죽었다 해도 결코 친구가 아니다." 그리고 안티고네는 그에게 그 유명한 대답을 한다. "그러나 나는 미워하기 위해서가 아니라 사랑하기 위해 태어났어요."

시인의 관심은 일반적인 인도주의 이데올로기에 있지 않다. 시몬 베유도 이에 상응해 서로 미워하지 말고 사랑하자는 일반적인 선언이나 호소에서 시선을 돌려, 이 세상 안에서 사랑이 맞닥뜨리는 운명을 지적한다. 안티고네의 유명한 대답에 대한 크레온의 대답은 명확하고 섬뜩하다. 그 대답은 미움이 아니라 사랑에만 참여하는 이들이 다른 세계에 속하며 폭력적인 죽음을 피할 수 없음을 보여주기 때문이다. 크레온은 말한다. "그래. 네가 사랑하려거든 저 아래로 내려가서 거기서나 사랑해라!"[3] 우리가 소포클레스의 사랑에의 외침을 그의 운명과 사랑의 운명과 분리시킨다면, 그리스도를 십자가와 분리시키는 것만큼 그를 잘못 이해하는 것이리라.

그리스도교 신앙은 고난에 대해 그것을 단순히 폐기하거나 위로하는 방식으로 대응하지 않는다. 이 신앙은 '고난에 대한 초자연적 치료제'를 제공하지 않으며, 오히려 '고난의 초자연적 사용'[4]을 추구한다. 인간이 입은 상처와 훼손은 그 신앙에 의해 제거되지 않는다. 부활하신 그리스도조차 여전히 상흔을 지니고 있다. 그러나 고난을 없애지 않고 다른 방식으로 '사용'한다는 것은 무엇을 의미하는가?

고난 가운데서 인간은 "왜?"라는 절규로 내몰린다. 이 절규는 시몬 베유가 말한 대로, 『일리아스』 전체를 통해 울려 퍼진다. 이것은 그리스도의 절규이기도 하다. 이 절규에 답변이 가능하다면, 고난을 설명하고 위로하는 일도 가능할 것이다. 그러나 그리스도교에서는 이러한 환상이 지양된다.

"어떠한 대답도 존재하지 않는다. 위로가 되는 대답을 발견한다면, 그것은 미리 자신을 위해 꾸며낸 것이리라.⋯'왜'라는 말이 원인을 찾아내는 일을 뜻한다면, 답은 쉽게 나타날 것이다. 그러나 그것이 찾고자 하는 것은 목적이다. 우주 전체는 합목적성이 결여되어 있다. 불행으로 인해 산산조각이 난 채 쉼 없이 이 목적을 향해 외치는 영혼은 이러한 허무에 봉착한다."[5]

시몬 베유는 이러한 허무, 곧 하나님의 부재를 영혼 전체를 압도하는 두려움으로 규정했다. "이 부재의 동안에는 사랑할 수 있는 것이 아무것도 없다."[6] 불행을 이렇게 규정하게 되면, 불행은 다름 아닌 '위로할 수 없는 혹독함'이 되어 버린다. 우리를 가장 치명적으로 파괴하는 불행은, 계속해서 사랑할 모든 가능성을 우리에게서 빼앗아 가는 것이다. 알베르 카뮈Albert Camus의 말에 따르면, 정상적인 인간이면 누구나 빠지게 되는 자살의 유혹에는 우리가 더 이상 사랑할 수 없기에 더 이상 사랑하지 않으려 하고, 마침내는 스스로를 모든 관계에서 단절시키는 경향이 내포되어 있다. 불행·두려움·우울·우리가 삶의 기초로 삼았던 사람을 잃음으로써 나타나는 파괴—이 모든 것은 우리가 가장 필요로 하는 능력, 곧 계속해서 사랑하는 능력을 위협한다. "무서운 것은, 영혼이 사랑할 수 있는 것이 아무것도 없는 이 어둠 속에서 사랑하기를 멈출 때, 하나님의 부재가 최종적인 것이 되어 버린다는 점이다." 바로 이것이 죽음이며, 삶의 내용이라고 할 수 있는 모든 것과의 단절이다.

이러한 절망에 빠진 인간에게 가능한 유일한 구원은 '허무 속으로 들어가' 계속해서 사랑하는 것, 곧 더 이상 반응으로서가 아니며 경험된 행복에 대한 응답이나 유아적 감사에서 비롯되어서도 아닌, 모든 경험을 넘어서는 하나의 행위로서 하나님을 사랑하는 것이다. "영혼은 허무 속으로 들어가 계속해서 사랑해야 한다. 아니면 적어도 사랑하려고 노력해야 한다. 비록 그것이 영혼의 지극히 작은 부분으로만 하는 것일지라도 말이다. 그러면 언젠가 하나님이 직접 다가와 그 영혼에게 자신을 드러내신다."[7]

"사랑하기를 포기하지 않으면, 영혼은 언젠가 이르게 된다. 외쳐 부르짖던 질문에 대한 답변이 아니라—그런 답변은 존재하지 않기 때문이다—침묵 자체를 답보다 무한히 더 의미심장한 것으로서, 곧 하나님의 말씀 그 자체로서 듣게 되는 데 이른다. 그때 영혼은, 이 땅에서의 하나님의 부재가 하늘에 계신 하나님이 이 땅에 은밀히 임재하시는 것과 다를 바 없다는 사실을 깨닫게 된다."[8]

여기서 사용되는 '하나님', '영혼', 그리고 그 둘의 관계 같은 단어들에 당혹감을 느낄 필요는 없다. 마치 여기서 말하는 경험이 이러한 개념들을 명확하게 이해하는 자들에게만 허용되는 것인 양 생각할 필요는 없다는 뜻이다. 여기서는 그러한 것이 전혀 전제되어 있지 않다. 영혼이 무엇인지, 그리고 영혼이 살아가기 위해서는 어느 정도까지 하나님을 필요로 하는지는 전제가 아니라 과정의 결과다. 이 과정 자체는, 상속받지도 않았지만 그저 '꾸며낸' 것도 아닌 진짜 믿음을 구성하는 데 필수적인 두 가지 요소를 담고 있다.

첫 번째 요소는 절망의 어두운 밤, 우리가 원하지도 않았는데 지게 되는 십자가다. 그리스도인은 자신의 죽음을 이미 뒤에 둔 사람이다. "너희는 죽었었다"는 성서의 반복되는 진술이다. 그것은 관계가 모두 단절된 죽음이며, "나는 더 이상 할 수 없다"는 절규다. 고난은 죽음을 초래하며, 아무도 이 죽음을 피해 가지 못한다. 한때 우리였던 아이가 죽고, 샘솟는 활력을 지닌 청년들도 죽으며, 우리의 꿈과 환상도 죽는다.

우리에게는 고난을 피하고 이 모든 죽음을 우회할 선택권이 없다. 우리가 가진 유일한 선택은 무의미하고 부조리한 십자가와 그리스도의 십자가 사이의, 곧 자연의 흐름으로 무감각하게 받아들이는 죽음과 수난으로서 겪어 내는 죽음 사이의 선택이다. 두 번째 요소는 부활이다. 영혼이 절망의 밤 속에서도 '허무 속으로 들어가' 사랑하기를 그치지 않는다면, 그 사랑의 대상은 정당하게 '하나님'이라고 불릴 수 있다. 우리는 또한 십자가의 어두운 밤 속에서 나타나는 삶에 대한 무한한 긍정에 대해 말할 수 있다. 이러한 표현 방식은, 인격적 존재로 이해된 하나님과의 개인적 관계가 마치 필수적인 것처럼 보이는 인상을 피하고 있다. 십자가의 밤과 그 안의 빛에 대한 신비주의적 경험은, 그런 식으로 인격적으로 해석된 하나님과의 관계에 의존하지 않는다. 이와 유사하게 시몬 베유도 개인의 불멸성이라는 관념을 오히려 믿음의 걸림돌로 보았다. 부활에서 결정적인 것은, 자연적 인간이 죽고 삶의 직접성이 파괴된 상태에서도 인간이 계속해서 사랑할 수 있는가 하는 문제다.

사랑하기를 그치지 않는 능력은 하나님에 대한 믿음에 달려 있다. 우리가 그 믿음을, 세상의 총체성이 무의미하거나 공허하거나 우연적이거나 인간에게 무관심한 것이 아니라 오히려 인간을 위한 것이라는 확신으로 이해한다면 말이다. 그러나 가족 모두를 고문으로 잃고, 자신도 오랫동안 강제수용소에서 고문을 당한 사람이 어떻게 하나님의 이러한 자비를 믿을 수 있겠는가? "만약 그들이 하나님의 자비를 믿었다면, 지금은 더 이상 그것을 믿지 않거나, 그 자비에 대한 생각이 근본적으로 달라졌을 것이다."[9] 자비에 대한 믿음은 자연에서는 직접 찾아볼 수 없으며, 자연에 기초를 두고 있지도 않다. 이러한 시도를 하려면, 우리는 우리의 눈을 가리고, 귀를 막고, 모든 동정(함께 고난받음)을 뽑아내야만 한다. 역사 속에서 입증 가능한 의미나 제시 가능한 자비와 정의에 대한 이런 종류의 '믿음'은 믿는 자들을 오직 무각감으로 이끌 뿐이다. 그렇기에 그리스도교 신앙의 사고방식은 자연과 역사에서 도출되는 인식이 아니라, 본질적으

로 역설일 수밖에 없다. 보지 못해도 나는 믿는다.^{Credo, non video} 나
는 불의와 파괴와 무의미한 고난을 본다. 나는 정의와 장차 이
루어질 해방과 십자가의 밤에 일어나는 사랑을 믿는다. 그러나
바로 이 근거 없는 자비에 대한 믿음이야말로 노예들의 종교다.

2. 고난받는 자는 복이 있다

일 년 동안의 공장 생활을 마치고 교사 생활로 다시 돌아가기 전
에 부모님은 나를 포르투갈로 데려가셨다. 그곳에서 나는 부모님
과 떨어져 혼자서 작은 마을로 향했다. 그때 나는 정신적으로나
육체적으로나 말 그대로 산산조각 난 상태였다. 불행과의 이러한
접촉은 나의 청춘을 죽여 버렸다. 그 전까지 나는 내 자신의 불행
외에 다른 불행을 경험해본 적이 없었다. 그러나 내 불행은, 그것
이 내 것이라는 이유 때문인지 그다지 중요하게 느껴지지 않았
다. 게다가 그것은 생물학적 원인만 있었을 뿐 사회적 원인은 없
었기에 반쪽짜리 불행에 불과했다.

물론 나는 세상에 많은 불행이 있다는 것을 알고 있었고, 그 생각
은 끊임없이 나를 괴롭혔다. 그러나 나는 그것을 오랜 접촉을 통
해 경험한 적이 한 번도 없었다. 공장에서 지내는 동안, 나는 다른
사람들의 눈에도 나 자신의 눈에도 익명의 대중과 구별할 수 없
을 정도로 완전히 뒤섞여 있었다. 그때 다른 사람의 불행이 내 살

과 영혼 속으로 파고들었다. 아무것도 나를 그 불행에서 떼어놓지 못했다. 나는 내 과거를 실제로 잊어버렸고, 더 이상 어떤 미래도 기대하지 않았기 때문이다. 이 극도의 기진맥진 상태를 살아남을 수 있으리라는 것이 내게는 거의 상상조차 되지 않았으니까. 그곳에서 내가 겪은 일들은 내게 지울 수 없는 흔적을 남겼다. 그 결과, 오늘날까지도 누군가가—그게 누구든 어떤 상황에서든—나에게 거칠지 않은 말투로 말을 걸어오면, 안타깝게도 그 친절함이 곧 오해였음이 드러날 것 같은 느낌을 떨칠 수 없다. 그곳에서 내게 영원히 노예의 낙인이 찍혔다. 로마인들이 가장 천한 노예들의 이마에 달군 쇠로 새겨 넣던 그 치욕의 낙인처럼. 그때부터 나는 스스로를 항상 노예로 여겨 왔다.

이러한 정서 상태에서, 그리고 육체적으로 비참한 상태에서, 나는 어느 저녁 그 자그마한 포르투갈 마을로 들어갔다. 아! 그곳도 꽤 비참했다. 그날은 마침 수호성인의 축일이었다. 나는 홀로였고, 밤이었으며, 보름달이 높이 떠 있었다. 그곳은 바닷가였다. 어부의 아내들이 손에 촛불을 든 채 배 주변을 행진하면서, 분명 아주 오래전부터 전해 내려왔을, 가슴을 찢는 듯한 슬픔이 담긴 노래를 불렀다. 어떤 말로도 그것을 제대로 전달할 수 없다. 나는 그때까지 [러시아] 볼가강의 뱃사공들의 노래 말고는, 그렇게 마음을 뒤흔드는 노래를 들어본 적이 없다. 거기서 나는 문득 확신하게 되었다. 그리스도교는 무엇보다도 노예들의 종교이며, 노예들은 그것에 매달릴 수밖에 없고, 나 역시 그들 중 하나라는 것을.[10]

그리스도교는 노예를 위해 존재한다. 그리스도교는 억압받는 자들, 불행의 낙인이 찍힌 자들의 종교다. 그리스도교는 이들의 필요를 기준으로 삼는다. 사람이 복되다고 칭송받는 것은 그들의 업적이나 행동 때문이 아니라 그들의 필요 때문이다. 가난한 자, 고난받는 자, 박해받는 자, 굶주린 자는 복이 있다.

앞서 인용된 글은 시몬 베유가 미국으로 이민 가기 전인 1942년 5월 15일에 쓴 편지에서 나온 것으로, [현대판] 팔복이라 할 수 있다. 이 글은 고난에 대해 말하지만, 무엇보다도 삶에 대한, 곧 노예의 삶까지도 포함한 삶에 대한 전면적인 긍적을 말한다. 누군가 자신에게 거칠지 않은 말투로 말을 걸어올 때, 혹은 자신들이 이용당하거나 소비되지 않을 때 놀라워하는, 바로 그런 사람들을 위해 노예의 종교가 존재한다. 그들이 노예로 머물러 있게 하려는 것이 아니라, 일어나 스스로를 일으켜 세우도록 하기 위해서다. 여기서 말하는 것은 노예 상태를 영속시키는 종교가 아니라, 각 시대의 불행한 이들에게 삶이 선포되는 종교다. 그들의 고난, 그들의 권리, 그들의 진실이 선포되는 종교다.

"그리스도교는 모든 약하고 낮으며 실패한 자들의 편에 섰으며, 강한 삶을 보존하려는 본능에 대한 모순에서 이상을 만들어 냈다."[11] 거의 쓸모없고 가치도 없으며 강하지도 못한 자들의 편에 서는 그리스도교를 가장 날카롭게 비판한 사람 중 하나는 프리드리히 니체Friedrich Nietzsche였다. 그리스도교는 "가장 천한 신분, 고대 세계의 하층 사회"에서 발생했으며, "모든 비참한 것, 스스로 고난받는 것, 나쁜 감정에 시달리는 것, 영혼의 게토(니체가 사용한 비유적 표현으로, 사회적으로 고립되고 주변화된 집단을 가리키는 말—편집자)"가 그 안에서 떠올랐다. 그리스도교는 모든 실패한 자, 나쁜 길로 들어선 자, 인간쓰레기들을 "자기 편으로 설득했다." 그리스도교는 "바닥에서 기는 자들이 높은 자들에게 저항하는 종교이다. '천한 자'의 복음은 [사람을] 천하게 만든다."[12]

이러한 노예의 종교는 종교적으로 내면에 가치를 둘 뿐만 아니라, 동시에 봉기라는 정치적 움직임이기도 하다. 그 안에서는 "모든 은밀한 선동적 요소, 제국 내 무정부주의적 음모의 모든 유산"이 들끓는다. 칼 카우츠키Karl Kautsky가 사회주의적 의미에서 사용했던 그리스도교의 프롤레타리아트 기원에 대한 역사적 인식은, 니체에게도 무력한 자들의 권력을 향한 계급 투쟁의 실현으로 간주된다. 따라서 니체는 사회주의자와 그리스도인들을 동시에 공격한다. 양자 모두 만인의 평등한 권리를 요구했으며, 양자 모두 노예를 위해 투쟁하기 때문이다. "'하나님 앞에서의 영혼의 평등', 이 거짓, 모든 비천한 자들의 원한을 부추기는 구실, 마침내 혁명과 근대적 이념, 그리고 사회 전체 질서의 쇠퇴 원리가 되어 버린 이 폭발물 같은 개념은—그리스도교적 다이너마이트다."[13] 이에 따라 예수 역시 정치적으로 분류되며 범죄자로 간주된다. 다만 이것은 예수에 대한 니체의 다른 몇몇 진술과는 모순되는 부분이 있다. "천한 민중, 추방된 자, 죄인을…지배 질서에 대항하도록 불러 모은 이 거룩한 무정부주의자는—만약 복음이 믿을 만하다면, 오늘날에도 시베리아로 끌려갈 만한 언어로 말했던 이 사람은—정치범이었다.…이것이 그를 십자가에 이르게 했다."[14]

그리스도교는 주인의 가치를 부인하고 파괴하는 노예의 도덕이다. 그 중심을 이루는 가치는 니체로부터 가장 날카로운 비판을 받는 동정함께 고난받음이다. "동정은 허무주의의 실천이다." 동정은 점점 더 많은 약자들을 만들어 내며, 생명에 적대적이고 불행을 배가시킨다. 퇴폐의 표현인 동정은 현실로 인해 고난받는 자들을 옹호하는데, 니체의 관점에서는 곧 실패한 현실을 의미한다. "동정은 대체적으로 선택의 법칙인 발전의 법칙을 방해한다. 그것은 멸망할 때가 된 것을 보존하며, 생명으로부터 상속 배제되고 심판받은 자들을 위해 싸운다."[15] 그리스도교가 의도하는 바를 서술한 점에 있어서는 니체에 동의할 수밖에 없다. 니체의 말대로 그리스도교는 생명으로부터 상속 배제되고 심판받은 자들의 종교다. 모든 생명 지상주의와 건강하고 강한 자들에 대한 숭배에 맞서, 그리스도교는 이미 한 번 죽은 자들에게서 생명이 더 잘 보존된다고 본다. 하나님은 상한 갈대를 꺾지 않으며, 꺼져 가는 등불을 끄지 않는다.사42:3 이는 모든 선택의 원리에 반하는 것이다. 그리스도교 관점에서 생명에 대한 사랑은 더 깊고 포괄적으로 드러난다. 약한 자와 불구된 자들마저도 이 사랑의 대상이자 주체로서 참여하기 때문이다. 신앙은 자연적 선택이나 역사적으로 매개된 선택에 맞서 비선택적 긍정을 내세운다.

니체가 "감정 속에서 모든 혐오, 모든 적대, 모든 경계와 거리두기를 본능적으로 배제하는 것"을 극도의 고난 감수성과 자극 민감성으로 보는 것은 정당하다. 이는 "악이든 선이든 더 이상 어떤 것에도 저항하지 않는 데서 지고의 행복을 인식하는" 능력이다.[16] 그리스도교가 말하고 그 신앙으로 선언하는 긍정은 실제로 더 깊은 고난 감수성을 형성한다. 모든 이를 위한 소망과 모든 이로 인한 고통이 무한해졌기 때문이다. '경계와 거리두기'는 언제나 지배 계급의 것이었고, 그들은 이를 통해 자신의 엘리트적 특권을 확보해왔다. 모든 특권의 폐지는 '나–너'의 관계를 넘어 사회적으로 의미를 갖는 사랑 개념의 기본 전제이며, 공동체들은 이를 지속적으로 실현해왔다. 니체의 생명주의는 선택적으로 작동하지만, 그리스도교 신앙은 포괄적이고 무한한 긍정이다. '모든 혐오와 모든 적대의 배제'는 니체가 말한 대로 자기보존 본능에 역행하는 약함으로 이해되어서는 안 되며, 오히려 고난을 변화시키는 수용으로 이끄는 힘으로 이해되어야 한다. 그러나 '우리가 하나님과 비참함을 화해'시키지 않고서 어떻게 그런 비선택적 긍정이 가능하겠는가 하는 질문이 다시 한번 제기된다.

3. 역설

    노예의 종교의 상징은 십자가이다. 십자가는 노예들에게만 적용되던 사형 방식이었다. 이 고난·실패·죽음의 상징이 그리스도교 중심에 서는 것이 필수적인가? 이 상징이 신학과 경건주의에서 지나치게 중심적 위치를 차지함으로써, '비참함을 정당화하는 하나님'이 사회 안에서 숭배되도록 기여한 것은 아니었을까? 울리히 헤딩어는 "혹독한 운명 속에도 최고의 섭리가 작용한다"는 근본 교리 때문에 '고대와 그리스도교의 동맹'을 비판했으며, 수동적 복종을 권고하는 모든 가르침을 단호히 배격했다. 십자가는 메시아적으로 이해된, 곧 비참을 제거해주는 신학의 중심이 될 수 없다. 그것은 무엇보다도 종교정치적·정치적 살인이며, "예수의 용서하는 사랑조차도 그 사랑 자체가 되기 위해 십자가의 죽음을 필요로 하지 않는다."[17] 이러한 맥락에서 헤딩어는 고난으로 가득한 현실과의 해결되지 않은 모순, 곧 역설을 신학의 중심 범주로 삼는 신학적 사고를 비판한다. "하나님이 그 자체로 역설이 될 때, 하나님은 사랑과 비참 사이의 차이를 흐리게 한다."[18]

    그러나 사랑이 사랑 자체이기 위해 십자가를 필요로 하는가 하는 질문은 내가 보기에 올바르게 제기된 것 같지 않다. 이러한 맥락에서 헤딩어는 십자가를 '사형의 형이상학'—고난을 내리는 하나님이 아브라함의 제사를 실행할 기회를 얻은 것—

으로 해석하거나, ‘죽음의 위안에 관한 신비주의’—십자가 앞에서 인간이 자기 고난과 죽음에 위안을 얻는 것—로 해석한다. 그러나 십자가는 아버지 하나님과 그 아들 사이의 관계를 나타내는 상징도, 사랑을 확신하기 위해 고난을 필요로 하는 마조히즘의 상징도 아니다. 그것은 무엇보다도 실재의 상징이다. 사랑은 십자가를 ‘필요’로 하지 않는다. 하지만 실제로는 사랑이 십자가에 이른다. 실제로 나사렛 예수는 십자가에 못 박혔다. 실제로 스파르타쿠스의 지휘 아래 봉기한 노예들의 십자가가 로마 제국의 거리를 장식했다. 십자가는 신학의 발명품이 아니라, 해방의 시도들에 대해 세상이 수천 번이나 내놓았던 답변이다. 오직 그렇기 때문에 우리는 예수의 십자가 죽음에서 우리 자신을 다시 발견할 수 있다. 우리는 지배 질서를 유지하려는 지배자들의 이데올로기를 알아차리고, 명령에 복종한 군인들의 잔악함과 사디즘을 보게 되며, 친구들의 행동과도 대면하게 된다. 이 모든 것은 우리가 ‘타격받은 이들’패배자들을 대할 때 취할 수 있는 우리의 태도이기도 하다. 우리 자신이 불행에 의해 타격을 입었을 때, 우리는 예수의 이야기에서 배울 수 있다. 사랑이 그 자신의 실현을 위해 십자가를 ‘필요로 하는가’라는 질문은 실존적 질문이 아니라, 오직 사변적 관심에서만 제기되는 질문이다. 마찬가지로 하나님의 독사doxa, 영광, 그의 광채, 그가 스스로 드러내시는 영광, 그의 행복 역시—하나님을 그 자체로 바라본다면—생명의 파괴와 훼손이라는 끔찍한 역설을 ‘필요’

로 하지 않는다. 그러나 실제로 사랑은 십자가에 이르게 되고, 눈에 보이는 현실 속에서 하나님은 역설적으로 행동하기를 기뻐하신다.

　사랑은 고난을 만들어 내지 않으며, 그것을 생산하지도 않는다. 그러나 사랑은 필연적으로 고난과의 대면을 요구한다. 사랑의 가장 중요한 관심사는 고난을 피하는 것이 아니라, 사람들의 해방이기 때문이다. 예수의 고난 역시 피할 수 없는 것이 아니라, 그가 스스로 선택한 길이었다. 신비주의의 언어가 거듭 강조하듯, 그에게는 다른 선택지도 있었다. 그는 십자가에서 내려와 도움을 받을 수도 있었다. 정치적으로 말하자면, 그는 예루살렘으로 입성할 필요가 없었으며 대면^{충돌}을 피할 수도 있었다. 대면을 피하기 위해 특정 목표를 포기하는 것은, 가장 흔한 무감각한 태도 중 하나다. 반대로, 대면을 추구하는 것은 고난받는 자와 갈망하는 자에게 필수적인 태도다. 이에 대해서는 지난 수년간의 시민권 운동들에서 나온 수많은 경험이 있다. 관련 당국은 대개 회피·지연·은폐의 정책을 펼치는 반면, 행동하는 시민들은 고난을 가시화함으로써 대면을 찾고 유발한다. 그들의 고난은 그들이 충족시킬 수도, 충족시키고자 하지도 않는 조건에서만 피할 수 있을 것이다. 하나님을 비참함과 화해시킨다는 것은 바로 그 대면을 피하는 것이며, 고통을 수반하는 그리스도를 닮아감에 대한 두려움 속에서 해방하는 사랑을 미루는 일이다.

　　이러한 사실은 모든 개인 관계에도 적용된다. 만일 인간의 부요함이 곧 그가 맺고 있는 인간관계의 부요함을 의미한다면, 그 관계에서 비롯되는 고통 또한 필연적으로 우리의 부요함에 속한다. 우리가 더 많이 사랑하고 더 많은 사람에게 마음을 나누며 더 깊이 연결될수록, 우리가 어려움에 빠지고 고통을 경험할 가능성도 그만큼 커진다. 사랑에 실패하고 사랑이 쓸모없는 것임을 경험하게 되면 인간은 오히려 의미를 되묻게 되고, 신학적으로는 역설의 모형 속에서 표현되는 위로를 찾게 된다. 더 나은 미래에 대한 희망은 지금 고난받는 주체들 안에서도 현존으로서, 위로로서 고정되어야 한다. 하나님은 인간의 비참함 속에서도 사유되어야 하며, 지금은 아무것도 이루지 못하는 사랑의 진리 또한 그 안에서 확증된다.

　　하나님이 직접적으로 돕고, 구원하며, 자신을 구원으로서 실현하며 개입하지 않으신다면, 미래의 위로는 현재가 결여된 추상이 되고 만다. 그렇기 때문에 헤딩어가 제시한 "미래냐 역설이냐" 하는 대립은 잘못된 것이다. 미래를 경험할 수 있는 사람들이 자신의 고난 속에서 그 진리와 의미를 실제로 체험하지 못한 채 단지 나중을 기다리기만 한다면, 미래는 존재하지 않는다. '하나님은 우리를 사랑하신다. 비록 그 어떤 것도 눈에 보이지 않을 때조차도'라는 역설이야말로 미래를 가능하게 하는 주관적 조건이다. 만약 이 역설이 없다면, 미래는 모든 사람을 위한 것이 아니라, 그때까지 남아 있는 이들에게만 의미 있는 것이 될 것이다.

그리스도교는 역설이라는 사유 형식을 통해, 다가올 하나님의 능력이 아니라 지금 믿는 이의 능력에 주목했다. "그럼에도 불구하고, 고난 속에서도—예수여, 당신은 나의 기쁨이십니다."9 이것은 단순한 친밀함이 아니다. 복종은 더욱 아니다. 이것은 신비주의적 반항이다. 역설은 우리가 하나님을 붙잡는 덫이다. 그분은 우리를 꺾을 수 없다. 그가 어떻게 행동하시든—벌을 가하든 시험을 가하시든—우리가 어떤 파괴를 경험하든, 우리는 경험에 맞서 사랑의 모순을 붙든다.

십자가의 의미는 하나님을 비참함과 화해시키거나 우리를 역설로 달래는 데 있지 않다. 십자가와 부활, 실패와 승리, 울음과 웃음이 하나될 때, 비로소 더 나은 삶의 유토피아가 가능해진다. 울지 않는 자에게는 유토피아가 필요 없고, 울기만 하는 자에게는 하나님이 침묵하신다.

그리스도교의 하나님은 브레히트가 찬양했던 그 작은 중국의 행운의 신이 아니다. 그 신의 나라에서는 결핍과 불행에서 벗어나는 일이 가능하다. 예수는—빵을 늘리고 병자를 고치며—그런 삶을 누릴 수도 있었다. 예수는 그 대신에 고난받는 이들과 자신을 동일시했고, 그들의 질병 때문에 병들었으며, 고통받는 이들 때문에 모욕당했고, 죽음을 극복하기 위해 모든 사람처럼 죽을 수밖에 없는 존재가 되었다. 예수의 길에 발을 들여놓는다는 것은 바로 이 역설을 붙드는 것을 의미한다.

　그러나 분명히 알아야 할 것은, 역설은 엄격한 의미에서 개인에게 적용되는 범주라는 점이다. 역설의 신학으로 사회적 비참을 정당화하는 것은 끔찍한 광경이다. 부유한 백인 민족들이 굶주린 자들에게 해방이 아니라 역설을 권유한다면, 그 역설은 신학적으로 포장된 제국주의의 속임수가 된다. 그러나 개인 차원에서 '고난 중의 기쁨'을 삶으로 보여주거나 드러낼 수는 있을지 몰라도, 그것을 언어로 권고하거나 목회적으로 이용하기란 사실상 거의 불가능하다. 한 사람이 다른 사람을 위해 고난받을 수는 있어도, 그 아픔의 수용을 대신해줄 수는 없기 때문이다. 그는 그와 함께 슬퍼함으로써 그를 도울 수는 있지만, '자신의 아픔으로 하나님의 아픔에 동참하는' 과제를 대신 수행해줄 수는 없다. 그는 다른 사람을 위해 고난을 생산적으로 만들 수 없다. 그것은 성숙한 개인에게 맡겨진 일이다. 우리가 서로에게 해줄 수 있는 일은 단지 조언을 건네는 정도다. 이 책이 사람들로 하여금 자기 고통을 생산적으로 만들고, 자신의 삶을—비록 고난이 따를지라도—그대로 사랑하도록 이끌고자 한다면, 그때 역설은 해방의 과정 속에서 주어지는 하나의 도움으로 이해될 것이다.

　고난이 인간다운 고난이 되도록 격려하는 이러한 경향에 대해서는 다음과 같은 이의가 거듭 제기된다. 그러한 숙고는 오직 강자만을 염두에 둔 것이 아닌가? 이것들은 바로 가장 많이 고난받는 자들에게 결핍된 성숙함, 강한 자아, 힘, 삶의 의지를 전제하지 않는가? '수용의 파토스'는, 이를테면 자크 루세랑의 생애에서 발견할 수 있었던 것과 같은, 유년기의 극도로 행복한 조건들과 긍정의 경험들에 결속되어 있는 것이 아닌가? 다른 많은 이들은 어떠한가? 그들은 '고난에서 배우려는' 이런 모든 시도마저 포기하려 하지 않을까? 다름 아닌 자신의 고난이 아무런 변화를 위한 기회를 주지 않는 것처럼 느껴지기 때문에 그러는 것이 아닌가? 나는 스스로 '망가진 유형'이라고 여기는 젊은 세대의 많은 사람을 떠올린다. 그들이 다양한 삶의 영역에서 경험한 정치적 좌절은 그들의 예민함을 높였을 뿐, 고난을 견디는 능력은 높이지 않았다. 그 좌절은 어른이 된다는 것에 대한 깊은 두려움을 더욱 강화시켰다. 모든 실제적 책임에 한계를 긋고, 자그마한 배려와 책임마저 축적해 체제 유지에 이용하는 구조 속에서 책임을 진정으로 떠맡는 어려움을, 그들은 극도로 날카롭게 꿰뚫어 보고 있다. 사회에서 당하는 고난과 개개인의 심리적 어려움은 하나의 악순환이 된다. 그 안에서 치유는 거의 단순한 순응으로만 여겨지고, 심리적 병을 겪는 이들이야말로 오히려 가장 정상적으로 반응하는 사람들로 보이게 된다. 사회의 고난이든 개인의 고난이든, 그것을 생산적 힘으로 이해하려는 시도를 감행하는 이들의 수는 지나치게 적다. 반면 고난을 피하고자 하는 유혹은 너무도 크다.

　　많은 사람이 정치 집단에 가입한다. 두려움 없는 삶, 안전감, 사랑을 갈망하기 때문이다. 그러나 그들은 같은 이념을 공유하는 내부 집단에서도 종종 실망하게 된다. 경쟁과 권력 논리가 그곳에서도 지배적이어서, 말솜씨가 더 좋고 '거의 배타적인 심리적 권력 독점'을 쥔 자들에게 약한 이들이 그대로 넘겨지기 때문이다. 이러한 집단의 에너지가 비판·파괴·투쟁을 지향하는 한, 긍정의 가능성들이 금기시되고 지적으로 비방되는 한, '심리적 비참함은 계속 존재하며',[20] 계속 존재해야만 한다. 그러나 투쟁의 목적이 분명히 드러나야 하며, 우리는 축제와 놀이를 통해 그 의미를 미리 맛볼 수 있어야 한다. 분석과 호소의 언어만으로는 부족하다. 희망이 표현될 수 있는 '고향의 언어'를 찾아야 한다.

목적 없는 긍정, 감정적 자기표현과 자기실현의 가능성, 사람들이 두려움 없이 서로 소통할 수 있는 공간은, 더 깊은 삶에 대한 사랑에서 비롯된다. 하지만 이 사랑은 말해지고, 춤추고, 노래되어야 한다. 만약 하나님이 더 이상 어디에서도 찬양받을 수 없고, 잘못된 삶에는 올바른 것이 아무것도 없으며 칭찬할 만한 것도 없다는 견해가 지배하게 된다면, 사람들은 서로에 대한 두려움을 더욱 키우게 된다. 좌파 정치 집단 안에는 분명 삶을 더 포괄적이고 모두를 위해 긍정하려는 사람들이 있다. 그럼에도 불구하고 끊임없는 파괴의 태도 때문에 그 사실이 가려지고, 그들 자신조차 이를 알아차리지 못하게 된다. 그래서 자신의 약점은 어떤 대가를 치르더라도 숨겨야할 것이 된다. 고난은 파괴적인 채로 남아 있고, 고난에 굴복한 사람들은 현재의 삶 속에서 아무런 의미도 보지 못하며, 더 이상 고난받지 않기 위한 유일한 방법으로 시민적 순응을 선택한다. 그 결과, 한때 청년 운동 이상의 의미를 지녔던 운동이 뒤늦게 지나가 버린 한 시기로 격하되고 만다. 그들은 자신이 무엇을 하고 있는지 알면서도, 그 의식을 끊임없이 억눌러야 하기에, 아버지들보다 더 깊은 시민적 무감각에 빠진다. 잘못된 삶 속에서도 다른 삶이 피어날 수 있다는 역설이 없으면, 희망은 경직으로 변한다. 무한한 긍정이 없으면, 급진적 비판의 태도는 결국 부정하는 자 자신을 겨누게 되고, 그는 고난을 겪으면서도 아무것도 배우지 못하게 된다.

자신의 아픔이 어떻게 "세상에서 하나님의 아픔에 동참할 수 있는가"를 가장 잘 이해할 수 있는 세대는 아마 우리 세대일 것이다. 이 세대의 감수성은 다른 유사한 청년운동보다 훨씬 더 많은 현실성, 더 깊은 타인의 고통에 대한 인식, 훨씬 더 적은 단순한 세계의 고통Weltschmerz을 지니고 있기 때문이다.

우리는 소명을 따를 수도 있고, 미끄러져 넘어질 수도 있다. 우리는 벽에 적힌 글을 읽을 수도 있고, 우리 위에 재를 뒤집어쓸 수도 있다—혹은 그러지 않을 수도 있다. 그것은 전적으로 우리에게 달려 있다.

우리는 안락한 수영장에 누워 모든 것이 잘 돌아가고 있다고 말할 수도 있고, 굶주린 바보에게 보석을 줄 수도 있다. 지배 구조를 뒤집어엎자.

마침내 우리가 이 세상이 단 하나뿐이라는 사실을 깨닫게 될 때, 우리는 모두가 같은 살갗 안에 있다는 것을 알게 될 것이다. 우리는 그 길을 따를 수 있을까, 아니면 모든 것이 헛된 것일까?[21]

이 노래의 마지막 질문은 고난의 인간화에 대한 질문이다. 고난은 생산적이 될 수 있을까―아니면 우리는 재를 뒤집어써야만 하는가? 적어도 자신의 고난을 두려워하지 않고 견뎌 내면서 그것을 일종의 강화로 받아들이는 사람의 수는 늘어날 수 있다. 우리가 고난에서 눈을 돌리고, 가능한 한 그것을 피하려 하며, 우리 자신과 타인의 고난을 축소하거나 억누르려 하는 것은 자연스러운 일이다. 누군가가 고난받는 모습을 볼 때 눈을 감고 싶어지는 것 또한 자연스럽다. 그러나 바로 이런 자연스러운 잔혹성 때문에 사람들이 죽어 간다. 그렇다면 이 잔혹성은 인간화될 수 있을까?

지금까지 인류 역사 속에서 우리가 경험해온 것들은 희망과 모순된다. 그러나 완전히 그런 것은 아니며, 탈출구가 없는 것도 아니다. 비록 고통으로 메워진 좁은 길처럼 보일지라도, 다른 형태의 고난과 동정함께 고난받음에 이르는 길은 분명 존재한다. 그 길은 도피나 외면하는 데 있지 않고, 더 넓고 깊게 현실 속으로 발을 들이는 데 있다. 우리의 긍정이 상처와 고통까지 포용할 정도로 삶을 사랑하는 것이다! 우리는 많은 고난과 그 고난의 쓰라림을 피할 수 있을지도 모른다. 그러나 이것은 우리가 사랑하기를 그친다는 아주 큰 대가를 지불해야만 가능하다. 그때는 아무것도 우리를 아프게 하지 않을 것이고, 우리는 십자가에까지 이르지도 않을 것이다. 그때 우리는 매끈한 피부를 가진 자들, 곧 세상이 편안히 돌아가기만을 바라는 이들 중 하나가 될 것이다. "우리는 안락한 수영장에 누워 모든 것이 잘 돌아가고 있다고 말할 수도 있고…" 다만 그렇게 되면 우리는 다른 사람과 우리 자신을 저버리게 된다. 우리는 영혼을 팔아버린 셈이 되고, 현실 전체가 아니라 그중 아주 작은 조각만을 긍정하게 될 것이다. 그 거대한 현실 한복판에 십자가가 서 있음에도 불구하고 말이다.

4. 낯선 고난은 없다

그럼에도 불구하고 무의미하게 고난당하고 파괴된 자들에 대한 질문이 여전히 남아 있다. 이 질문은 고난에서 배우는 사람만이 다가갈 수 있을 뿐, 결코 최종적으로 답할 수 있는 것이 아니다. 그들은 현실을 바꾸려는 시도를 결코 포기하지 않을 것이며, 그 시도의 한계 앞에서도 멈추지 않을 것이다. 아무것도 할 수 없는 바로 그 자리에서, 그들은 고난에 동참할 것이다.

감상적인 전율을 제하면, 함께-고난받음^{동정}은 우리에게 자연스럽거나 자명한 것이 아니다. 상처 입은 개체에게 달려드는 닭의 본능은, 우리 인간 안에서도 그리 많이 약화되어 있지 않다. 러시아 시인 콘스탄틴 시모노프^{Konstantin Simonov}는 베트남에 관한 한 영화에서 집들이 파괴되는 장면들을 다음과 같이 해설했다.

다른 사람의 고난을 이해하기 위해서는, 살면서 최소한 한 번만이라도, 단 일 분이라도 다른 사람의 입장이 되어 보아야 한다.

이 가족들의 운명을 상상해보자. 혹은 저 가족의 운명을, 아니면 저기 저 가족의 운명을. 당신이 텍사스주나 로드아일랜드주가 아니라 낭나 지방이나 꽝빈 지방에 살고 있다고 생각해보자. 당신의 온 가족이 그곳에 있다. 저건 당신의 남편이다. 혹시 알고 있는가? 정글을 수색하던 헬리콥터가 그를 쏴 죽였다는 것을? 그리고 미국 비행기가 투하한 포탄 때문에 당신의 맏아들이 산산조각이 나 죽었다는 것을? 당신의 둘째 아들은 공습 중에 살해당했다. 그 밑의 아이는 미국 순양함이 쏜 유탄의 파편에 맞았다. 그리고 이 아이, 가장 어린 막내는 처음에는 살아 있었다. 아이는 네이팜탄에 조금 맞았다. 병원은 그를 살리려고 했지만, 그는 살아나지 못했다. 그래서 당신은 혼자다. 겨우 다섯 사람을 죽이는 데는 그렇게 많은 시간이 필요하지 않으니까.

아니, 당신에게는 이 모든 일이 일어나지 않았다. 당신 가족을 다시 돌려주겠다. 당신 가족은 모두 다시 한 자리에 모였다. 천만다행한 일이다.

그러나 이 부인에게는 정말 아무도 없다. 그녀는 혼자 남겨졌다. 혼자. 그런데 이 모든 일이 이 부인이 아니라 당신에게 일어났다고 생각해보라. 그것도 오래전이 아니라 어제, 오늘, 바로 지금 일어난 일이라고 말이다. 나는 방금 당신에게 가족을 되돌려 주었다. 잠시 그들을 빼앗았던 건, 단 1분만이라도 이들의 고난에 대해 깊이 생각해보게 하기 위해서다. 그런데 그녀는 어떤가? 그녀에게는 되돌려 받을 사람이 없다. 그녀는 혼자다. 그리고 그도 혼자다.

폭탄 아래서

그들을 죽음으로부터 구하기 위해

백 번째 밤에도

아이들을 침대에서 끌어낸다.

폭탄 아래서

그들은 낮에는 숨어 지내야 하고,

밤에는

사람들이 와서 그들을 깨운다.

이 아이는 다섯 살, 저 아이는 아홉 살.

그들 쪽으로 총구가 향한다.

아이들은 잠이 제일 자고 싶다.

석 달 동안 푹.

아버지와 어머니를 맞힌

폭탄 소리를 듣는다.

그래도

그들은 그저 자고만 싶다.

여기서는 그 어떤 양심도 더 이상

제시간에 깨어나지 않는다.

그 무엇도 불면을

이 눈들에게서 거두어 가지 못한다.

의사들에게는 약이 없다.

이 밤들로부터

아이들의 어린 시절을 지켜 줄 약이.[22]

"낯선 고난은 없다"고 시모노프는 말한다. 이것은 확인할 수 있는 명제가 아니다. 이것은 모든 인간의 형제애를 전제로 삼는 하나의 소망이자 희망이다. 왜 어떤 고난도 '타인의 것', '먼 것', '우리와 무관한 것'이 될 수 없다는 것을 논리적으로 증명할 길은 없다. 그런 명제의 근거를 찾는 것은 오히려 명제를 더 빈약하고 왜소하게 만들 뿐이다. 그 명제는 어떤 논리에서 도출될 수 있는 것이 아니라, 생각하고 느끼는 존재에게 요구되는 것이다. 고난이 있는 곳이라면, 어디든 당신의 일이 된다. 고난받는 이들이 서로에게 속해 있다는 것, 다른 이들로부터 분리될 수 없다는 것, 고통은 친구와 적이라는 구분에 따라 배분될 수 없는 것—이것이 바로 노예의 종교가 지닌 핵심이다. 낯선 고난은 없다. 우리는 모두 그 안에 속해 있으며, 그에 함께 참여하고 있다. 훗날 사람들은 우리가 살았던 시대를 베트남 전쟁 시기라고 기억할 것이고, 우리는 질문받을 것이다. 그때 우리는 어디에 서 있었는가? 함께 고난받았는가, 아니면 고난을 만드는 자들에게 힘을 보탰는가? 고난은 어떠한 중립도, 어떠한 빌라도의 입장도 허용하지 않는다.

신화의 언어 안에서는 하나님이 모든 눈물을 닦아 주실 것이라는 표현이 가능했다. 그것은 삶을 기만당한 자들의 진실을 청구하는 언어다. 그러한 것을 진술하는 것은 위로받으려 하지 않는 사랑의 언어다. 이 신화의 언어는 형이상학적 세계관의 범주 안에서 두 가지 공간과 시간으로 해석되었다. 그러나 이런 해석이 불가능해졌다면, 곧 그것이 더 이상 아무것도 의미하지 않고, 그것의—삶이 계속된다든지 다시 만나게 될 것이라든지 하는—위로가 더 이상 누구도 위로할 수 없을 때, 우리는 신화의 언어가 약속했던 것을 다른 방식으로 해석할 길이 있는가 하고 물어야 한다. "낯선 고난은 없다"라는 명제는, 한때 오직 두 세계라는 도식에서만 의미를 얻을 수 있었던 것을 다른 방식으로 해석하는 길을 비추고 있다.

하나님이 눈물을 닦아 주시리라는 말을 더 이상 글자 그대로 받아들일 수는 없다. 열네 살 유대인 소년 하임이 죽었다.

하나님은 누구의 얼굴에서 눈물을 닦으시려는가? 그렇게 상정된 하나님은 너무 늦게 오신다. 그러나 하나님을 우리 밖에 있는 낯선 초월적인 힘으로 생각하지 않고, 사람들 사이에서 일어나는 무엇을 이해한다면, 이 아이와의 관계는 죽음으로 끝나지 않는다. 그 관계는 한 개인의 생애가 끝났다는 이유로 지워지지 않는다. 이 삶에는 청산되지 않은 것이 너무나 많다. 낯선 고난은 없다. 이 명제는 죽은 사람도 포함한다. 그들의 고통은 우리의 것이며, 그들의 죽음은 나의 것과 철저히 구별되는 단순한 '타인의 죽음'이 아니다. 우리는 우리의 삶이 하나의 희망이 되도록 살 수 있다. 다른 아이들이 더 이상 고난받지 않게 되는 희망 말이다.

누군가는 이렇게 반문할지 모른다. "그게 하임과 다른 죽은 아이들에게 무슨 소용이 있는가?" 그러나 존재를 오직 개별적 존재로만 이해하는 이러한 틀은 우리의 사고와 감정이 넘어야 할 한계이기도 하다. 만약 낯선 고난이라는 것이 더 이상 없다면, 낯선 삶이라는 것도 없다. 그렇게 되면 삶의 파괴나 구원은 모두에게 파괴나 구원이 된다. 그때 하임을 위한 희망—우리 아이들이 더 이상 고난받지 않아도 된다는 희망—은 "그 아이에게 그것이 무슨 득이 되는가"라는 반론 앞에서도 꺾이지 않는 희망이 된다. 인간은 실제로, 더 이상 자신이 아니지만 자신이 참여하고 있는 그 삶에서 무언가를 얻는다. 그렇다면 "나는 죽지만, 나는 살 것이다"라는 사형수의 이 말은 모든 이들에게 해당된다. 심지어 자신의 삶에서 결코 이렇게 말하는 법을 배우지 못했던 이들에게조차 해당된다. 낯선 고난은 없다. 낯선 부활이라는 것도 없다.

5. 다시 한번: 이반과 알료샤

고난당한 자가 말을 잃고 배움이 더 이상 가능하지 않은 극심한 고난에 대해서는, 표도르 도스토옙스키^{Fyodor Dostoevsky}가 『카라마조프의 형제들』에서 선례로 제시한 두 가지 대답을 내놓을 수 있다. 두 형제의 결정적인 대화를 담고 있는 그 장의 제목은 「반역」이다. 이반은 무죄한 자의, 아이들의 고난에 대해 언급한다. "땅 전체를 그 껍질에서부터 중심까지 자신의 눈물로 적신 사람들의 눈물에 대해서는 한마디도 하지 않겠어.…유클리드적인 나의 이해에 따라 내가 아는 단 한 가지는, 죄인 없는 고난이란 것이 있다는 사실이야."[23] 이러한 고난이 '더 높은' 또는 '미래의' 조화^{調和}를 이루기 위한 것이라서 정당화될 수 있다는 설명을 이반은 받아들이지 않는다. "조화를 위해 그렇게 비싼 대가를 지불해왔단 말이군. 내 사정으로는 절대 그렇게 비싼 입장료를 지불할 수 없어. 그래서 나는 서둘러 내 입장권을 돌려주려는 거야.…알료샤, 내가 하나님을 인정하지 않는다는 뜻이 아니야. 가장 공손하게 그분께 입장권을 되돌려 드리는 거야." 이에 알료샤는 눈을 내리깔며 낮게 대답한다. "그건 반항이야."[24]

이반은 '반항자'가 되고 싶어 하지 않는다. "말해봐, 반항 속에서 살 수 있니? 하지만 나는 살고 싶어." 그러나 무죄한 자의 고난에 대한 생각은 그를 결국 반항이라는 결론으로 이끌고 만다. 그는 도스토옙스키의 몇몇 인물들처럼, 사랑 때문에 무신론자가 된 자다. 알료샤는 그에게 그리스도를 가리킨다—단 한 사람의 무고한 이가 겪은 고난으로.

이반은 고난에 대해 격분한다. 그러나 알료샤 역시 아주 보잘것없는 존재를 죽도록 괴롭힘으로써 조화와 평화와 안정을 얻는 것은 거부힌다. "아니, 나는 동의할 수 없어."

알료샤의 입장을 어떻게 이해할 수 있을까? 하인츠 로베르트 슐레테*H. R. Schlette*는 그의 입장을 '경건', 곧 전통적 신앙의 태도로 규정했다. 다시 말해, "침묵하고 더 이상 묻지 않으며 더 이상 이해하지 못하지만, 그럼에도 불구하고 이해할 수 없는 것 앞에 순종하고 겸손하게 복종하는 태도"[25]다. 그러나 이렇게 특징짓는 것이 과연 옳은 것인가? 알료샤는 어디서도 객관적으로 고난을 승인한 적이 없으며, 죽도록 고문당한 아이의 눈물로 대가 치러진 미래의 조화 또한 이반과 마찬가지로 거부한다. 두 형제의 차이는 시선의 방향이다. 이반은 고난을 일으키거나 고난을 허용하는 하나님께 반항한다. 그는 하나님의 조화와 아무 관계도 맺고 싶어 하지 않는다. 그의 몸짓은 고발이고 반역이

다. 반면 알료샤는 시선을 하늘에 있는 권력자가 아니라 고난받
는 자에게 둔다. 그는 그들 곁에 서며, 그들의 고통을 함께 짊어
진다. 이 대화에서 그는 거의 아무 말도 하지 않고, 이반이 하나
님의 자비를 반박하기 위해 자신이 모은 증거들을 인용하는 것
을 괴로워하며 듣는다. 나중에 알료샤는 자리에서 일어나 격분
한 반항자인 이반에게 다가가 말없이 그의 입술에 입맞춘다. 이
것은 대심문관의 종교 재판에서 그리스도가 떠나면서 했던 것
과 같은 몸짓이다. 그는 침묵하고, 함께 고난당하며, 다른 사람
들을 끌어안는다. 알료샤의 힘은 침묵하며 함께 고난받는 데 있
다. 나는 이것을 '겸손'이나 '복종'이라고 부르는 것이 옳다고 생
각하지 않는다. 하나님은 알료샤가 이해할 수 없는 통치에 복종
해야 할 만큼 그 위에 군림하는 존재가 아니다. 하나님은 그의
안에 계신다. 알료샤는 책 전체에 걸쳐 그리스도의 태도를 대표
한다. 겸손의 본질은, 고난받는 자들과의 관계가 너무도 긴밀해
서 다른 모든 질문이 뒷순위로 밀려나는 데 있다. 겸손은 하나
님을 향한 것이 아니라, 질문이나 조건 없이 타인을 섬기는 용
기다. 알료샤는 극장 '입장권'의 비유를 사용할 수 없었을 것이
다. 그는 자신을 관객이나 심판자로 보지 않기 때문이다. 그는
직접 무대에 서서 함께 연기하는 사람이다. 그것도 매번 제일
나쁜 자리에서, 그러니까 고난받고 모욕당하고 굴복당하는 바
로 그 자리에서 말이다.

　　알료샤는 '하나님과 닮으려고' 하지 않는다. 그것은 세계를

위한 총체적 해결책을 요구하는 것을 의미하기도 하기 때문이다. 만약 총체적 해결책과 고난의 완전한 폐지가 실현될 수 없다면, 그때 생겨나는 것이 바로 이반이 거부하는 종류의 반항이다. 도스토옙스키가 예리하게 본 것처럼, 그러한 반항 속에서는 사람이 살아갈 수 없기 때문이다. 그 결과는 자살이다. 그리고 이반의 되돌려 준 입장권 비유—엄격히 말해, 우선은 영원한 지복과 하늘의 조화에 참여하기를 거부하는 것을 의미한다—는, 종종 지상의 삶이 성립되는 모든 조건 전체를 거부하는 것으로 이해되어 왔다. 이런 이해의 귀결에 따르면, 이반의 태도는 부당한 고난만이 아니라 삶 자체를 단죄하는 것이다. 미완성으로 남은 이 소설에서 이반이 뇌염에 걸리는 설정은, 완결된 자살이 할 수 있는 것보다 더 날카롭게 이러한 전적인 부정을 암시한다.

다른 길은 그리스도의 형제가 되는 것이다. 그 길은 총체적 해결책에 대한 포기를 포함한다. 시선은 하늘에서 벗어나 여기에서 고난받는 자들을 향한다. 이반은 형이상학적으로 반항의 방향을 취하고, 알료샤의 연대는 땅 위의 현실에 닿아 있다. 두 사람의 차이는 그들이 어떻게 희망을 품는지를 통해서도 드러난다. 두 사람 모두 다른 세상, 곧 고난 없는 세계를 갈망한다. 그러나 이반에게는 환상인 것이 알료샤에게는 희망이다. 그 차이는 아주 미미하다. 그 차이는 바로 우리 자신, 곧 우리가 희망을 실현해 가는 과정에 참여하는가 여부에 있다. 미래에 대한 기대는, 알료샤가 '그리스도'라는 이름으로 부르는 그 신비 속으로 고난을 겪으며 뛰어드는 것을 통해서만 비로소 희망이 된다. 경기장의 관객을 감동시키는 희망은 환상일 수 있다. 우리가 직접 경기장에 서서 우리 삶을 경기 결과와 불가분하게 연결할 때, 비로소 희망이 생겨난다. 희망은 주관주의는 아니지만, 행동하고 고난받는 사람들의 실천과 분명히 맞닿아 있다. "사실 누구나 모든 일에서 그리고 모든 사람 앞에서 죄인이다." 알료샤가 따라 살려고 했던, 러시아 수도원 전통에서 유래한 구절이다. 시모노프 역시 이 전통에서 자양분을 얻는다. 오직 사랑만이 자신을 죄인이라고 말할 수 있고, 우리가 막거나 피할 수 없는 모든 고난을 스스로 짊어질 수 있다. 인간이 고난받는 곳이라면 어디서든, 그곳에 그리스도가 그들과 함께 서 계신다. 좀 덜 신화적으로 말하자면, 그리스도가 살아 계시고 기억되는 한, 그의 벗들은 늘 고난받는 이들 곁에 있을 것이다. 아무런 도움도 가능하지 않는 그 자리에서, 그는 우월한 구원자가 아니라 오로지 그들과 함께 걷는 자로서 나타난다. 서로가 서로의 짐을 지는 것—이것이 모든 고난에서 나오는 단순하고도 분명한 외침이다. 인간은 결국 고독하다는 주장에도 불구하고, 다른 사람의 짐을 나누어지는 것은 가능하다. 아무도 그를 생각하지 않고, 아무도 그의 곁에 머물 수 없을 정도로 홀로 버려지는 사람이 하나도 없는 사회는 가능하다. 깨어 기도하는 것은 가능하다.

다른 사람을 돕는 자는

누구나 겟세마네다.

다른 사람을 위로하는 자는

누구나 그리스도의 입이다.[26]

여기서는 인간이 고난받을 수 있고, 위로받지 못할 수도 있다는 사실이 받아들여지고 있다. 위로가 필요 없는 인간을 꿈꾸는 일은 금지되어야 한다. 또한 고난을 단순한 인간의 과거 역사로 분류하는 것도 그쳐야 한다. 이러한 분류가 자기 경멸의 행위가 되기 때문이다. 사람은 울 때도 있고, 웃을 때도 있다. 위로는 필요하다. 위로는 그리스도가 그랬듯이 인간적인 너무나 인간적인 것이다.

우리는 인간에게 고난을 주는 사회 조건을 변화시킬 수 있다. 우리는 우리 자신을 변화시킬 수 있으며, 더 악해지는 대신 고난 속에서 배울 수 있다. 또한 오늘도 여전히 소수의 이익을 위해 만들어지는 고난을 점차 줄이고 폐지해 나갈 수도 있다. 그러나 이러한 모든 길에서 우리는 넘을 수 없는 한계에 부딪힌다. 죽음만이 그러한 한계는 아니다. 어리석음과 무신경, 회복 불가능한 장애와 상처도 존재한다. 이러한 한계를 넘어서는 유일한 길은, 고난받는 자들의 고통을 함께 나누고 그들을 혼자 두지 않으며 그들의 외침을 더 크게 만드는 것이다.

개정판 옮긴이 후기(2026년)

1993년 『고난』 한국어판을 출판한 지 30년이 넘었습니다. 초판 옮긴이 후기에서 밝혔듯이, 『고난』의 출간에는 사연이 있습니다. 1991년 제가 한국신학연구소장으로 일할 때, 『고난』을 초역한 최미영 연구원이 안타깝게도 세상을 떠난 후, 원고가 남아 있다는 것을 알게 되었습니다. 얼굴도 모르지만 고인을 추모하는 의미에서, 그리고 고인에 대한 연구소의 예의라고 생각해 제가 초고를 손질해 공역으로 출판했습니다. 그녀의 유가족에게 죌레의 『고난』이 위로의 헌사가 되기를 바라면서.

그런데 그 사이 『고난』의 재출간본이 나왔고, 복 있는 사람 출판사의 요청으로 30년 만에 다시 번역하게 되었습니다. 그리고 도로테 죌레도 지난 2003년 향년 74세로 세상을 떠났습니다. 『고난』 초판의 배경이 된 1960-70년대는 베트남 전쟁이 절정에 달했던 폭력의 시대였습니다. 세계 도처에서 군사 폭력으로 수많은 사람이 고통과 고난을 받고 있었지요. 죌레는 폭력의 지구화, 일상화에 무감각해지는 감성을 일깨우고, 고난을 외면하거나 내면으로 도피하지 않고, 고난의 문제를 성서적 현실주의의 시각에서 희망의 언어로 탐구할 것을 호소하기 위해 『고난』을 썼습니다. 그런데 50년이 지난 지금도 지구는 전쟁으로 고통받고 있습니다. 전쟁이라고도 할 수 없는 일방적인 학살, 테러만이 아닙니다. 갈수록 심각해지는 기후변화로 인한 재해도 고통과 고난을 심화시키고 있습니다. 고난은 50년 전보다 더 커졌고, 미래에 대한 희망은 더 작아졌습니다.

췰레는 낙관주의자가 아닙니다. 고난을 제거하려는 길 위에서 우리가 뛰어넘을 수 없는 한계를 절감하고 인정합니다. 그러나 이런 한계를 넘어서는 유일한 길은 인류의 도덕적 진보와 기술과학에 대한 환상, 값싼 은혜가 아닙니다. 췰레는 고난받는 이들의 고통을 함께 나누면서, 그들을 홀로 내버려 두지 않으며 그들의 외침이 더욱 크게 들리게 하는 것, 이것이 고난받는 이들이 고난받는 이들과 함께 고난으로부터 해방되는 길이라고 합니다. 췰레의 『고난』은 고난받는 이들만이 아니라그들과 연대하는 이들을 50년이 지난 지금도 초대합니다. 고난 속에서도 희망의 언어를 찾자고 말입니다. 『고난』의 재출간을 위해 수고한 신안나 편집자님의 세심한 손길에도 고마움을 전합니다.

2026년, 채수일

옮긴이 후기(1993년)

도로테 죌레는 우리에게 낯선 신학자가 아닙니다. 이미 그녀의 저서 『환상과 복종』, 『사랑과 노동』(한국신학연구소) 등이 우리말로 옮겨졌고 또 널리 읽히고 있기 때문입니다. 그녀를 흔히 여성 신학자로 규정하지만, 그녀의 깊은 신학적 관심과 폭넓은 저술 활동, 급진적인 평화 운동에의 참여와 국제적 연대 활동은 그녀를 여성신학자의 범주에서만 평가할 수 없게 합니다. 아직 살아 있는 도로테 죌레의 신학과 삶을 정리한다는 것은 너무 이른 시도가 아닐 수 없습니다. 그러나 자기가 살고 있는 시대의 도전과 언제나 신학적으로 대결해온 그녀의 지금까지의 태도가 앞으로도 크게 변할 것 같지는 않습니다. 그녀를 어떤 특정 신학의 학파나 전통의 틀에서 파악하기 어려운 것은 그녀의 시대에 대한 열린 태도만이 아니라, 신학적 사고와 방법론의 개방성 때문입니다. 그녀는 자신의 생각과 신념을 개인의 삶을 통해서도 일관되게 관철시키는 급진성을 보여줍니다.

그래서 그녀의 적대자들은 그녀의 이혼 경력과 가톨릭 사제였던 슈테펜스키(현재 함부르크 대학교 교육학과 교수)와의 재혼 등을 문제 삼아 그녀의 도덕성을 의심하지만, 죌레는 자신의 이혼 과정과 그것이 남긴 아픈 경험을 전혀 숨기지 않습니다. 이런 경험이 오히려 성에 대한 보수적·자유주의적 진영을 넘어서서 성의 통전성과 신뢰와 엑스타시 그리고 연대성을 결합한 태도로 그녀를 인도했는지 모릅니다.『사랑과 노동』, 233쪽 이하

이미 60세를 넘긴 죌레는 1929년 9월 30일 독일의 전통적인 가톨릭 도시인 쾰른에서 태어났습니다. 그녀는 쾰른 대학교와 프라이부르크 대학교에서 고전 문학과 철학을, 후에 괴팅겐 대학교에서 신학과 독문학을 공부했습니다. 1972년 그녀는 쾰른 대학교에서 계몽주의 이후의 신학과 문학과의 관계에 관한 논문으로 교수 자격을 취득했고, 1975년 이래 뉴욕에 있는 유니온 신학대학원에서 매년 한 학기씩 강의합니다. 남은 기간은 독일 함부르크에서 살면서 대학 강의도 하지만 정식 교수는 아닙니다. 그녀의 뛰어난 신학 지식과 세계적 명성에도 불구하고 그녀가 자기 조국에서 대학 교수가 되지 못하는 것은, 여성 신학자를 대학 강단에 세우지 않으려는 독일 대학교와 교회의 보수성 때문만은 아닌 것 같습니다. 그녀가 독일 교회의 눈 밖으로 벗어나게 된 이유 중 하나는 1968년 10월 쾰른에서 시작된 「정치적 밤 기도회」Politisches Nachtgebet를 주도했기 때문이라고 생각합니다. 이 기도회는 체코슬로바키아의 자유화 운동과 소련의 침공,

라틴 아메리카에 대한 북아메리카의 군사적 정치적 억압, 베트남 전쟁 등을 기독교 신앙 문제의 중심에 세우고 기독교인의 평화를 위한 연대와 정치적 결단을 호소하는 모임이었습니다. 신학계에서도 그녀는 편한 인물은 아니었습니다. 불트만과의 대결과 정치신학의 전개, 신 죽음의 신학 이후의 새로운 기독론 해석 등은 독일 신학계에 적지 않은 파문을 일으켰습니다. 그녀의 활발한 저술 활동은 신학의 영역에만 제한되지 않았습니다. 그녀의 시·에세이·성서 연구 등은 반전·반핵·평화·여성해방을 지향합니다. 그녀의 폭넓은 관심 때문에 일부 신학자들은 그녀를 신학자라기보다 독문학자나 에세이스트로 평가하려고 하지만, 그녀의 관심은 언제나 신학적 정체성과 통일성을 유지하고 있습니다. 비교적 최근에 나온 그녀의 책 『현대 신학의 패러다임』(한국신학연구소)은 여전히 그녀가 우리 시대의 뛰어난 신학자임을 다시 한번 보여줍니다.

졸레에게 신학은 그 자체를 위해 존재하는 것이 아니라 공동체를 더 깊은 신앙으로 성숙하게 하는 데 목적이 있으며, 프락시스^{실천}에서 시작해 프락시스로 끝납니다. 신학은 일반적으로 '신'과 '가르침'의 결합, 곧 '신에 대한 하나의 이론'으로 규정되지만, 졸레는 신학의 대상을 '신과 인간의 관계'에서 찾습니다. 인간으로 하여금 '신'에 대하여 말하지 않을 수 없게 만드는 인간의 경험을 성찰하는 것이 신학이라는 것입니다. 그런데 문제는 이 경험이 다양하다는 것입니다. 신학의 역사는 이 다양한 경험의 성찰과 전달 요구에서 시작됩니다. 오늘의 서구 신학의 기본은 히브리 사상[사랑의 지식]과 그리스 사상[인식적 지식]의 종합에 있는데, 죌레는 이 두 사상의 갈등과 긴장 관계를 보여주려고 합니다.

죌레는 신학을 지배하는 세 요소를 첫째, 성서와 전통 혹은 텍스트, 둘째, 성서의 역사적 상황과 그 해석자들 혹은 콘텍스트, 셋째, 신앙인들의 신앙 공동체, 혹은 하나님의 민중이라고 생각합니다. 텍스트와 콘텍스트와의 관계 못지않게 개인이 아니라 공동체를 신학의 주체로 본다는 점에서 죌레를 교회 신학자로 볼 수 없습니다. 죌레가 교회가 너무 왜곡되어 있음을 알고 있기 때문입니다. 그럼에도 불구하고 죌레는 교회가 여전히 신앙의 지속성을 대표하고, 기억과 약속을 통해 존재한다고 생각합니다. 죌레는 자신의 신학적 급진성 때문에 전통을 진지하게 여기지 않는다고 비난받지만, 신학을 정의함에 있어서는 스콜라적 도식, 곧 "신앙은 지식을 찾는다"는 도식을 버리지 않습니다. '지식을 찾는 신앙'이 신학입니다. 신학은 모색하고 질문하는 신앙입니다. 이런 신학의 규정은 회의 없는 신앙, 신에 대한 문제를 순진한 낙관주의로 기만하는 신앙과 다릅니다. "찾는다"는 말은 신앙이 회의 없이 존재할 수 없다는 뜻이기도 합니다. 회의 없는 신앙, 그것은 강한 신앙이 아니라 이념적 허위의식일 수 있습니다.

죌레의 책 『고난』의 한국어 번역에는 사연이 있습니다. 본래 한국신학연구소에 근무하면서 이 책을 초역한 이는 최미영 씨였습니다. 이화여자대학교 독문학과를 졸업한 그녀는 이 책의 초역을 마친 후, 유감스럽게도 이 책이 출간되는 것도 보지 못하고 세상을 떠났습니다. 그것도 신혼 일주일 만에…. 하나님도 해도 너무 하신다는 생각이 들었습니다. 이제 막 새로운 삶을 시작한 한 젊은 여성 신학자의 생명을 너무 빨리 데려가신 것이 서운하기만 했습니다. 역자는 그녀의 얼굴도 모릅니다. 그러나 이 책을 공역의 형식으로라도 손질해서 세상에 내놓는 것이 연구소에서 일했던 옛 직원에 대한 연구소 측의 최소한의 예의라는 생각 때문에 출간을 서둘렀습니다. 또 다른 이유는, 그녀가 심혈을 기울여 번역한 이 책이 세상에 나와 두루 읽히고 그래서 고난받는 많은 사람이 위로받을 수 있다면, 하늘에 있을 그녀도 기뻐하지 않을까 하는 생각 때문이었습니다. 그녀의 번역을 존중해 오역에 대한 수정과 교정을 보았을 뿐, 문체는 크게 고치지 않았습니다. 이미 초역된 원고를 고친다는 것도 어려운 일이었지만, 죌레의 다른 책에 비해 대단히 까다로운 문장을 옮긴다는 것이 쉬운 일이 아니었습니다. 그러나 번역에 대한 책임은 물론 전적으로 공역자인 아직 살아 있는 본인에게 있습니다.

1993년, 채수일

서문: 두 가지 질문

1 K. Marx, Zur Kritik der Hegelschen Rechtsphilosophie, in : *Frühschriften*, ed,
Landshut, Stuttgart 1953, 216.

2 Rabbi Bunam, in : M. Buber, *Die Erzählungen der Chassidim*, Zürich 1949, 755.

3 Karl Marx, *Frühschriften* , a.a.O., 339−340.

4 Kenny Rogers의 음반, ‘Tell it all, brother’ (Alex Harvey) 초판 (RS6412).

Ⅰ. 그리스도교 마조히즘에 대한 비판

1 M. Seeman, On the Meaning of Alienation, in : *American Sociological Review*, Vol.24,
1959, 783 이하 (H. P. Dreitzel의 글에서 인용).

2 E. Jüngel, *Tod*, Stuttgart 1971. 이 책에서 가장 중요한 테제는 죽음을 관계의 상실로
규정하는 것이다.

3 H. P. Dreitzel, *Die gesellschaftlichen Leiden und das Leiden an der Gesellschaft. Vorstudi-
en zu einer Pathologie des Rollenverhaltens*, Stuttgart 1968, 365.

4 지금까지 살펴본 모든 인용구는 T. S. Eliot의 서문이 실린 S. Weil, *Das Unglück und
die Gottesliebe*, München 1953, 110−134에서 발췌한 것이다.

5 Chr. Barth, *Die Errettung vom Tode in den individuellen Klage-und Dankliedern des Al-
ten Testaments*, Zollikon, 1947 참조.

6 J. Brenning/ R. Brocks/ Chr. Gremmels/ D. Preiss, Leid und Krankheit im Spiegel
religiöser Traktatliteratur. Eine Problemanzeige, in : *Theologia Practica*, 7. Jg. 1972,
302 이하 참조. 여기에 있는 모든 인용문은 이들의 연구와 이 연구에 관계된 문헌에

서 취한 것들이다. 여기서 종교적 유인물이라는 것은 '아픈 환자들을 위한 독서 도우미', 포켓북 형태의 명상집, 50개 이상의 출판사들이 출간하여 많은 부수가 인쇄되어 널리 퍼진 브로슈어, 전단지, 선전용 인쇄물 등을 의미하는데, 이런 문서들은 그리스도교 서점에서 살 수 있거나, 교회나 기관들이 병원 등에 무료로 배부하기도 한다.

7   D. Bonhoeffer, *Widerstand und Ergebung*, Neuausgabe, München 1970, 379.

8   K. Rahner:H. Vorgrimler, *Kleines theologisches Wörterbuch*, Freiburg 1961(Herderbücherei 108,109), Stichwort 'Leiden.'

9   A. Schmidt, *Leviathan*, 1949. 개정판, Frankfurt 1963.(Bibl. Suhrkamp 104)

10   J. Scharbert, *Der Schmerz im Alten Testament*, Bonn 1953.

11   E. Lohse, *Märtyrer und Gottesknecht. Untersuchungen zur urchristlichen Verkuendigung vom Suehnetod Jesu Christi*, Göttingen 1955.

12   S. Freud, *Das Unbehagen in der Kultur*, in: Das Unbewusste. Schriften zur Psychoanalyse, Frankfurt 1960, 360.

13   H. Quistorp, *Die letzten Dinge im Zeugnis Calvins. Calvins Eschatologie*, Gütersloh 1941, 159(=Corpus Reformatorum 80, 190).

14   Quistorp,a.a.O., 159-160(=Corp.Ref.77,544), ⟨quia Dominus eos instar pecorum saginat in diem occisionis⟩.

15   Quistorp,a.a.O., 147(=Corp.Ref.70,138), 문자 그대로 ⟨par leur confusion⟩.

16   W. Herbst, Quellen zur Geschichte des evangelischen Gottesdienstes. Göttinger Theolog. Lehrbücher, 1968, 114 und 119. Übersetzung nach Joannis Calvini opera selecta, ed. P. Barth / W. Niesel, Vol. II, München 1952, 18 이하.

17   Herbst,a.a.O., 121(주기도문식으로 표현하자면).

18   앞의 책, 119.

19   앞의 책, 121.

20   U. Hedinger, *Wider die Versöhnung Gottes mit dem Elend. Eine Kritik des christlichen Theismus und Atheismus*, Zürich 1972, 33.

21   앞의 책, 49.

22   앞의 책, 54.

23   앞의 책, 112.

24   J. Moltmann, *Der gekreuzigte Gott. Das Kreuz Christi als Grund und Kritik christlicher Theologie*, München 1972, 263.

25   W. Popkes, *Christus Traditus. Eine Untresuchung zum Begriff der Dahingabe im Neuen Testament*, 1967, 286-287(몰트만의 저서, 228). 위르겐 몰트만, 『십자가에 달리신 하나님』, 김균진 옮김(대한기독교서회, 2017).

26   H. Himmler, Rede bei der SS-Gruppenfuehrertagung in Posen,4.10.1943. W. Hofer, *Der Nationalsozialismus, Dokumente* 1933-1945(Fischerbuch 172), Frankfurt 1957에

서 인용함.

27 나는 해석사에 대해서는 자세히 다루지 않겠으나, 에리히 아우어바흐(Erich
Auerbach)의 문학적 해석에 대해서는 언급하고자 한다. *Mimesis. Dagestellte Wirkli-*
chkeit in der abendländischen Literatur, Bern 1959(2판) 참고.

28 이 책의 초판 독자들 가운데 일련의 독자들이 고맙게도 이 이야기가 1945년 1월 23
일 나치에 의해 처형당했던 아들 에르빈(Erwin) 플랑크의 아버지 막스 플랑크(Max
Planck)와 관계된 것임을 알려 주었다.

29 S. Kierkegaard, *Furcht und Zittern*, 독일어 번역은 E. Hirsch, Düsseldorf 1950.

Ⅱ. 포스트그리스도교 시대의 무관심에 대한 비판

1 *Frankfurter Rundschau*, 13. 6. 1972.

2 *Publik-Forum*, März 73.

3 F. Kroetz, *Heimarbeit. Härtnackig.. Mäennersache. Drei Stücke*, Frankfurt 1971
(es473), 8.

4 E. Fromm, *Das Menschliche in uns*, Zürich 1968, 49.

5 F. Heer, in : *Hochland* 50, Heft 6, 1958, 531.

6 H. Küng, *Menschwerdung Gottes*, Freiburg 1970. Darin : Exkurs Ⅱ : Kann Gott leiden?,
622–637.

7 J. Moltmann, 앞의 책, 256 참조.

8 H. Küng, 앞의 책, 626 참조.

9 앞의 책, 628.

10 K. Kitamori, *Theologie des Schmerzes Gottes*, Göttingen 1972.

11 앞의 책, 79.

12 앞의 책, 98.

13 D. Sölle, *Politische Theologie*, Stuttgart 1971, 76 이하 참조.

14 K. Kitamori, a. a.O., 98.

15 J. Bobrowski, *Das Land Sarmatien*. Gedichte, Stuttgart 1966(dtv), 75–76.

Ⅲ. 고난과 언어

1 노동세계 보고서, '여러분은 위험을 짊어지고 있습니다.' Werkkreis, Hamburg
1970(ro–ro–ro 1447), 35 이하.

2 앞의 보고서, 108 참조.

3 앞의 보고서, 106 참조.

4　H. P. Dreitzel, 앞의 책, 326 참조.

5　앞의 보고서, 106 참조.

6　M. Herzog, Akkordarbeiterinnen bei AEG-Telefunken, in : Kursbuch 21, September 1970 참조.

7　앞의 보고서, 7(서문) 참조.

8　Th. Müntzer, Das Prager Manifest, November 1521, in : Müntzer, *Die Fürstenpredigt. Theologisch-politische Schriften*, Stuttgart 1967(Reclam Nr. 8772-73), 15.

9　앞의 보고서, 102 이하.

10　M. Veit, Gebet und Engagement, in : *Ev. Erzieher*, 24. Jahrg., Heft 11, November 72, 461 이하.

11　S. Weil, *Schwerkraft und Gnade*, München 1954, 213.

12　M. Veit, 앞의 책, 465.

13　R. M. Rilke, *Ausgewählte Werke*, Wiesbaden 1948, 167(Auszug).

14　J. Moltmann, 앞의 책, 55 이하.

15　'네가 밤에 나를 습격했다. 1933-1945년 저항운동의 기록과 이별의 편지들', Müenchen 1957, 117-118.

16　'네가 밤에 나를 습격했다', 118-119.

17　C. Pavese, *Das Handwerk des Lebens. Tagebuch 1935-1950*, München(dtv) 1963, 160.

Ⅳ. 수용의 진실

1　J. Lusseyran, *Das wiedergefundene Licht*, Hamburg 1971(2)(Sieben-stern-Taschenbuch 155), 12-13.

2　J. Lusseyran, 앞의 책, 17.

3　J. Lusseyran, 앞의 책, 25.

4　J. Lusseyran, 앞의 책, 206-207과 200.

5　E. Bloch, *Atheismus im Christentum. Zur Religion des Exodus und des Reiches*, Frankfurt 1968, 94, 285.

6　Meister Eckart, *Deutsche Predigten und Traktate*, München 1969, 308.

7　A. Auer, *Leidenstheologie des Mittelalters*, Salzburg 1947.

8　E. Bloch, 앞의 책, 94.

9　M. Eckart, *Deutsche Predigten*, ed. Pfeiffer, sermo 104(학술판에는 아직 실려 있지 않음).

10　Auer, 앞의 책, 56.

11　H. Seuse, *Deutsche mystische Schriften*, Düsseldorf 1966, 92.

12 Chr. Pleuser, *Die Benennungen und der Begriff des Leides bei Johannes Tauler*, Berlin 1967, 61, 56 참조.

13 Pleuser, 앞의 책, 74.

14 Pleuser, 앞의 책, 75.

15 Auer, 앞의 책, 48.

16 B. Brecht, Massnahmen gegen die Gewalt, in: *Gesammelte Werke*, Frankfurt 1967, Bd. 12, 375 참조.

17 S. Freud, Die Zukunft einer Illusion, in: *Das Unbewusste. Schriften zur Psychoanalyse*, Frankfurt 1960, 335.

18 T. Müntzer, 앞의 책, 8.

19 Meister Eckart, Deutsche Predigten, 앞의 책, 399.

20 H. R. Schlette, *Skeptische Religionsphilosophie. Zur Kritik der Pietät*, Freiburg 1972, 147, 150. 참조.

21 P. Tillich, *Systematische Theologie*, Stuttgart 1958, Bd. II, 80.

22 S. Weil, *Schwerkraft und Gnade*, München 1954, 247.

23 B. Brecht, *Ges. Werke*, Frankfurt 1967, Bd. 8, 205.

24 S. Weil, *Das Unglück und die Gottesliebe*, München 1953, 116.

25 S. Weil, 앞의 책, 116.

26 S. Weil, 앞의 책, 115.

27 E. Bloch, 앞의 책, 156.

28 E. Bloch, 앞의 책, 159, 161 참조.

V. 고난과 배움

1 'Santa Maria de Iquique', Regie und Buch: Claudio Sapiain (Dicap, Chile Films Santiago, 1971)의 텍스트 참조. 칠레에서 탄생한 칸타테 텍스트 참조. in: M. de los Milagros Verde/ P. Landau, Mit der Gitarre kämpfen, Chilenische Chansons, in: *Dokumente*, März 1973, 53 이하.

2 Aishcylos, *Agamemnon*, Vers 176 이하 참조. '제우스는 우리에게 진리의 길을 밝혀 주시네 / 그리고 영원한 문장으로 가르치시네 / 인간은 고난을 통해 배운다는 것을 / 잠을 대신해 가슴 속에서 / 가혹한 고통이 숨 쉬네…엄격한 신들이 은혜롭게 그렇게 하셨네.'

3 J. B. Metz, Erinnerung des Leidens als Kritik eines teleologisch-technologischen Zukunftsbegriffs, in: *Ev. Theologie*, Juli/August 1972, 4, 343.

4 Th. Müntzer, *Die Fürstenpredigt*, Stuttgart 1967, 38.

5 앞의 책, 35.

6 앞의 책, 22.

7 앞의 책, 23.

8 앞의 책, 21.

9 M. Luther, *Werke*, Berlin 1950, Bd. 7, Predigten, vgl. 102 : "그리고 너의 고난과 그리스도의 고난을 서로 뒤섞지 마라(et non menge ineinander tuam passionem et Christi)", 103 : "너의 고난을 그리스도의 고난과 혼동하지 마라(ne misceas tuam passionem passioni Christi)." 그리고 그 밖의 유사한 표현들.

10 Th. Müntzer, Manifest an die Allstedter Bergknappen, 15. H. J. Schultz (Hrsg.), Die Wahrheit der Ketzer, Stuttgart 1968, 116에서 재인용.

11 앞의 책, 117.

12 유럽 저항운동에서 사형 선고를 받은 사람들의 마지막 편지, dtv, 1962, 276.

13 앞의 편지, 306.

14 앞의 편지, 134.

15 앞의 편지, 278.

16 앞의 편지, 132.

17 앞의 편지, 100.

18 앞의 편지, 291-292.

19 앞의 편지, 260.

20 앞의 편지, 283.

21 A. Schopenhauer, *Sämtl. Werke*, hrgs. v. W. von Löhneysen, Bd. I, 447(*Die Welt als Wille und Vorstellung*, 4. Buch, 59).

22 앞의 편지, 284.

23 B. Brecht, Karins Erzählungen. *Ges. Werke*, Frankfurt 1967, Bd. 7, Bd. 11, 230.

24 B. Brecht, Meti. *Ges. Werke*, Frankfurt 1967, Bd.12, 514.

25 A. Schopenhauer, Die Welt… 앞의 책, Bd. II, 744(4권, 46장).

26 Elli Wiesel, *Night* (New York : Hill and Wang), 70-71.

27 M. Buber, *Werke*, München 1963, Bd. 3, 749, 752.

28 P. Ricoeur, *Die Interpretation. Ein Versuch über Freud*, Frankfurt 1969, 561.

VI. 노예의 종교

1 S. Weil, *Das Unglück* 앞의 책, 60.

2 S. Weil, *La Condition ouvrière*, Paris 1951, A. Krogmann, Simone Weil, Hamburg 1970, ro ro mono, 67에서 재인용.

3 Sophokles, Antigone. Vers 522 이하(Hölderlin 번역).

4   S. Weil, *Schwerkraft und Gnade*, München 1954, 170.

5   S. Weil, *Vorchristliche Schau*, München 1959, 149.

6   S. Weil, *Das Unglück*, 앞의 책, 114.

7   S. Weil, *Das Unglück*, 앞의 책, 115.

8   S. Weil, *Vorchristliche Schau*, München 1959, 149-150.

9   S. Weil, *Schwerkraft und Gnade*, München 1954, 212.

10 S. Weil, *Das Unglück*, 앞의 책, 47 이하.

11 F. Nietzsche, Der Antichrist. *Umwertung aller Werte*, in : Werke, Leipzig 1930, Bd.2, 215.

12 앞의 책, 223.

13 앞의 책, 238.

14 앞의 책, 234.

15 앞의 책, 241, 216.

16 앞의 책, 228.

17 U. Hedinger, *Wider die Versöhnung Gottes mit dem Elend*, 앞의 책, 154.

18 앞의 책, 149.

19 J. Franck, Jesu meine Freude, 1653.

20 두려움 극복과 자기해방, SDS의 만하임 보고서, 1969.

21 Jefferson Airplane, When the earth moves again (Kantner), Grunt (FTR 1001).

22 K. Simonow, "낯선 고난은 없다." 영화 해설 (dt. von Stephan Hermlin).

23 F. M. Dostojewski, 『카라마조프가의 형제들』, 제5권 제4장.

24 앞의 책.

25 H. R. Schlette, *Skeptische Religionsphilosophie. Zur Kritik der Pietät*, Freiburg 1972, 145.

26 러시아 예식서, G. Benn, St. Petersburg, Mitte des Jahrhunderts. *Ges. Werke*, Wiesbaden 1960, Bd.1, 219에서 인용.